良妻賢母主義から外れた人々

湘煙・らいてう・漱石

関口すみ子

みすず書房

良妻賢母主義から外れた人々——湘煙・らいてう・漱石＊目次

はじめに――「女丈夫」の到来 …… 1

第一部　湘煙・岸田俊子――規範を越える女

第一章　「らしうせよ」――規範をめぐる攻防 …… 7

1　漢学、断髪・素顔・襠高袴《まちだかばかま》への非難　7
2　中学校（中等教育）からの女子の排除　11
3　京都の「俊秀の子女」　12
4　「湘烟女史岸田俊子（二十年）」という仕掛け　16
5　俊子をめぐる謎――生年・初婚問題　18
6　「塩の中の花」――史料をめぐる謎　22

第二章　集会条例違反とされた演説――「函入娘」再考 …… 27

1　「函入娘」と『函入娘』　28
2　「自由」と「不自由」　32
3　「三従の道」　37
4　「往昔ノ書物」（「女大学ニ女小学ノ如キ類」）　38
5　『函入娘』　40

第三章　湘煙は「男女同権」を主張したのか──「同胞姉妹に告ぐ」再考　45
1　「男女同権」論から「良妻賢母主義」へ？　45
2　「志ゆん女」と俊子　46
3　「同胞姉妹に告ぐ」と「男女同権」　50
4　「函入娘」と「同胞姉妹に告ぐ」　52
5　岸田俊子と「同胞姉妹に告ぐ」（「男女同権」論）　55
第四章　女の教育──岸田俊子を読み直す　61
1　演説「函入娘」──女の教育　61
2　演説「函入娘」──女の演説　66
3　小説「善悪の岐」・「山間の名花」　68
4　『女学雑誌』への寄稿　70
5　演説「婦人の徳は余韻に在り」　74
第五章　女の文体──漢文脈で書く女への集中砲火　83
1　文体という問題　83
2　「余」による評論（『女学雑誌』）　85

3　女の小説と文体　90
4　「善悪の岐」「山間の名花」に対する『以良都女』の批評　92
5　「一沈一浮」に対する『めさまし草』の批評　100
6　大磯だより――「我」から「吾」へ　111

第六章　岸田俊子の表象――「同胞姉妹に告ぐ」という神話……113
1　闘病と晩年　113
2　男女同権の「景山英子・岸田俊子」――一九一〇年代〜二〇年代　118
3　明治女学校の発掘と「中島湘煙」――一九三〇年代〜四〇年代前半　123
4　「同胞姉妹に告ぐ」の岸田俊子――敗戦・占領下　132
5　「女性史」における景山英子・岸田俊子　139
6　「転向」する岸田俊子　145

第二部　湘煙からいてうへ――女子教育をめぐる攻防

第七章　良妻賢母教育・良妻賢母主義の成立……153
1　高等女学校令と「良妻賢母」教育　154
2　「良妻賢母主義」批判　160

3 「良妻賢母主義」の擁護 169
4 一般紙での議論と「新しき女」の登場 172

第八章 らいてうの到来 177

1 良妻賢母主義と女子大学の「成瀬宗」 177
2 禅 180
3 「煤煙」事件 182
4 「新しい女」の文体 185
5 『青鞜』創刊――「山の動く日来る」、「元始女性は太陽であつた」 191
6 友達――「我は人なり、女なり」 196

第三部 漱石、新しい男へ

第九章 個人的な新聞小説――漱石の「意中の人」 207

1 「新しい女」と男を描く、言文一致の新聞小説 207
2 「文鳥」から「心」へ――「それから」の始まり 210
3 失われた女たち――母・千枝、そして、楠緒 226

第十章　ぶつかり合う夫婦と、過去からの来訪者――「道草」にみる妻の意味……235
1　お縫さんと柴野　237
2　細君　241
3　細君との争闘に見る島田・御常　245
4　兄、姉、その夫　246
5　蘇る「過去」――母に出会うまで　248
第十一章　「新しい妻」と「美しい女」――決着としての「明暗」……253
1　『青鞜』の告発と「新しい妻」の登場　253
2　「美しい女」にして禅師（女）――決着としての「明暗」　257
結語――規範との格闘……267
注　275
あとがき　331
初出一覧　336
人名索引　i

はじめに――「女丈夫」の到来

一八八二（明治十五）年四月一日、大阪道頓堀の朝日座で開かれた政談演説会で、一人の若い女性が演壇に上った。「婦女ノ道」を演説する、湘煙《しょうえん》こと岸田俊子《としこ》である。

俊子の登場は、騒然たる政談演説会で女性が演説をするという衝撃的なものであった。

前年十月には、明治二三年に国会を開設する勅諭が出され、これをうけて自由党が創立され、政治情勢は一気に流動化した。大阪では、『大阪日報』の記者が中心となって、自由党副総理の中島信行《のぶゆき》を総理に迎えて「立憲政党」を結成し、『日本立憲政党新聞』を創刊する（一八八二年二月一日）。創刊時の部数は四千部を超えたという。

だが、早くも第十四号（二月十七日）をもって同紙は発行停止処分を受ける。三月三一日、ようやく復刊した同紙は、翌日、道頓堀朝日座で「臨時政談演説討論会」をぶちあげた。その目玉が、「婦女ノ道」を演説する弱冠二〇歳の「湘烟女史岸田俊子（二十年）」であった。俊子は、裁縫の業《わざ》は言うまでもなく、皇后の宮に和漢歴史を講じたこともある由緒正しい女性だと紹介された。しかも、見た目は明眸皓歯《めいぼうこうし》の美女だが、話すとあたかも立派な男子に接しているような気がしてくる実に驚くべき「奇婦人」で、いずれ「東洋に一個の后塞徳《フォーセット》夫人を生ずる」のが期待できると大々的に宣伝されたのである。

其平生の心志磊落《らいらく》談論活発にして、明眸皓歯の阿娜《あだ》たるを見るにあらざるよりは宛《えん》として鬚眉《しゅび》男児に接するの想ひありとは、実に驚くべきの奇婦人と謂ふべし。近日又頻《しき》りに女権論を主張さる、と云ふ。他年東洋に一個の后塞徳《フォーセット》夫人(1)を生ずるは期して俟つべきなり。(句読点、引用者)

仕掛けは上々で、当日は二千人以上がつめかけ、俊子は聴衆に鮮烈な印象を与えた(「弁士は例の如く各々雄弁を揮ひて喝采拍手を得たりしが、中にも岸田とし女の如きは容儀も端麗にして語音も清朗に且つ其論旨も高妙なりしかば、聴衆も皆心耳を済し且つ喝采も一段盛んなりき」、同紙四月五日(2))。

ところが、四月六日、自由党総理・板垣退助が岐阜で刺された。翌七日、俊子は予定どおり「女子亦《もまた》剛柔ヲ兼有セザル可ラズ」を演説すると、ただちに岐阜へ駆けつけた。その後大阪で療養していた板垣の見舞いに来た岡山の津下粂《くめ》子らに説得されて、五月十三日と十四日、岡山で演説した。このあと俊子は、政談演説会の目玉として、大阪(五月下旬〜)や四国(六月下旬〜)を行脚するのである。

だが、早くも六月三日には集会条例が改訂され、臨監警察官に中止・解散命令権が与えられた。演説中に臨監警官より中止命令が出され、演説会が解散に追い込まれるのである。その状況で、俊子はなおも演説する。まさに、「女丈夫の名を得たる岸田俊子」(『自由新聞』同七月四日)の登場である。

読者カード

みすず書房の本をご愛読いただき，まことにありがとうございます．

お求めいただいた書籍タイトル

ご購入書店は

・新刊をご案内する「パブリッシャーズ・レビュー　みすず書房の本棚」（年4回 3月・6月・9月・12月刊，無料）をご希望の方にお送りいたします．

（希望する／希望しない）

★ご希望の方は下の「ご住所」欄も必ず記入してください．

・「みすず書房図書目録」最新版をご希望の方にお送りいたします．

（希望する／希望しない）

★ご希望の方は下の「ご住所」欄も必ず記入してください．

・新刊・イベントなどをご案内する「みすず書房ニュースレター」（Eメール配信・月2回）をご希望の方にお送りいたします．

（配信を希望する／希望しない）

★ご希望の方は下の「Eメール」欄も必ず記入してください．

・よろしければご関心のジャンルをお知らせください．
（哲学・思想／宗教／心理／社会科学／社会ノンフィクション／教育／歴史／文学／芸術／自然科学／医学）

（ふりがな） お名前　　　　　　様	〒
ご住所　　都・道・府・県　　市・区・郡	
電話　（　　　　）	
Eメール	

ご記入いただいた個人情報は正当な目的のためにのみ使用いたします．

ありがとうございました．みすず書房ウェブサイト http://www.msz.co.jp では刊行書の詳細な書誌とともに，新刊，近刊，復刊，イベントなどさまざまなご案内を掲載しています．ご注文・問い合わせにもぜひご利用ください．

郵便はがき

料金受取人払郵便

本郷局承認

5942

差出有効期間
平成26年11月
1日まで

113-8790

505

東京都文京区
本郷5丁目32番21号

みすず書房営業部
行

通信欄

(ご意見・ご感想などお寄せください.小社ウェブサイトでご紹介させていただく場合がございます.あらかじめご了承ください.)

以後、岸田俊子（一八六一―一九〇一。俊、トシ、中島俊子。湘煙《しょうえん》、湘烟《しょうえん》）は、それまで「女」にはめられていた枠、「女」の型を次々と打破していく。

そして、この数十年後には、らいてうこと平塚明子《はる》（一八八六―一九七一。明《はる》）が、『青鞜』（一九一一年九月創刊）の編輯兼発行人として「新しい女」たちを率いて登場する。そして、称賛と誹謗の渦巻く中で、「自分は新しい女である」と宣言する。だが、明治初期に演説する女・湘煙がすでに登場しているにも関わらず、なぜ、あらためて「新しい女」を宣言しなければならなかったのであろうか。

同じ頃、漱石こと夏目金之助（一八六七―一九一六）の新聞小説「道草」（一九一五年六月〜九月）では、「妻は夫に従属すべきものだ」、「女の癖に」、「生意気な」と思う主人公と、その細君が、「人間」として真っ向からやり合う。そして、作者は、主人公を、「学問をした健三の方は此点に於て却つて旧式で」と論評してみせるのである。つまり、学問をするとこの点「却つて旧式」になると批判している。

このように、演説する女・湘煙の登場にも関わらず、明治の末期になって、あらためて、らいてうや漱石が登場して、改革を主張しなければならなかったのである。何故なのであろうか。じつは、そこには、「良妻賢母」教育・良妻賢母主義が、大日本帝国の女子教育の理念として確立されたという問題がある。本書は、この良妻賢母主義を中心に、湘煙、らいてう、漱石のそれぞれが、ジェンダー・セクシュアリティ規範とどのように格闘したのかを描くものである。

第一部　湘煙・岸田俊子——規範を越える女

第一章　「らしうせよ」——規範をめぐる攻防

1　漢学、断髪・素顔・襠高袴《まちだかばかま》への非難

岸田俊子が大阪道頓堀で演説を開始して早くも一週間目には、演説に反発する投書が新聞に掲載された（『読売新聞』同月七日）。題名は「らしうせよ」である。投書主（紫芳）は、「驚くべく嘆ずべき事あり。そは何ぞといふに、近来らしう無き婦女の陸続出現する是なり。」と注意を喚起する。

夫《そ》れ女子《によし》は柔順《じゅうじゅん》なる天賦の美徳を備へしものなれば、仮初《かりそめ》の言語動作もしとやかに男々しからぬこそ女子の本分にして、物言ひ気色《けはい》にて物ごしにも其心ばえの知るるものぞかし。迂生此ごろ女学校に通ふ少女を見るに、皆袴を着けて（官女の緋の袴等の論は姑《しばら》く措き）シヤツ襦袢《じゅばん》を着し手袋をはめ、其同友と談話するを聞けば、僕の君のと漢語交りの応答をなし、其筆跡は漢様《からやう》の楷行を学びしものと見

えて走書は拙なくして見るに堪へず、譬へば和歌を詩に訳せし如くにして女子の固有なる嫣然たる姿を失ひしものといふべし。左《さ》れば言語動作とも女は女らしうするが肝要にして、若き女の漢様文字を学び詩文章など作てすら面《つら》憎きものなるに、(句読点、改行、引用者)
此ごろ大坂に湘烟女史岸田俊子(二十年)と云《いへ》る稀有の女丈夫ありて、本月一日同地道頓堀の劇場にて中島信行古沢滋《しげる》小室信介なんど云《いえ》る有名なる民権論者と共に論壇に上《のぼ》りて演説をなせしとぞ聞えし。嗚呼盛《さかん》なるかな湘烟女史、近ごろ感服なる女丈夫といふべし。左りながら前に述べし如く、婦女の品行上より論じたらんには苦々しきの限りにして決して賞すべきものに非ざるべきか。(同)

ここでは、まず、「言語動作とも女は女らしうするが肝要」と、言葉としぐさを一まとめにして、何が女らしく、何が女らしくないのかを具体的に示している。すなわち、「女学校に通ふ少女」の、袴、シャツ・襦袢、手袋という装い、僕・君などの漢語を交えた言葉遣い、楷書、漢詩文の作成に対して、「女」らしくないと嫌悪感をむき出しにし、他方で、和歌と「女子の固有なる嫣然たる姿」を一まとめにして、「女」らしいと称揚しているのである。

要するに、漢語・漢詩・漢文という男の領分を侵さず、和文・和歌、そして、「女子の固有なる嫣然たる姿」を遵守せよ。演説するなど論外。――これが、「らしうせよ」の主張である。

この文に象徴されるように、日本の近代化過程（徳川家支配からの脱却過程）で、女性が従来からの男性領域を侵すこと――なかでも、男性知の牙城である漢語・漢詩文・漢籍に参入すること、袴《はかま》を穿《は》くこと、演説すること――に対して、激しい反発が巻き起こったのである。

すでに、この十年前には、「洋学女生」に対する非難が、「女子ノ断髪スル者」に対する非難に続いて、「洋学」「洋書」と服装・動作を一まとめにしてなされている[1]（『新聞雑誌』第三五号、一八七二〔明治五〕年三月）。

○近頃府下ニテ往々女子ノ断髪スル者アリ。固ヨリ我古俗ニモ非ズ又西洋文化ノ諸国ニモ未タ曽テ見ザルコトニテ其醜体陋風《ろうふう》見ルニ忍ビス。女子ハ柔順温和ヲ以テ主トスル者ナレハ、髪ヲ長クシ飾リヲ用ユルコソ万国ノ通俗ナルヲ、イカナル主意ニヤアタラ黒髪ヲ切捨テ開化ノ姿トカ色気ヲ離ル丶トカ思ヒテスマシ顔ナルハ実ニ片腹イタキ業《わざ》ナリ。此説既ニ府下諸新聞ニ掲載シテ言フ待ザルコトナレド（句読点、改行、引用者）

又別ニ洋学女生ト見エ大帯ノ上ニ男子ノ用ユル袴ヲ着シ足駄《あしだ》ヲハキ腕マクリナトシテ洋書ヲ提《さ》ケ往来スルアリ。如何《いか》ニ女学生トテ猥《みだり》ニ男子ノ服ヲ着シテ活気ガマシキ風俗ヲナスコト既ニ学問ノ他道ニ馳《は》セテ女学ノ本意ヲ失ヒタル一端ナリ。是等ハ孰レモ文明開化ノ弊ニシテ当人ハ論ナク父兄タル者教ヘサルノ罪ト謂ツベキナリ。（同）

同じ頃、京都博覧会の折に学校制度を視察した福沢諭吉（一八三五－一九〇一）は、「京都学校の記」（一八七二年五月）で、同年四月京都府が開校した「英学女工場」の生徒を次のように評している。

中学校の内、英学女工場と唱るものあり。英国の教師夫婦を雇ひ、夫は男子を集て英語を授け、婦人は兒女を預かりて、英語の外に兼て又縫針の芸を教へり。〔中略〕この席に出で、英語を学び女工を稽古する兒女百三十人余、七、八歳より十三、四歳、華士族の子もあり、商工平民の娘もあり。各貧富に従て、紅粉を装ひ、衣装を着け、其装潔くして華ならず、粗にして汚れず、原語嬌艶、容貌温和、ものいはざる者も臆する気なく、笑はざるも悦ぶ色あり。花の如く、玉の如く、愛すべく、貴むべく、真に兒女子の風を備へて、彼の東京の女子が断髪素顔まちだかの袴をはきて人を驚かす者と同日の論にあらざるなり。(2)

貧富に従って装う女子と、出自に関わらず断髪素顔で袴をはく東京の女学生とが対比されているのである。じつは、前年末の文部省布達「女学校入門之心得」をもって官立の「女学校」が開校（一八七二〔明治五〕年二月）し、その際、袴の着用が認められたのである。この女学校は、十一月には東京女学校と改称した。(3)

一八七五年には東京女子師範学校が開校し、木綿袴が官給された。続いて一八七七年には東京女子高等師範学校が開校し、木綿袴が官給された。ところが、袴（襠高袴《まちだかばかま》）に囂々《ごうごう》たる非難が巻き起こり、二年後には袴の着用が禁止され、着物姿に戻るのである。襠高袴とは、襠を高くした袴で、男子が正装に用いてきたものである。

また、東京女子師範学校で行われていた学術演説会（一八七八年四月十日）での教員の演説に対しては、『広益問答新聞』が、「生意気」で「あきれ切ったる者」だとして、演説も袴ももう止めた方がよいと呼びかけた。(4)

嗚呼困つたものなる哉女子の生意気、〔中略〕袴を穿ち書籍を脇にし、行歩婀娜《あだ》たるに非ずして三尺を跨がり、威気揚々たるのみならず、高壇に上つて演説をなすとは又あきれ切つたる者ならずや、女子の性は温柔貞操を貴ぶ、決して喋々饒舌するを貴ばず、我々は女子師範校《ママ》の演説はもう止めた方がよからんと思ふ。

このように、文明開化の「女子」「女生」「女学生」に対して、漢学・洋学への参入、髪型・袴着用・歩幅やしぐさ、そして、演説を一緒にした、非難合戦が行われたのである。なかでも、男子と同等の中高等教育をめざした東京女学校・東京女子高等師範学校が、非難の的にされた。その一方で、和文・和歌、着物が「女」らしいと称揚され、あらためて女子に配分されたのである。

2　中学校（中等教育）からの女子の排除

一八八一〔明治十四〕年十月、勅諭で、明治二三年に国会を開設するという大方針がうちだされた。だが、他方では、男女別学の大原則[5]を明記した教育令（一八七九〔明治十二〕年）を機に、女子は中学校（中等教育）から排除されていく。つまり、国会開設へ向かう時期は、じつは、女子が中学校からの撤退を余儀なくされる時期でもあるのである。

吉田昇「明治以降に於ける女子教育論の変遷」（一九四七年）によれば[6]、中学校に在学する女子は、教育令が出された年（一八七九年）には二七四七名にのぼっていた。それが、一八八〇年には三八九名になり（中学校の資格が厳格になって、男子も三分の一に減少したが、女子は六分の一に減少した）、続いて、一八八一年は二一〇名、一八八二年は七九名、一八八三年は七名と減っていき、一八八四（明治十七）年にはついに皆無になるのである。

従来、「初めは女子も、本来男子のものである中学校で一緒に学んでいた」と理解される傾向があるが、[7]すでに三千人近く在学していた中学校から、男女別学を謳った教育令を機に、女子は排除されていくのである。

さらに一八八六年には、男子を対象に中学校令・帝国大学令が出された。つまり、男子専用と位置づけられた高等教育から女子は排除されたのである。

たしかに、他方では、同年二月、文部大臣・森有礼《ありのり》の肝入りで官立の東京高等女学校（東京高女）が開校した。[8]だが、三年後に森が暗殺されると醜聞・悪評が噴き出し、一八九〇年三月をもって同校は廃校になり、同時に、同年創立された女子高等師範学校の付属校として組み込まれる。[9]つまり、「文明開化」の象徴である「女子教育」、なかでも、女子中高等教育をめぐって激しい反発が巻き起こり、約二〇年に及ぶ抗争を経て、[10]英語をはじめとする中高等教育を施す官立の女学校（東京女学校・東京高等女学校）という方向が挫折するのである。

3　京都の「俊秀の子女」

じつは、岸田俊子は、道頓堀での演説の約十年前にも、京都や東京で注目を浴びていた。文明開化の京都で、従来の「女」という枠をはるかに越えた「俊秀の子女」として登場し、雑誌で紹介され、官費で京都府中学へ送られたのである。つまり、俊子は、演説のみならず、知・教育という点からも、じつに「らしく」ない存在であった。

岸田俊子は、万延元年十二月四日（一八六一年一月十四日）、京都府下京区に、古着商の岸田茂兵衛・タカの娘として生まれた(11)。

明治初年（一八六九年）、東京遷都に動揺する京都では、学制に先立ち、槇村正直《まきむらまさなお》（一八三四－一八九六）を先頭に、小学校を市中に六四校次々と開校させた。しかも、男女共学である。翌一八七〇年、下京第十五校に「第一等特等生」として入学したのが、俊子である(12)。

翌一八七一（明治四）年四月、俊子は小学校の試験で、「句読俊秀ノ級」に上り、『新聞雑誌』第五号（同年六月）に報じられた。同紙は、「句読俊秀ノ級ニ上リタル者四人アリ」として、十五歳の男子三人に続いて、十二歳の女子「岸田俊女」を紹介している。

> 今春小学ノ試業アリテ句読俊秀ノ級ニ上リタル者四人アリ、（中略）同（下京——引用者注）第十五校岸田俊《しゅん》女十二歳、其余特試級ニ上リタル者二十九人アリ、最モ驚クベキハ女生員甚タ多ク大抵男子ノ数ト匹敵ス或ハ女子却テ多キ所アリ、句読筆道特試級ノ中ニモ（中略）同第十五校岸田俊女（中略）トテ十二人アリ、西京ノ女子ハ従来容貌ノ美ヲ以テ天下ニ冠タル者ナルニ今又如斯才学ヲ研カバ善ヲ尽シ

美ヲ尽スト云ベシ〔後略〕（読点、引用者）〔『新聞雑誌』第五号、選集④口絵写真〕

『新聞雑誌』は、「最モ驚クベキハ女生員甚タ多ク」と、「西京ノ女子」の力に驚きを隠さない。つまり、俊子は、この時続々と登場した女子のうちの、抜きん出た一人なのである。

こうした俊子は、官費で京都府中学への入学を仰せ付けられた。(13) 福沢諭吉は、「京都学校の記」で、「小学の科を五等に分ち、吟味を経て等に登り、五等の科を終る者は中学校に入るの法なれども、学校の起立未だ久しからざれば中学に入る者も多からず。但し俊秀の子女は未だ五科を経ざるも中学に入れ、官費を以て教るを法とす。目今此類の者男子八人女子二人あり。内一人は府下髪結の子なりと云ふ。(14)」と記しているが、俊子は、この「俊秀」の「女子二人」の、もう一人にあたるはずである。

俊子は、さらに、京都府庁主催の試験で、最優等を取った。試されたのは、「文選《もんぜん》」の講義である。有栖川宮熾仁《たるひと》親王の修徳校（下京第十四校）代覧の際には、御前揮毫をしている。

さらに、西京女子師範学校の創立（一八七七年）に伴い入学するも、病を得て退学する。

なお、「俊子」という名前は「年《とし》と書いてゐたが、試験した槇村参事がその利発なるに感じて、俊子と改名させた(15)」という。あるいは、また、京都府庁主催の試験で最優等を取った時に、「春《しゅん》」から「俊」に変えたともいう。(16) 真相は明らかではないが、一つはっきりしていることがある。名前にたがわぬ「俊女」――卓越した才知の女子――の登場である。

俊子が卓越した才知を示したのは、文明開化教育の賜物というよりも、家で、「女」であることに関わらない教育を受けていたためと考えられる。その結果、小学校へ入ると、「俊秀の子女」として注目を浴びたのである。

羽仁もと子（一八七三―一九五七。松岡もと）が俊子の母や本人から聞いた話を集めたという「故中島湘煙女史の生涯」[17]（上・下）によれば、俊子の「殊に父君は女史の至つて幼い頃から、読書や習字の日課を与へて（勿論女史自ら好んで居られたからですが）ドンナ事があつたと云つても決して日課を欠く事を許されませんでした」（上）、「八つの時には已に道学先生のお家に通つて四書五経を習つて居られました」（同）という。

さらに、「十一の時に自分よりは余程年上の某令嬢と共に、外国教師の許に英語の稽古に通はれました」（同）、また、「十二三才にして詩を賦し歌を詠じ、十四の時に、今も中島家に残つて居る六枚折の屏風の為に揮毫した」（下）。

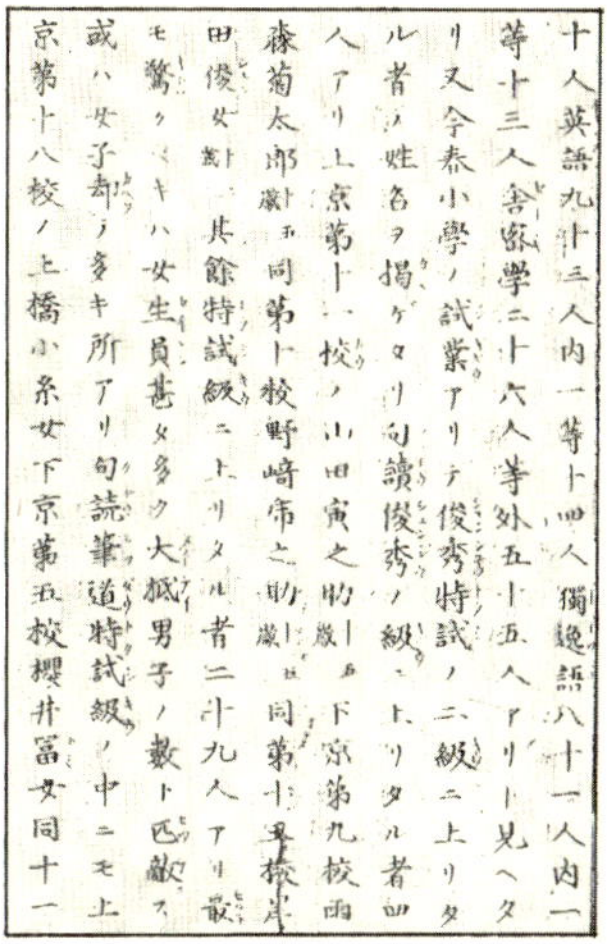
十人英語九十三人内一等十四人獨逸語八十一人内一等十三人舎密学二十六人等外五十五人アリト見ヘタリ又今春小學ノ試業アリテ俊秀特試ノ二級ニ上リタル者ノ姓名ヲ掲ゲタリ句讀俊秀ノ級ニ上リタル者四人アリ上京第十一校ノ山田寅之助十四歳下京第九校雨森菊太郎十五歳同第十校野崎啓之助十三歳同第十五校岸田俊女十一歳其餘特試級ニ上リタル者二十九人アリ最モ驚クベキハ女生員甚タ多ク大概男子ノ數ト匹敵ス或ハ女子却テ多キ所アリ句讀筆道特試級ノ中ニモ上京第十八校ノ上橋小糸女下京第五校櫻井富女同十一

『新聞雑誌』第五号より。「最モ驚クベキハ女生員甚タ多ク」とある。

一八七九年九月、山岡鉄舟と京都府知事・植村正直の推挙で、俊子は文事御用掛として宮中に上った。皇后に『孟子』を進講したこともあるという。

4 「湘烟女史岸田俊子（二十年）」という仕掛け

俊子は、一八八一年四月、病気を理由に宮中を辞したのち、やがて、母・タカ（竹香女史）とともに京都を発ち、旅に出た。そして、翌一八八二（明治十五）年四月一日、大阪道頓堀朝日座での政談演説会で、「演説」を敢行するのである。「婦女ノ道」を演説する、「湘烟女史岸田俊子（二十年）」（『日本立憲政党新聞』）の誕生である。

「湘烟女史岸田俊子（二十年）」の登場は、様々な思惑と力の交錯の中で、女性が、そして、「女演説」が、政治のまっただ中に躍り出たことを意味する。では、だれが、「湘烟女史岸田俊子」の「女演説」という仕掛けを作りだしたのであろうか。(18)

一八八一（明治十四）年の秋冬、俊子は、母とともに土佐に滞在していた。『高知新聞』の記者である坂崎紫瀾や宮崎夢柳と交流し、俊子と応酬した夢柳の漢詩が『高知新聞』に載っている。この頃、『高知新聞』の主幹は植木枝盛（一八五七―一八九二）である。

その植木は、前年（一八八〇年）九月、大阪で古沢滋らと会い、十三日に「大坂日報社客員」となったあと、十五日の演説会（「聴員千余人」）で「女子に代るの演舌」をして、十七日には千日前で「男女同権論」を演説していた（「日記」）。(19)

そもそも、植木と『大阪日報』との縁は深い。まだ日刊新聞がない頃、土佐では『大阪日報』がよく読まれていた。高知から大阪へは、船で一日足らずで行ける。[20] 植木は『大阪日報』にしばしば投稿しており、なかでも、ジェンダー・セクシュアリティに関わる植木の二つの投稿が『大阪日報』に掲載されている。その一つが「人間一生花ノ如シ」（一八七八年九月二九日）であり、文明は男女の交合に応じて開化していくと論じている。[21] また、植木の投稿「婚姻ノ早キニ過グルノ弊害ヲ論ズ」が『大阪日報』で四回にわたって連載されている（一八八〇年七月）。

一八八一年一月になると、大阪で定期的な政談演説会を開こうということが、古沢、小室、植木らによって議論された。[22] 植木の「日記」（一月二九日）には、「古沢滋、小島忠里等と面亭に会し政談。大坂演舌会のことを談ず」とある。これが最終的に結実するのが、翌年四月一日からの、岸田俊子が登場した道頓堀での一連の大演説会なのである。

植木は、一八八一年十月、自由党結成会議に出席すると、十一月一日に「明治十五年五月一日ヲ端トシテ大坂ニ酒屋会議ヲ開」く檄文を全国の酒造人に配布し、十二月には大阪に留まっていた。一月、植木が土佐に戻る頃、岸田母子が京都へ戻っていった。『高知新聞』（一八八二年一月十日）には、西京へ帰る湘烟女史を送る夢柳の漢詩が残されている。

具体的な過程は明らかではないが、「湘烟女史岸田俊子」の「女演説」という仕掛けの裏に、『大阪日報』・立憲政党の古沢滋（土佐出身）と、『高知新聞』・立志社の植木枝盛という、土佐から大阪へ連なる人脈があったことは確実であろう。[23]

一八八四（明治十七）年三月、俊子は、前年秋に演説（「函入娘」）が集会条例違反で有罪の判決を受けた後、中島信行・陸奥宗光とともに上京した。五月には、星亭が『自由燈《じゆうのともしび》』を創刊し、「志ゆん女」の名で「同胞姉妹に告ぐ」が十回にわたって連載された。この後、俊子と信行の親密な関係が新聞で報じられ、「自由結婚」という揶揄や非難の目が向けられた。[24] もっとも、俊子自身は結婚にいたる経緯について、フェリス女学校での教え子・山田もと子に、「「あの時はね、初めから、陸奥、後藤、[25] 星、板垣などの同志が皆同穴の狐だつたのサ」と云つて哄笑した」という。[26]

このように、岸田俊子は自由党の中枢、中でも、土佐人脈の深部に関わる人間なのである。そして、それが、俊子の人生が謎に包まれている一因である。

5 俊子をめぐる謎——生年・初婚問題

岸田俊子は、近代日本女性史の重要人物であり、のちには、ウーマン・リブ（女性解放運動）の先駆者とされた。だが、俊子に関しては、史料が断片的で、しかも、充分整理されてこなかった。他方、当時の新聞報道が相当量残されていることから、その人生と主張は、様々に解釈されてきた。今日、その一部は、史料に照らして誤っていると思われるものが少なくない。

本書では、残された史料、本や新聞記事等の解釈——なかでも、俊子のものとして名高い演説「函入娘」と論説「同胞姉妹に告ぐ」がはたして俊子の主張といえるのか——について検討していき、俊子が本当は何をしたのかを明らかにする。総じて、これまで語られてきた岸田俊子像をいったん解体し、この人物の謎をつきとめることをめざす。

岸田俊子は四〇年余りの人生を生き抜いた。その概略を示せば――

①但馬《たじま》豊岡から京都へ出て古着商をしていた夫婦（岸田茂兵衛・タカ）の娘として、幕末に生まれた。
②明治初年の京都の文明開化教育で、「俊秀の子女」としてその漢詩文の力が注目される（一八七一年）。
③山岡鉄舟と槇村正直（京都府知事）の推挙で、文事御用掛として宮中に上る（一八七九年九月）。
④ところが、宮中を辞して一年後、大阪道頓堀の政談演説会で演説を敢行する（一八八二年四月）。それを皮切りに、九州・四国まで足をのばして演説をし、「女丈夫」として話題をさらう。
⑤だが、女子の教育を訴えた演説（「函入娘」）が集会条例に問われ、監獄（未決監）へ送られる（一八八三年十月）。出獄して一ヶ月後の裁判で争うが、集会条例違反で有罪（罰金）となる。
⑥その後、中島信行（一八四六―一八九九）との結婚と同じ頃、東京へ移住する（一八八五年）。信行は、土佐で、脱藩して高杉晋作の挙兵に応じ、坂本龍馬の亀山社中に加わった自由党の古参である。信行の亡妻・初穂は陸奥宗光の妹であり、陸奥は信行の義兄にあたる。三人の男児が遺されており、結婚はその継母となることでもあった。俊子と信行は麹町区富士見町に住み、「郎」「卿」と呼び合う。一八八六年七月、麹町一番町の教会で二人とも洗礼を受ける。
⑦俊子は、築地の新栄《さかえ》女学校で和漢学を教える。また、巌本善治が編集する『女学雑誌』等へ寄稿し、評論や小説を発表する。
⑧信行が保安条例（一八八七年十二月）の対象となると、横浜・太田村へ転居する。フェリス女学校か

ら招かれて、和漢学を教えた（一八八八年〜一八九〇年）。明治女学校の文学会でも講演をした。第一回衆議院議員選挙（一八九〇年七月）では、信行当選を実現する力となる。信行が初代衆議院議長に選出されると傍らで力を尽くした。やがて、イタリア公使に任命された信行に同行して、イタリアへ向かう（一八九二年十一月）。

⑨だが、ローマで肺結核にたおれ、二人で帰国する（一八九三年九月）。大磯（神奈川県）に別荘を建て、信行と共に療養に専念する。

⑩信行没（一八九九年三月）後は、禅に没入した。

波瀾の多い人生である。なかでも、宮中女官から政談演説会の女弁士への転身は、あまりにも鮮やかであり、かつ、その理由・経緯などは不明である。さらに、①から⑩までどう繋がるのかも、必ずしも明らかではない。本書では、各時期を貫くはずの俊子の信念・論理《ロジック》とは何なのかを、探っていく。

俊子に関する主な研究としては、まず、没後四〇年近くしてまとめられた相馬黒光『明治初期の三女性——中島湘煙・若松賤子・清水紫琴』（一九四〇年）があり、後年では、絲屋寿雄『女性解放の先駆者たち——中島俊子と福田英子』（一九七五年）がある。

さらに、一九八〇年代中盤、いよいよ、『湘煙選集』が編まれることになった。一九八五〜一九八六年の間に、『岸田俊子評論集』（選集①）、『岸田俊子文学集』（選集②）、『湘煙日記』（選集③）、『岸田俊子研究文献目録』（選集④）が刊行された。[27] ただし、漢詩は取捨選択されており、また、書簡等の未公刊のものは除かれている。(28) ほぼ並行して、西川祐子が小説「花の妹――岸田俊子伝」を『京都新聞』に連載し(29)、史料収拾の呼びかけをするとともに、俊子の基本情報が確定できないところを小説形式で補った。また、鈴木裕子が、『岸田俊子研究文献目録』の「解説」(30)中に「岸田俊子研究小史」をまとめた。このようにして、岸田俊子研究の土台がうち立てられたのである。

だが、早くもその過程で、土台を揺るがすような事件が起こった。日記を読みおこすという大仕事に従事し、史料を逍遙していた西川祐子・大木基子が、湘煙は、従来言われていた文久三年十二月五日（一八六四年一月十三日）生まれではなく、その三年前の万延元年十二月四日（一八六一年一月十四日）生まれであると発見したのである。(31)

しかも、この生年は、十二月生まれとして数えで計算すれば――正月には数え二歳となる計算の仕方をとれば――『新聞雑誌』第五号（一八七一年六月）にある「岸田俊女十二歳」という記載に一致する。また、掛け軸として遺されている、陶淵明の「帰去来の辞」（漢文）に付された署名（「明治五年壬申暢月十三歳岸田湘煙女史」）にも一致する。つまり、岸田家と俊子自身はこの年齢で数えていたことになる。そこで、この数え方をとることにすると、一九〇一年五月、四二歳（満四〇歳）で没したことになるのである。

なお、「湘烟女史岸田俊子（二十年）」（『日本立憲政党新聞』）は、実際には（前述の数え方で）二三歳であるから、三歳ずれたのはこの時点ではないかと考えられる。「湘烟女史岸田俊子（二十年）」で有名になってしまったため、この年齢を一生背負ったのではないだろうか。俊子が没した時、かけつけた禅僧・宗演が唱えた偈《げ》にも、「三十九年の非」とあるのである。(32) ちなみに、墓石にも享年は刻まれていない。とすると、さらに、こうした岸田俊子とはいったい何者なのか、どのような考えをもった人間なのかという問題が起こる。母、夫をはじめ、「岸田俊子」を支える人々がいたことも見逃せない。

選集編纂の過程では、また、七冊目の日記の所在とともに、俊子の初婚とその離婚についての伝承の存在が明らかになった。日記は一部分しか残されておらず、従来六冊しか知られていなかったが[33]、七冊目の日記[34]の存在が明らかになったのである。しかも、その所蔵者[35]が母・タカから直接聞いた話として、俊子は、はじめ丹後《たんご》に嫁に行き、「七つの言い分」があるとて離縁されたという伝承があったのである[36]。現在この話を資料的に裏付けることはできないが、信憑性は高いと思われる。宮中を辞した後、丹後へ嫁に行き、「七去」をかざして離縁されたとすれば、そこから、母とともに京都を出て、各地を遊歴して秋冬を土佐で過ごした後、女子教育の訴えにうって出たということになる。

6 「塩の中の花」――史料をめぐる謎

「岸田俊子」という名は、平塚らいてうや夏目漱石に比べて、今日の日本では、それほど馴染みがないかも知れない。

だが、その名は日本のみならず、英語圏、なかでも、アメリカ合衆国の近代日本女性史の文献において、敬愛をこめて語りつがれてきた。たとえば、近代日本女性史の先駆的な研究であり、今日も参照されるシャロン・L・スィヴァス（Sharon L. Sievers, 1938-2010）の『塩の中の花（*Flowers in Salt*）』[37]（1983）において、岸田俊子は、女性運動家の代表とされている[38]。

そもそも、本の題名「*Flowers in Salt*」とは、俊子の演説「函入娘」（一八八三年十月、大津）中の一節からとられたものである。しかも、著者の見た新聞が虫食い状態だったため、「垣」を「塩」と読み違えてしまい、「より好い版と正確な訳が手に入った時には、すでに本はほぼ印刷に入っていた」ので、そのままとなったが、のちに、「少なくとも私にとっては、『塩の中の花』〔という句〕が、私が読んだ多くの明治の女性たちの感情を強烈に伝えることこそが最も重要なことなのだ」と私信で断言し

岸田俊子

ている、という、曰く付きのものである。[39]

ちなみに、スィヴァスが「垣」を「塩」と読み違えたのは、俊子の演説「函入娘」中の、「花ヲ垣ノ内ニ養フ」の部分であろう。[40] つまり、「人ノ為メニ函ヲ造リ養フハ」（娘に函を造ってそこで育てるのは）、「アタカモ花ヲ垣ノ内ニ養フカ如シ」とあるのを、「アタカモ花ヲ塩ノ内ニ養フカ如シ」と取ったのである。まるで花を塩の中で育てるようなものだとは、極めて激しい批判であり、こうした批判を俊子がしたということになる。

岸田俊子は、スィヴァスによって英語圏で改めて、日本のフェミニズムの輝かしい象徴、彗星のように現れたその嚆矢として位置づけられたのである。困難の中で苦闘する女性達への敬愛をこめて。むろん、今日の観点から見れば、これがオリエンタリズム（言説による他者の画定）の疑いを免れ得ないのは明白であろう。

スィヴァスは、同時に、女性問題に対する俊子の考えを知る上で依拠できる残された史料として、この演説「函入娘」（臨監警官による筆記）（『日本立憲政党新聞』に連載）と、評論「同胞姉妹に告ぐ」（『自由燈《じゆうのともしび》』に連載）を挙げた。そして、「同胞姉妹に告ぐ」に基づいて、俊子は、イギリスにおけるミリセント・フォーセット率いる女性参政権運動に自覚的であった（同書三七頁）と論じたのである。

この姿勢は今日にいたるまで受け継がれている。近代日本のフェミニズムの通史を描いた近年の英語文献で、「同胞姉妹に告ぐ」は俊子によるものとされている。[41] また、明治の女性史に関係する最近の著作[42]でも、「同胞姉妹に告ぐ」が俊子によるものであることが前提となっている。[43]

だが、俊子が、フォーセット率いる女性参政権運動を意識し、それに賛同していたのかは論証の必要がある問題である。しかも、前提とされる「同胞姉妹に告ぐ」は、はたして、俊子によるものと言えるのだろうか。また、俊子の演説「函入娘」（臨監警官による筆記）と、『函入娘　婚姻之不完全　全』所収の『函入娘』とは同じではないが、はたして、両者とも、俊子によるものと言えるのだろうか。

本書は、岸田俊子をめぐるこうした史料上の謎にも分け入っていく。

第二章　集会条例違反とされた演説——「函入娘」再考

岸田俊子はある時期から女子だけの「岸田社中」を率いて、女子教育を訴えて回る。一八八三（明治十六）年、京都四条（北の演劇場）での女子大演説会（十月二日）には、二千人以上集まった（『日本立憲政党新聞』十月五日）。「岸田社中」とは、俊子を含む四人の若い女性で、うち二人は八歳である（『京都絵入新聞』十月四日、選集④口絵写真）。

十月十二日、滋賀県大津での演説会で、俊子は、「函入娘《はこいりむすめ》」という題の演説をした。ところが、これが集会条例違反・官吏侮辱罪に問われ、拘引されたのである。そして、その夜のうちに警察署から未決監へ送られた。学術演説会の届出であるにもかかわらず「政談に渉《わた》った」として、集会条例違反とされたのである。

いったい、その「函入娘」とはどれほど激しい演説だったのであろうか。間髪を入れず、「岸田俊著」と銘打たれた『函入娘・婚姻之不完全　全』（駸々《しんしん》堂本店、十月十八日付）（選集④口絵写真）が刊行された。これを読めばわかる、と、人々は飛びついたであろう。

じつは、俊子の演説は、裁判で証拠として提出された、臨監警官による「傍聴筆記」（選集①213）として残されている。裁判で俊子は、大意としては認めつつも細部を争っているから、その点まで考慮すればその限りで確かなものだと言える。以下、『函入娘・婚姻之不完全　全』中のものを『函入娘』、演説の傍聴筆記を「函入娘」と表記する。

ところが、問題は、『函入娘』と「函入娘」は同じではない、それどころか、相当異なるという点である。つまり、演説・函入娘には、二つのテクストが存在するのである。「岸田俊著」と明記された『函入娘』と、臨監警官が筆記し証拠として提出した「函入娘」（正確に言えば、その新聞報道）とである。したがって、この二つのテキストを比較検討して、その真偽を質すことなしには、岸田俊子が本当は何を訴えたのか、なぜ、逮捕・拘禁されたのかを明らかにすることはできないのである。

1　「函入娘」と『函入娘』

俊子の演説というと、従来、『函入娘・婚姻之不完全　全』中の『函入娘』から引用されることが多かった。だが、この本は奥付からすると俊子の拘留中に出版されたものであり、まずその真偽が問われる必要がある。「函入娘」と『函入娘』では、言葉遣いはもちろん、内容が相当異なるのである。両者を比較してみよう。

まず、「函入娘」（「岸田俊女被告事件」『日本立憲政党新聞』第四八六号～第四九二号〔一八八三年十一月十

五日〜二二日」より。選集①213〜219）から、部分的に要約する。演説は「皆サン私シハ岸田俊テコサリマス」と始まる。

芝居小屋に来て興行に等しき業をすると卑しむ者がいるが、私は意に介さない。国家の為めにこの興行をなすのである。

函入娘とは、京阪間で使われる俗語であり、中等以上の人の娘のことを言う。あたかも函の中に入れられた者のように、手足を動かせず、口もきけず、自由を妨げるのでこの言葉がある。

私は、真正の函入娘を造ろうと思う。私の造ろうとする函は、形ある函ではなくて形なき函だ（「私ノ造ラント欲スル函ハ形チアル函ニ非スシテ形チナキノ函テ御座リマス」）。形ある函は窮屈だが、形

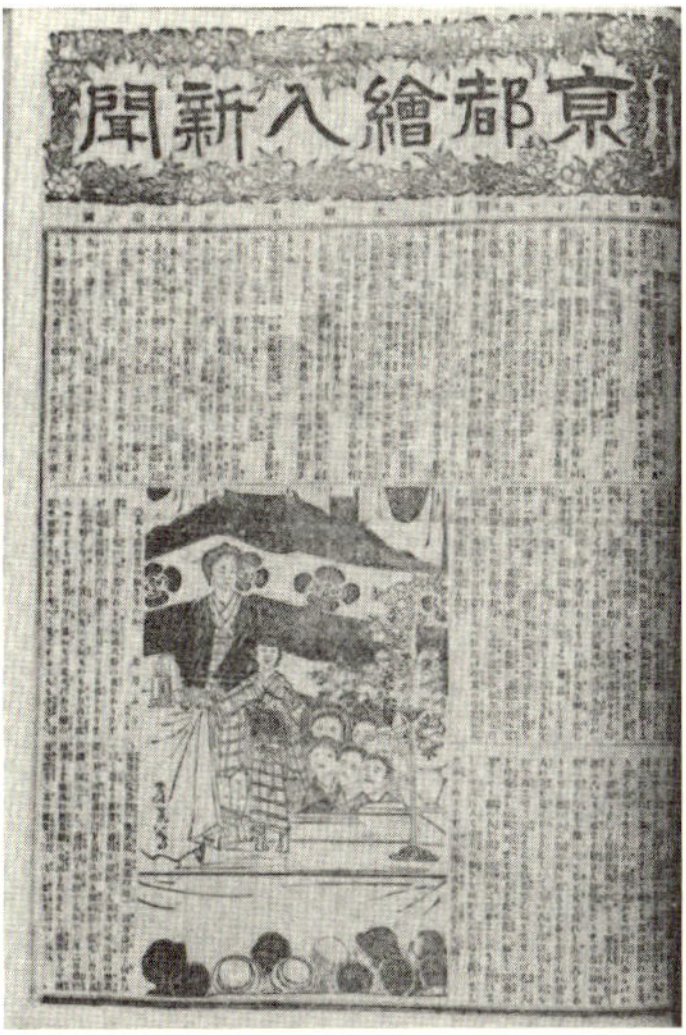

演説する俊子（『京都絵入新聞』1883年10月4日）

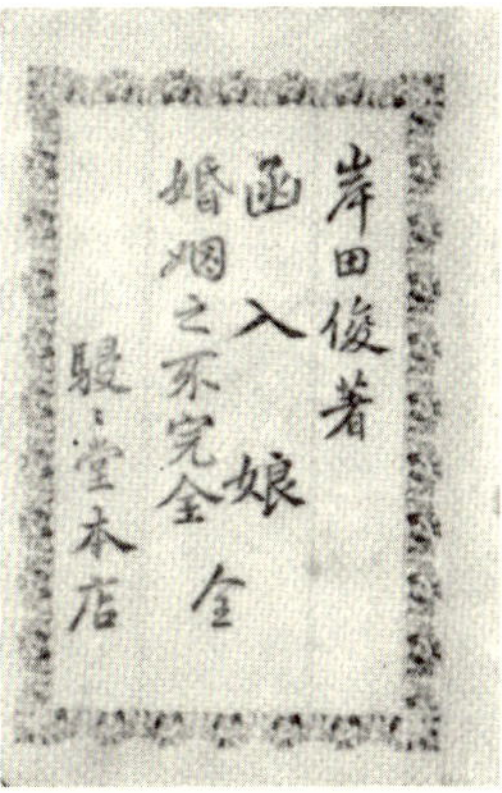

『函入娘 婚姻之不完全 全』（1883年）

なき函は、不自由でない。

家によって函の造り方に三種類ある。一つ目は、「往昔ノ書物」（「女大学ニ女小学ノ如キ類」）で学ばせるやり方、二つ目は、「深窓長簾ノ函中ニ置ク」やり方、三つ目は、「父母タルノ道ヲ以テ子ヲ教エス亦親タル愛慈ヲ尽サス、其最モ下等ニ至リテハ親ノ云フコトハ如何ナルコトモ違フヘカラストシ濫リニ母権ヲ張ルモノ等」である。一つ目の函は、「他ノ二ツニ比スレハ稍《やや》執ル可キ高尚ナル函」だが、「其外二ツノ函ハ不完全ナル函ナレハ私ノ執ラサル函ナリ」。

学文は、嫁入りの妨げになるどころか、「嫁入第一ノ道具ト云フヘシ」。学文とは、経済学と修身学だ。

子供には、道徳をもって教えるべきで、踊りや三味線などの芸をしこむのではいけない。「世界ノ如キ大且ツ自由ナル函」を造るべきである。その時は、真の函入娘となる。「窮屈不自由ナル函」に入れては、娘が逃げ出し、かえって娘をだめにしてしまう。

他方、『函入娘』（選集①33〜42）では次のように述べている。

智が得をする世になり女子もこれまでの女子ではいられない。教育も改良する必要がある（「智得愚失の世に至れは女子亦何ぞ従前の女子たるを得んや教育も亦随て之が改良をなさゞるべけんや」）。

そもそも「函」とは女を正良にするために作る器であることは言うまでもない（「夫れ其函なる者は元其女をして正良ならしむるため作るの器たるは言を竢《ま》たさるなり」）。

函の作り方に三種類ある。女大学女小学等の遺訓によるのは比較的高尚だと言ってもよいかもしれない（「比して高尚の函と云《いふ》も可なる者の如し」）が、この三つはすべて、害少なからず、益多からずである。この害を除却しなければ、「婦徳を修め女道を行ひ社会有益完全の婦女子」は千年たっても得られない。

「今其自由の行ひありて而他人の自由を害けざる者は即智識の進歩に由る者なり」。その智識の進歩には教育が必要であり、教育を改良するには、母という職分を尽くすに足る婦女子を養成しなければならない（「其母職を尽すに足るの婦女子を養成せざるべからざるなり」）。

女子への遺訓は弊害がある。その中心である「女子三従の道」は著しい束縛である。父母・夫・子に従うのではなく、それぞれ、子の道・妻の道・親の道に従うと改良すべきである。

「元来子は母の胎中にありて既已に之か函を受る者……内教を得るもの」であり、母こそ、その函である。

娘に、三味線や歌などの芸をしこむのではいけない。「絃歌」は「淫声」「猥体」に他ならず、「世に唱ふ所の函入娘」は「虫入娘」と言わざるをいない。

両者は重要な点で異なる。

2 「自由」と「不自由」

第一に、「函入娘」では、形ある窮屈な函、形なき自由な函という概念が展開されている。これは『函入娘』にはない。

また、「函入娘」では、「自由」という言葉は、主に心のまま・意のままという意味であり、「窮屈」「不自由」と対で使われている。たとえば、「世界ノ如キ大且ツ自由ナル函」、「窮屈不自由ナル函」である。従来の、かつ、仏教語系の使い方である。他方、『函入娘』では、「自由」は、主に liberty や freedom の訳語である。「自己の自由を重《おもん》じ人の自由を害げず」がそれである。一人の人間が、同じ言葉を、相対立する別々の文脈で使うとは考えにくい。この点について、より詳しく見てみよう。

「函入娘」では、「自由」（及び「不自由」）は以下のように使われている。

> 今夕ノ雨往来ノ不便利ナルモ、反リテ弁利トナルノ媒介トナルヤ図リ知ルヘカラス。亦今日ノ不自由モ、明日ノ自由トナルノ媒介トナルナカランカ。／手足働カシメス口云ハシメスシテ自由ヲ妨ケルモ／此函ヲ造ル父母ハ、娘ヲ不自由ニセシムル為メニアラスシテ／其形チナキ函ト云フハ、何所ニ足ヲ蹈ミ手ヲ出スモ不自由ナキノ函ナリ。／其花ヤ他ノ花ヲ羨ヤンテ云ハン、吾ヤ今日函中ニテアルモ、今日原野ニアル花ハ、自由ニ開キ自由ニ笑ヒ芳ハシキ香ヲ自由ニ放ツモ、吾ヲ無惨ヤ惨酷ヤ今日マテ函ヲ作ラス／私ノ思フニハ、斯ノ如キ不自由ナルハ函早ク破リテシマハネハナリマセン。／仮令往昔ハ之ヲ以テ真ノ函入娘トナスモ、今日ハ天帝娘ニ自由ヲ与ヘラレタルコトハ娘モ皆熟知シタルノ時ナ

レハ、自由ナルヘキ函ヲ造ラネハナリマスマイ。／今日ノ如キ智識開達ノ時ニアリテハ、宜シク学ハシメ自由ヲ得セシムヘキニ、之レヲ為サスシテ／之レカタメ花ハ不自由ヲ極ムル而己カ、籬ノ法律ノ為メニ捕縛セラルヽヲ以テ、僅カニ花色アルモ充分香ヲ放チ自由ニ咲ク能ハサレハ、之ヲ人ノ精神ニ及ホシ考フルモ不自由ナルモノテアリマショウ。／自由ニ開カントスル花モ、自由ニ開クコトヲ得ス。自由ニ発生セントスル枝モ、其発生ヲ妨ケラレ／此花ノ如キ不自由究屈アリテハ、到底立派ナ精神ヲ養フコトハナリマセン。／先ツ函ノ内ニ入レラルヽ娘ノ心ヲ察シ、世界ノ如キ大且ツ自由ナル函ヲ造ルヘシ。／若シ之レニ反シテ窮屈不自由ナル函ニ入ルヽトキハ、必ラス娘ハ遁亡シ則チ駆ケ落チスルコト疑ヒナシ。／今日迄函ノ内ニ居ル人モ、函ノ外ニ居ル人ト同様、之レヲ自由ニナサシメハ、窮屈ナル函ノ内ニ這入ルコトモイラス。然ルトキハ此函ヲ造ルコトモイラサレハ、自然ト遁亡スル娘モナク、従テ之レヲ捕縛セシムル此様ナ不用ノ下女下男ヲ雇フニモ及ハス。（句読点、引用者。以下同様）

この自由という言葉の解釈に関連して、裁判冒頭の傍聴筆記の朗読の後、今朗読したとおりの演説をしたに相違ないかと裁判官から問われて、被告人岸田俊子は、「大意は左様なるも」としつつ、数点について反論している（句読点及び番号、引用者）。

①其初項に「今夕の雨往来の不便利」云々「今日の不自由も明日の自由となる」云々は、「今夕の雨の不自由」も「明日は晴の自由となる」云々の相違。②又中程に捕縛云々のこと数多あるも右は嘗て言ひしに非らず。末項に至て「娘の駆け落ちしたるとき下男下女をして捕へしむる」云々と言ひたるの

み。又「籬《まがき》の法律の為めに」云々とも言ひしには非らず。之れ其相違する所なり。（選集①219）

つまり、大意としては認めつつも、削除・挿入・改竄された点を指摘したのである。

すなわち、①に関しては、傍聴筆記の冒頭近くに次のようにある。

> 嗚呼天誰ヲ悪ンテ今日今夕ノ雨ヲ降スヤ。雨降ル実ニ往来ノ困難不便利之レニ過キル者ナシ。夫レ世ノ中ハ不便利アリテ而シテ后チ弁理ヲ知ルナリ。然ラハ今夕ノ雨往来ノ不便利ナルモ、反リテ弁利トナルノ媒介トナルヤ図リ知ルヘカラス。亦今日ハ不自由モ、明日ハ自由トナルノ媒介トナルナカランカ。（同213）（傍点、引用者。以下同様）

最後の「今日ノ不自由モ、明日ノ自由トナル」の部分は、「今夕の雨の不自由」も「明日は晴の自由となる」から、「雨の」や「晴の」の部分が削除されたものだと反論したことを意味する。俊子が反論したように、「今夕の雨の不自由」も「明日は晴の自由となる」が、「今日の不自由も明日の自由となる」に変えられていたとなると、官吏の側は、従来型の「自由」という言葉を、新しい「自由」に読み替えたということになる。

また、②に関しては、たとえば、中程に次のようにある。

> 今日ノ如キ智識開達ノ時ニアリテハ、宜シク学ハシメ自由ヲ得セシムヘキニ、之レヲ為サスシテ、人ノ為メニ函ヲ造リ養フハ、アタカモ花ヲ垣ノ内ニ養フカ如シ。今花ヲ籬ノ内ニ育ツルトキハ、之レカ

タメ花ハ不自由ヲ極ムル而已カ、花ハ籬ノ法律ノ為メニ捕縛セラル、ヲ以テ、僅カニ花色アルモ充分香ヲ放チ自由ニ咲ク能ハサレハ、之ヲ人ノ精神ニ及ホシ考フルモ不自由ナルモノテアリマショウ。（同218）

これに対して、「捕縛」云々は言ってない、「籬の法律の為めに」云々も言っていないと指摘したのであるから、「籬ノ法律ノ為メニ捕縛セラル、ヲ以テ」の部分は挿入されたものだと反論したことになる。

集会条例違反は、学術演説会の届出であるにもかかわらず、政談に渉《わた》ったという理由である。弁護人の反論に対して、検察官は、大津警察署警部による「集会条例違犯及官吏侮辱現行犯事件届書」を読み上げさせた。俊子の演説は、「暗ニ、現政府ノ集会条例新聞条例出版条例等ヲ以テ函ニ比喩シ、父母ヲ政府ニ、人民ヲ娘ニ喩ヘ、徹頭徹尾治者被治者ノ関係ヲ論シタリ」（同224）とある。つまり、演説中の、父母が用意した不自由・窮屈な函（「籬」）から駆け落ちして逃げ出す娘を、政府が策定した集会条例・新聞条例・出版条例等という不自由・窮屈な函（「籬の法律」）から逃げ出して、「捕縛」を逃れようとする人民の暗喩だとこじつけて、政談に渉ったとみなし、集会条例違反だと主張したのである。

また、父母が雇って送る「下男下女」とは、逮捕する担当官吏、すなわち臨監警官の暗喩なのだとこじつけて、官吏侮辱罪にあたると主張した。

さて、「函入娘」では、「自由」は、主に「不自由」「窮屈」と対で使われている。

やや文明開化の新思想風なのは、「今日」に関する二箇所にすぎない（「今日ハ天帝娘ニ自由ヲ与ヘラレタルコトハ娘モ皆熟知シタルノ時ナレハ、自由ナルヘキ函ヲ造ラネハナリマスマイ。」（同217）、「今日ノ如キ智識開達ノ時ニアリテハ、宜シク学ハシメ自由ヲ得セシムヘキニ」（同218）。

他方、『函入娘』では、「自由」（及び「不自由」）は以下のように使われている。

各其己れの維得すべきの自由は人の之を害《さまた》くを許さず。各其持有すべきの権利は人の枉《ま》ぐ所となるを許さず。（同33）

女小学女大学其他千種の遺訓を挙《あげ》て以て囲範となし、一身総て其自由を得さらしむるを以て其函となすは、比して高尚の函と云《いふ》も可なる者の如し。（同35）

然り而若《もし》唯其便利にのみ是れ従《したがふ》と云はゞ謂ゆる自由自在其正邪を弁ぜず偏に其恣欲を逞しくするの疑ひなき能はざるなり。（同36）

因て今其自由の行ひありて而他人の自由を害けざる者は即智識の進歩に由る者なり。（同）

己れの本分を尽し自己の自由を重《おもん》じ人の自由を害げず、（同37）

夫一家の不自由を来たさる如き機杼縫繍は、半年之を学ひ或は一年之を学勉《まなびつと》むれば足れりとなすべし。（同38）

ここでは、「自由」とは、まず、「自己の自由」の確立として（「各其己れの維得すべきの自由は人の之を害《さまた》くを許さず。」）、ついで、それをいかにして「人の自由」と両立させるのか（「自由の行ひありて而他人の自由を害げざる」）という文脈で使われている。つまり、新しい意味で使われている。従来の意味でも使われている（「謂ゆる自由自在」）が、演説にあるような、「自由」を駆使した様々な表現はない。

3 「三従の道」

相違点の第二は、『函入娘』は「三従の道」を長文で批判し、その改良策を出しているが、「函入娘」では「三従の道」について言及がないことである。

ただし、大津に先立つ京都四条の演説会（北の演劇場《しばい》、十月二日）で、俊子が演説中「三従の道」を説いて、騒然となったという記事がある（『京都絵入新聞』一八八三年十月四日）。

女子の演説を聞く馬鹿があるものか抔《など》と奇な声を出して哩々喚《めい〳〵わめき》立て、三従の道を説くに至ては一層甚しくなり弁士をして演ずること能はざりしめし。弁士も止むを得ず一先づ中途にして演壇を下り、満場の稍《やゝ》静まるを待ち再び演壇に上りて其趣意を尽し大に聴衆に満足を与へ且つ頗る感動せしめたり。(1)

つまり、俊子は京都四条では「三従の道」を問うた。おそらく批判的に論じたのである。(2) とすると、『函入娘』は、京都四条での演説を聴いた人間に駸々堂が文章を書かせ、俊子の拘留中に本にして出版した可能性がある。なお、俊子とともに集会条例違反で有罪（罰金刑）となった演説会の会主・井楽甚三郎は、駸々堂の配達人であった(3)（『京都絵入新聞』）。

ちなみに、駸々堂は、数年後、『婦人演説指南』（香川倫三、一八八七年）という、荒れる大観衆を前にしての女子演説の指南書を出している。そこには聴衆が攻撃してきた場合の対処の仕方もある。大意をとれば、[4]「聴衆が飽きてきて攻撃しようとする挙動がある時には、まず、次のような言葉で一時聴衆に満足感を与えておくのが得策である。「諸君よ、諸君に対し特に私が希望する事がありますなおしばらくは、私にその貴重な時間を借用いたしたいのでございます。[5]」」（第二四条）とある。また、「まさに終わろうとするときには、えも言えない言葉を用いて聴衆に感情を起こさせ、悠々と退場すること。[6]」（第二七条）とある。俊子の演説を聴いていた人間が書いた指南書ではないだろうか。

4 「往昔ノ書物」（「女大学ニ女小学ノ如キ類」）

相違点の第三は、「往昔ノ書物」（「女大学ニ女小学ノ如キ類」）で学ばせることは、「函入娘」では、他の二つの函と分けて、「稍《やや》執ル可キ高尚ナル函」とされているが、『函入娘』では、比較的高尚としつつも、他の二つの函同様、害のうちに入るとされている点である。つまり、俊子は、「函入娘」で、女大学や女小学等で学ぶことを批判することはせず、他の二つの函よりはよいと言っているのである。そして、「函入娘」の趣旨は、女を作る函という従来の発想の延長上に、それを「自由ナル函」に変えるということである。

なお、この点に関連して、絲屋寿雄『女性解放の先駆者たち――中島俊子と福田英子』（一九七五年）は、俊子の演説として「函入娘」を採用している希有な例であるが、その意訳に、『函入娘』から一部を混入させている（本書三一頁の「この三つはすべて、害少なからず、益多からずである。この害を除却しなければ、「婦徳を修め女道を行ひ社会有益完全の婦女子」は千年たっても得られない」にあたる部分[7]）。その結果、「函入娘」では女訓書を批判していないにもかかわらず、批判したことになってしまっているのである。

以上のように、「函入娘」と『函入娘』では、「自由」という言葉の意味・使い方が異なる。また、女大学や女小学等の従来の女訓書に対する考え方も異なる。何よりも論旨が異なる。

ここから、「函入娘」と『函入娘』では、異なる主体が想定される。「函入娘」には俊子による同意（「大意」）と異議申し立てがあるから、俊子のものであると考えられる。だが、『函入娘』は俊子によるものではないということになる。

以上のように、「岸田俊著」と掲げる駸々堂本は、岸田俊子の著作とは言えない。(8) おそらく、俊子の演説（十月二日京都四条、十月十二日大津）をもとに、別人、すなわち、西洋からの新思想に多少ともなじんでいる人間が書いたものであろう。

なお、裁判では、弁護人が、「函入娘と題する論説は曾て被告人の著述に係り一の小冊子となして世に発売頒布するもの」（選集①227）なので俊子の演説の主旨は容易にわかるはずだと反駁している。つまり、弁護人は、『函入娘』は「被告人の著述に係」ると理解していたわけである。俊子自身がどうとらえていたかは明らかではない。

5 『函入娘』

さて、従来、俊子の演説は、ほとんどの場合、『函入娘』（『函入娘・婚姻之不完全 全』）から引用されてきた。[9]「函入娘」が演説内容に近いとしても、駸々堂本の刊行の日付は俊子の拘留中であるとしても、それでも、『函入娘』から引用されてきたのである。

何故なのであろうか。そこには、『日本立憲政党新聞』の入手が容易でないという事情を背景に、俊子本人が（ないしは仲間が）演説を本にしたのだという思い込み、あるいはまた、俊子の演説はこうであるはずだという思いがある。

たとえば、相馬黒光（一九四〇年）は、「これはあの大津で問題を起こした演説『函入娘』の内容を小冊子にしたもので」としている。そして、「尤も大津に於ける演説はこの内容から脱線して政談にわたり、問題となりました。」と付け加えている。[10]

『函入娘』の方が俊子の演説だとなると、これで「政談にわたり」というのはおよそ説得力がない。『函入娘』には、「政談にわたり」得る要素が全くないからである。そこで、なぜこの内容で集会条例違反になるのだろうかという当然生じる疑問を封じるために、なんらかの形で「政談にわたった」から集会条例違反に問われたのだろうという憶測で補うことになりやすい。相馬には、「問題を起こした」「脱線」という非難のニュアンスがあるが、これが称賛からでも同様である。

同時に、そのことにより、俊子への介入が尋常でないこと（演説中に「中止・解散」命令を出すのではなく、何事もなく終わって散会後、拘引し、しかも、警察署から未決監へ護送した点。演説を、内容そのものではなく、臨監警官による傍聴筆記に基づいて別の内容の暗喩だとみなして集会条例違反・官吏侮辱罪とした点)、それに対して、出獄後療養中の俊子が演説内容を裁判で争ったという、現実の争点が現れてこない。俊子が「獄ノ奇談」で、「同署ノ拘留所」ではなく「監獄署」へ護送された(選集③22〜23)等を書き残しているにもかかわらず、『函入娘』を演説内容とみなすことで、「獄ノ奇談」の記述を活かす具体的な文脈が消えてしまい、事実関係があいまいになるのである。

非難であろうと称賛からであろうと、「政談にわたった」から集会条例違反に問われたのであろうという憶測に変わりはない。こうした憶測により、暗喩で政談をしたとみなして集会条例違反にするという尋常でない介入に対して、俊子が、自分は女子教育に関する学術演説をしたまでであり、政談演説などしていないと争ったという、ある意味で単純な文脈が受け入れにくくなるのである。

じつは、ここで俊子の毅然とした姿勢をとらえきれないことが、その後の俊子を、「転向」とみなす布石となっているのである。

岸田俊子は、女子教育を訴える演説をして、暗喩で政談をしたという理由で集会条例違反とされ、未決監へ送られた。それに対して、「獄ノ奇談」を書き残し、裁判で、政談などしていないと争った。――ここに私は、日本における近代の到来(警察・裁判・メディアなどの装置と、それをめぐる人々の動き)と、フェミニストの嚆矢と呼んでも差し支えない岸田俊子の姿を見るのである。

演説(傍聴筆記)では、「不自由」「窮屈」では立派な精神を養うことはできない、自由にのびのびとさせることこそ精神を養う道だと訴えている。心身の自由をつちから教育に変える必要があるということである。俊子は、女子の教育の重要性を訴え、その内容を、窮屈な函に入れて型にはめるのではなく、自由でのびのびとしたものに変えるべきだと主張したのである。

さて、傍聴筆記をはじめ、裁判の模様を報じた『日本立憲政党新聞』の入手が容易でないという事情は、『湘煙選集』の刊行によって変わった。にもかかわらず、『函入娘』が岸田の筆によるという前提に立った研究は、今日も続いている。

たとえば、大木基子氏（二〇〇三年）は、傍聴筆記について触れた上で、俊子が、演説をもとに本を出版したとしている。(11) 北田幸恵氏（二〇〇七年）は、演説「函入娘」と評論「函入娘」とは重要な違いがある（比喩の使用法・「函」の意味と価値）と指摘したうえで、ともに俊子によるものであるとしている。そのうえで、「両者の相違は、演説と評論、口頭と筆述とのメディアの違いが基底にある。」とする。(12) なお、関礼子氏（一九九七年、初出一九八一年）は、演説（傍聴筆記）について論評したうえで、『函入娘・婚姻の不完全』は未見であるとするに留めている。(13)

このように、様々な形で、『函入娘』が俊子の演説であるとみなされている。『函入娘・婚姻之不完全』イコール「岸田俊子」という固定観念はそれほど強いのである。

『函入娘』を俊子によるものと信じ、そこから「岸田俊子」を描いた人々の思いは尊重されるべきであるが、歴史研究のテクスト解釈として問題があり、また、『函入娘』イコール「岸田俊子」という思い込みが、現実の岸田俊子への接近を妨げ、後世に重大な影響を与えることになったのである。

では、「函入娘」につづいて岸田俊子を高名にした「同胞姉妹に告ぐ」（『自由燈』）は、はたして、本当に俊子によるものなのだろうか。

第三章　湘煙は「男女同権」を主張したのか——「同胞姉妹に告ぐ」再考

1　「男女同権」論から「良妻賢母主義」へ？

岸田俊子についてはすでに様々な研究が積み重ねられているが、俊子の活動の、「初期」と「それ以後」の落差という、長らく研究者を悩ませてきた問題に決着がついていない。すなわち、京大阪を拠点に女弁士として名を馳せた俊子が、東京へ移って「男女同権」を謳う「同胞姉妹に告ぐ」を『自由燈《じゆうのともしび》』に連載するも、中島信行との結婚後は表だった活動は主に文筆活動に限られた——その間、思想・政治的立場に変化があったのか否か、という問題である。

もっとはっきり言えば、信行が初代衆議院議長に選出され、したがって、俊子がその夫人となるなどの社会的上昇に伴って「転向」したという噂が長い間囁かれてきたのである。なかでも、敗戦・占領期の女性史の記述で、俊子の「転向」が取りざたされた。

これに対して鈴木裕子氏は、『岸田俊子評論集』（選集①）の「解説」で、「転回」、すなわち、「「女権拡張論」から「良妻賢母主義」への「転回」」（選集①24、同22）、あるいは、「「女学」への転回」（同79）と位置づけた。同時に、そこには、「良妻賢母主義」・「内助の功」（同22）・「「ベターハーフ」論」（同24）等の言葉が並ぶ。そして、これに明確な反論がないまま、おおよその通説となってきたのである。

だが、はたして、「男女同権」・女性の参政権を叫んでいた岸田俊子は、その後、「転向」（あるいは「転回」）し、そして、その行きつく先が「良妻賢母主義」であったと言えるのであろうか。

本章は、まず、そもそも岸田俊子は「男女同権」・女性の参政権を叫んでいたのかという点から問い直す。言い換えれば、「男女同権」を主張する「同胞姉妹に告ぐ」は、本当に岸田俊子によるものなのか、と問うのである。

2 「志ゆん女」と俊子

「同胞姉妹に告ぐ」は、『自由燈』創刊時に十回にわたって連載されたものである（『自由燈』第二号〔一八八四年五月十八日〕〜第三二号〔六月二二日〕）。「男女同権」を訴えた評論であり、文体は和文・和語である。女性参政権をめぐる攻防が始まったイギリスでの議論をじつは援用している。時期的には、俊子の「初期」と「それ以後」の境に存在する。

この「同胞姉妹に告ぐ」が俊子の代表作とされており、管見の限りでは岸田俊子作であることに疑義は出されていない。近年のものに限っても、関礼子（一九九七年、初出一九八二年）[1]、大木基子（二〇〇三年）[2]、横澤清子（二〇〇六年）[3]、北田幸恵（二〇〇七年）[4]の諸氏が、俊子によるものであるという前提で論を進めている。

鈴木氏による『岸田俊子研究文献目録』（選集④）の「解説」[5]も、「同胞姉妹に告ぐ」の以下の部分に対する自身の熱い思いから始まる（同④13）。

嗚呼世の男らよ汝等は口を開きぬれば改進と云ひ改革と云ふにあらずや何とて独りこの同権の一点においては旧慣の慕ひぬるや俗流のまゝに従ひぬるや我が親しく愛しき姉よ妹よ旧弊を改め習慣を破りて彼の心なき男らの迷ひの夢を打ち破り玉へや

俊子の演説内容は「函入娘」を除けばほとんど残っていないから、このように、「同胞姉妹に告ぐ」からその演説内容を推測する傾向は根強い。たとえば、「同胞姉妹に告ぐ」には「男女同権」に関する議論が多いところから、俊子は「男女同権」論者であろうとされる。さらに、末尾に「参政権若くは法律のことのみは他日にゆづりて暫く不同権の位置に安んじつゝも……」とあることから、女性参政権には賛成だが当面は時期尚早という立場であったのであろうとされるのである。

「同胞姉妹に告ぐ」は、『自由燈』に、「志ゆん女」名で連載されたものである（『自由燈』、選集④口絵写真）。問題は、この「志ゆん女」が岸田俊子であると言えるのかである。

たしかに、「志ゆん女」という名はあの「（岸田）俊女」を思わせるから、多くの読者がそう信じたのは確かであろう。だが、「志ゆん女」が岸田俊子であることを示す決定的な証拠はじつはみあたらないのである。俊子を慕い、初めての評伝『明治初期の三女性』を書き上げた相馬黒光も、俊子の著作に「同胞姉妹に告ぐ」をあげていない。

日刊紙『自由燈』は、「自由党」と同音である。総ふりがな付きの小新聞『自由燈』の創刊により、弾圧が激化する中でも「自由党」の力を保ち、かつ、党の機関紙『自由新聞』を越えたより裾野（「婦女子」を含む）を獲得することが目論まれたのである。[6] こうした観点からすると、「志ゆん女」の「同胞姉妹に告ぐ」こそ、創刊時の目玉であった。言い換えれば、「志ゆん女」の「同胞姉妹に告ぐ」とは、立憲政党、すなわち、（広い意味での）自由党系の政談演説会の花形として登場した「岸田とし女」に倣った仕掛けに他ならない。そして、こうした仕掛けに対して、本人・岸田俊子の、明示的な、ないしは暗黙の了解があったのではないだろうか――「湘烟女史岸田俊子（二十年）」の時のように。

では、この「同胞姉妹に告ぐ」に対して、いつから岸田俊子の作、しかも代表作という称賛の目が注がれるようになったのであろうか。俊子の没後、まず「婦人参政権」を主張する著作で岸田俊子が先駆者として発掘され、さらに女性参政権が実現した第二次大戦後、「同胞姉妹に告ぐ」と岸田俊子が本格的に論じられた。つまり、「男女同権」、婦人参政権・男女平等の主張の嚆矢（しかも女性自身による主張）という観点から、「同胞姉妹に告ぐ」と岸田俊子に評価の視線が向けられたのである。

鈴木裕子「解説」によれば、第二次大戦後、本間久雄が『婦人問題』（一九四七年）で「同胞姉妹に告ぐ」をとりあげ、その意義を説いた（選集④26）。

続いて本間は、『明治文学作家論』（一九五一年）で、一章をさいて「中島湘煙――女権主義者として」を論じた。(7) 同章は、「同胞姉妹に告ぐ」から始まり、その論文の筆者として、俊子が紹介されている。本間は、「男女同権」の実現のために闘った「自由民権の闘士」として俊子を評価し、そのうえで、「世の常の男女同権論としては余りに複雑なそれ」として、「同胞姉妹に告ぐ」を解説しているのである。

以上のようにして、「男女同権」を女性自身が主張する嚆矢として、「同胞姉妹に告ぐ」と岸田俊子が評価されてきたのである。

鈴木氏はまた、「解説」で「ウーマンリブの元祖、ここにあり、と思ったものである。」（選集④13）と回想している。「かれこれ一五、六年」前というから、一九七〇年頃とみられる。「ウーマンリブ」に共感した女性が、「ウーマンリブの元祖」として、「同胞姉妹に告ぐ」の俊子に引きつけられたというのは、それ自体興味深い。

「同胞姉妹に告ぐ」の特徴は、「男女同権」を訴え、しかも、それを俊子という女性自身が男性（とくに民権男性）に対して突きつけている点である。民権運動とそれを批判する女権の主張という構図は、新左翼運動とそれを批判するウーマンリブの主張という構図と共振する。ともに、男性中心の反体制運動、女性がその男性中心性を批判するという構図である。その観点からの評価の視線が、岸田（「同胞姉妹に告ぐ」）に向けられたと考えられる。

つまり、「婦人参政権」の時期（本間）と、さらに「ウーマンリブ」の時期（鈴木）、「同胞姉妹に告ぐ」の著者岸田俊子は、女性自身がついに声をあげた先達として注目を浴びたのである。

3 「同胞姉妹に告ぐ」と「男女同権」

では、たとえ本人の書いたものではない（「志ゆん女」は岸田俊子ではない）としても、結局のところ、「同胞姉妹に告ぐ」は岸田俊子によるものだと言うことはできるのだろうか。「男女同権」という言葉・思想に焦点をあてて検討してみよう。「同胞姉妹に告ぐ」の中で、「男女同権」に関わる部分は以下のとおりである。

（其一）所謂同等同権のものと云ふべし。／同等の待遇《あしらひ》を受けさるは。甚だ遺憾の極ならずや。／これ男子は強し女子は弱し故に同等ならず。同権ならずと（其三）世の心ひがみ情剛き圧制男子の前に同権の理を唱へ玉へや（其六）男女同等の説／男女を同等となし又同権となすこと／男女を同等とし夫婦を同権とする時は／今日の世の未だ同権論ならぬ時においてすら／公に男女は同等なり夫婦は同権なりと申すこと定りたらば／男女同権と云ふこと行はれなば／男女同権の説の世に行はれなば／若し男女同権の理を知り（其七）男女同権を許しなば／男女同権の理も此の如きものにして／男女同権の理／男女の同権も／何とてこの男女同権の説のみに至りては／（其八）同権の理／同権の理（其九）女子に対する同等の礼／同権同等の交り／何とて独りこの同権の一点においては（其十）男女同権てふこと／西洋にては男子に参政権ありて国会の議員ともなり又其の議員を撰挙する権あれども／男女同権ならざるの証／男女同権ならぬ証／近頃は婦人の学識ある人々が会合して婦人参政権を得ることを議院に建言する程の勢／同権の地位に至る／同権の理の未だ全く行はれざること／同権を行ふことの不利／参政権若くは法律のことのみは他日にゆづりて暫く不同権の位置に安んじつゝも

男女「同権」という言葉を軸としつつ、男女「同等」「同等同権」という言葉も使っている。また、「男女」同権の他に、「夫婦」同権という言葉も用いている。

特徴としては、まず第一に、男女「同等」と「同権」の間に概念上の区別がない（「男女を同等とし又同権となすこと」「同権同等の交り」）。つまり、「同権」の他に「同等」という言葉を出すことによって、「異なる」が「同等」等の議論を展開しているわけではない。男女「同等」「同等同権」は、男女「同権」の言い換えあるいは揺れとして使われている。

第二に、「男女」同権と「夫婦」同権の間にも概念上の区別がない（「男女を同等とし夫婦を同権とする」「男女は同等なり夫婦は同権なり」）。つまり、「男女」同権には賛成だが「夫婦」同権までは賛成できない等の議論を展開しているわけではない。

以上のように、基本的には「男女同権」かつ「夫婦同権」論であるが、厳密な議論にはふみこんでおらず、「同権」という表現のみで押し通すことへの躊躇や揺れ（「同等」「同等同権」）がみられる。

これに対して、岸田俊子はどうだろうか。そもそも「男女同権」（ないしは「男女同等」「同等同権」）の主張をこれ以後していないのである。したがって、「同胞姉妹に告ぐ」が俊子によるものだとすれば、以後は、「男女同権」を主張することを止めたか、説を変えたととるほかない。

そこからすれば、はたして「同胞姉妹に告ぐ」は俊子の作なのかという疑問が出てもよかったはずである。だが、議論は、岸田俊子は「転向」（あるいは「転回」）したのかへ向かった。二つの憶測――「政談に渉った」から集会条例違反で逮捕されたのであろう、逮捕されたから方向転換したのではないか――を伴いながら。〝「同胞姉妹に告ぐ」イコール岸田俊子〟に疑問符が付されることはなかったのである。

4 「函入娘」と「同胞姉妹に告ぐ」

「同胞姉妹に告ぐ」と俊子の関係に疑義が出ないのは、「岸田俊著」の『函入娘』（『函入娘・婚姻の不完全　全』駸々堂本店）がその前置きとしてあるからでもある。たとえば、『岸田俊子評論集』（選集①）は、まず『函入娘・婚姻の不完全』、ついで「同胞姉妹に告ぐ」の順で構成されている。この順だと、『函入娘』から「同胞姉妹に告ぐ」へ、決定的な違和感なしに読み進むことができる。やがて、『函入娘』と「同胞姉妹に告ぐ」から「岸田俊子」像が立ち上がってくることになる。

だが、『函入娘』は実際の演説ではない。演説内容がからくも残っているのは、臨監警官による傍聴筆記（「函入娘」）である。従来、両者の違いが明確にされないできたが、『函入娘』と「函入娘」は、すでに見たように、言葉遣いはもちろん、内容が相当異なるのである。

また、「同胞姉妹に告ぐ」（一八八四年五月）の発表は、「函入娘」（一八八三年十月）の半年余り後である。両者を比較すれば、はたして、「函入娘」の演説者が、半年余りで「同胞姉妹に告ぐ」を書けるのか、そもそも、両者は用語や思想内容が違うのではないかという疑問が当然浮かぶ。ただし、前者は演説、後者は論説（文語体）、テーマは前者が女子教育、後者が男女同権であり、いわばすれ違っているから、齟齬は明白にはならない。

そこで、「同胞姉妹に告ぐ」と、俊子のその後の文体を比較してみよう。

「同胞姉妹に告ぐ」の文体は、流麗な和文である。例えば、執筆動機を述べた部分には、「然れど妾が斯く自由燈の文壇をかりて。〔中略〕同胞の姉妹《おとづひ》に親しく告げ申さんと欲するものは。深く所以《ゆゑ》あることにして。国を思ひ世を憂ふるの赤心《まごころ》に外ならず。吾が親しく愛しき姉妹の自由幸福を進めんと望める精神に出ぬるものにぞはべるなり。」（選集①54）とある。さらに、振り仮名で和語であることを明示している（冒頭から「精神《たましひ》」「姉妹《おとづひ》」「赤心《まごゝろ》」「教育《をしへ》」「道理《ことはり》」「男女《なんにょ》」「社会《よのなか》」「女子《をんな》」等）。

俊子がはたして「同胞姉妹に告ぐ」のような文体（和文・和語）を用いて自分の主張を述べることがありうるのかを、検討してみよう。

出獄後書かれた「獄ノ奇談」(8)（選集③所収）は、漢文訓読体（漢字カタカナ交じり）である。自称は「妾」である。これは、知己朋友に物語るという形式からきていると考えられる。

一八八六年六月から始まる俊子の『女学雑誌』への寄稿の論考の文体は、漢文訓読体である。はじめは漢字カタカナ交じりであるが、やがて漢字平仮名交じりになる。自分の呼称は、ほとんどが「余」

である。「妾」は、鹿鳴館に関して警鐘を鳴らす「交際社会道徳の必要」（『女学雑誌』第四七号、一八八七年一月十五日）、皇后誕生日を祝う「祝詞」（『女学雑誌』第一六三号、一八八九年五月二五日）に限られる。これは身分上の礼を考慮してのものと考えられる。

つまり、俊子は、『女学雑誌』の論考で、（象徴的に男のものとされる）漢文・漢語を前提に、漢文訓読体を用い、「余」と自称する。従来の男の型（漢文・漢語）を用いており、ジェンダー的に男の位置に自分を置く。対して、「同胞姉妹に告ぐ」の方は、（象徴的に男のものとされる漢文・漢語とは異なる）和文・和語を強調し、「妾」と自称する。その姿勢は〝女ぶっている〟〝へりくだっている〟。なお、俊子は、『女学雑誌』の論考で「妾」を使用するごくわずかな場合も、和文・和語と組み合わせることはない。つまり、〝へりくだる〟を〝女ぶる〟と一緒にさせることはない。

このように、論考で、（女である自分が）漢文訓読体を用い「余」と自称し、ジェンダー（男／女の型、象徴秩序）そのものを変えていこうとする俊子が、同じ論考という形式で、あえて和文・和語を強調し、「妾」を自称し〝女ぶる〟〝へりくだる〟ことはありえないと言ってよい。

同様に、和文体で妾《わらは》と自称する「自由燈の光を恋ひて心を述ぶ」（しゅん女。『自由燈』第一号附録。一八八四年五月十一日）、また、「自由の燈の発兌をいはいて」への添え書き（志ゅん女。『自由燈』第三号。一八八四年五月二〇日）も、俊子によるものとは言い難い。

なお、俊子の文体に関して、関礼子氏（一九九七年、初出一九八二年）[9]は、「同胞姉妹に告ぐ」及び上記二文が俊子のものであることを前提に、次の見解を示している。「和文体および雅俗折衷文体を採用していた湘煙」（五六頁）、「湘煙の文体は表向き和文体の体裁を採ってはいるものの、内容においては口語的発想に基づいて随所に俗語を配し、漢文脈も自在に駆使するといった混淆文体である。」(五九頁)、さらに、「獄中では漢詩を詠み、『自由の燈』紙上では和文脈をも用い、『女学雑誌』掲載の論説文には漢文脈を使うといったように、時・場所に応じて多様な文体を駆使しているのである。」(九三頁)。「同胞姉妹に告ぐ」の文体に関して傾聴に値する分析であるが、問題は、はたして「同胞姉妹に告ぐ」が俊子のものなのかである。

総じて、俊子の思想を最もよく表しているとされる「同胞姉妹に告ぐ」は、俊子のテクスト中異色である。「同胞姉妹に告ぐ」の後にも先にも、「男女同権」を論じたもの、和文・和語の論考はない。このことは、「同胞姉妹に告ぐ」——和文・和語で「男女同権」を訴えた評論——が、俊子のものではないことを示している。(10)

5　岸田俊子と「同胞姉妹に告ぐ」(「男女同権」論)

じつは「同胞姉妹に告ぐ」(一八八四年)で使われている論理は、イギリスのハーバート・スペンサーの「女性の権利 (The Rights of Women)」論 (*Social Statics*『社会静学』〔一八五一年〕第十六章)、および、ミリセント・ギャレット・フォーセットの「婦人参政権論」(ミリセントと夫ヘンリーの論文・講義集 *Essays and Lectures on Social and Political Subjects*〔一八七二年〕所収) にかなりの程度まで負っている。(11) 前者の翻訳は、尾崎行雄訳『権理提綱』(一八七七〜七八年、抄訳)、松島剛訳『社会平権論』(一八八一〜八三年、全訳)、井上勤訳『女権真論』(一八八一年、第十六章「女性の権利」のみの訳) として次々と刊行されている。後者の翻訳は、渋谷慥爾訳『政治談』として一八八三年に、つまり、「同胞姉妹に告ぐ」の前年に刊行されている。なかでも下巻は、その多くが、ミリセントによる女性参政権論と女子教育論であり、その第十章「婦人ニ選挙権ヲ付与スルノ可否ヲ論ス」は、女性参政権反対論への逐条的な反論である。(12)

「同胞姉妹に告ぐ」は『自由燈』に掲載されたものであるが、改進党支持者の杉山藤次郎による小説『女権美談　文明の花』（一八八七年）でも、こうした論理が使われている。

杉山は、女子が政治から閉め出されていると批判し（「全ク根底ヨリ政治場外ニ放棄シ去ラレタルモノヽ如シ」）、「女子モ亦人類ナリ」という理由をあげて、「男女同ジク政権ニ参与加ス可キ」であると主張した。また、斯辺散《スペンサー》氏も言うように、と『権理提綱』を引用して、女性の受ける待遇をみれば諸国民の文明の度合がわかるというのはすでに常識であるとする。

そして、女性は知識が劣っているから参政権は与えられないと言うが、それは教育のためであって、女性の天性とはいえないと主張する。これは、ジョン・スチュアート・ミルの *The Subjection of Women*（深間内基訳『男女同権論』、一八七八年）からであろう。あるいはまた、男は強く女は弱いと言うが、もし腕力で権利を決めるというなら、相撲取りは天下最大の権利者になり一国の大臣宰相をもしのぐはずだ（「彼ノ相撲《ママ》取ハ天下最大ノ権利者ニシテ一国ノ大臣宰相亦之レガ下風ニ就カザルヲ得ザル可シ」）と述べる。これは、フォーセットの『政治談』下巻（「闘藝者角力及ヒ踏舞技等ヨリ組織スル内閣ヲ見ンコトヲ望ム可シ」）からであるとみられる。(13)

このように、当時最先端のイギリス思想を採り入れて、「女子参政の権」がメディアで論じられていた。なお、イギリスでは、議会制度を前提として、参政権の拡大が争われたが、当時の日本では、国会開設を前に女性も国会へ参入するのか否かが、当事者が（不在とは言えないまでも）はっきりしないままで、主に男性知識人によって、論理的な問題として論じられた。したがって、「男女同権」を一大争点に押し上げた側としては、何としても生身の女に登場して欲しかったのである。問題は俊子が、こうした論法を用いたのかであるが、俊子は、すでに述べてきたように、「男女同権」論そのものを採らず、暗に批判したのである。

それでは、俊子は、今日いう男女平等に反対だったのであろうか。

「男女同権」論は、今日の男女平等論と同様のものとしてしばしば理解されているが、的確ではない。「同権」(同じ権利)の主張であり、その象徴が国会への女性の参入である。「男尊女卑」——男女を尊／卑として概念化したもの——の弊風を批判し、男女は潜在的には同じ(能力)であり、したがって同じ権利をもつと主張したのである。今日の男女平等論が——男女平等が（少なくとも原則として）確立している状況で——同一と差異の二つの極を持ちながら、その間にあいまいな幅を許容するのとは、言説の配置が異なる。すなわち、今日では、男女が同じ(能力)か否かにかかわらず、男女は同じ権利である。権利の前提として、男女が同じ(能力)か否かは問わない。別言すれば、権利が男を想定している状況で、女も男と同じ(能力)であるからその権利を与えよ、という論理展開ではない。人間の権利、人権という抽象的・普遍的な発想に立ち、男女を問わず人間としての権利をもつとされる。女も人間であるという論理である。「能力」「資格」をめぐる権利獲得の長い歴史の上に立ちながらも、最終的には、フランス革命以来の「人権」思想を前提として、その際、もはや性別を問わないという論理で保障している。これに対して近代日本では、「男尊女卑」を批判するものとして、「男女同権」が掲げられた[14]。その結果、（人権・自然権に基づく、「女子モ亦人類ナリ」という論理もあるが、）その前提として男女ははたして「同じ（能力）」か否かをめぐって、極めて早期の女性参政権論争が華々しく展開されたのである。こうした状況下で、俊子は、男女が同じ（能力）だとは思わないと表明した。のちの『女学雑誌』の論説の中でも、（「同じ権利」ではなく）「男子と均しき権」（選集①105）という言葉を使っている。と同時に、女が男に侮られないことを力説した。男女が異なる（能力）としつつ、女たちが「男尊女卑」の男中心社会と対峙することを訴えたのである。

概して、「自由」という言葉の使い方、女訓に対する態度（演説「函入娘」）など、俊子の思想は従来のものの延長上にあり、それほど新奇な――今日から見ると当然の――ものではない。他方、「同胞姉妹に告ぐ」は、女性参政権をめぐる攻防が始まったイギリスの思想を援用して「男女同権」を説くものであり、当時の日本でも、世界的に見ても、最先端である。西欧主導のグローバライゼーションに敏感な立場であり、俊子の方は、ローカルな文脈に立って（時代の激変を追い風に）その変革を訴える立場である。こうした俊子であったからこそ、文明開化の中心地東京を遠く離れて、西日本各地に分け入って演説をし、演説会にやってくる民衆や女性に訴えることができたのではないだろうか。

「同胞姉妹に告ぐ」と岸田俊子は、文体、思想、コンテクストを異にする。「同胞姉妹に告ぐ」を俊子によるものと信じ、そこから「岸田俊子」を描いた人々の思いは尊重されるべきであるが、歴史研究のテクスト解釈として問題があり、また、「同胞姉妹に告ぐ」＝「岸田俊子」という思い込みが、岸田俊子への接近を阻み、後世に重大な影響を与えることになった。したがって、岸田俊子をあらためて検討することが必要である。

第四章　女の教育——岸田俊子を読み直す

「男女同権」を新聞紙上で訴えた「同胞姉妹に告ぐ」（『自由燈』一八八四年五月十八日〜六月二二日）は、従来、岸田俊子の代表作だとされてきた。だが、「同胞姉妹に告ぐ」は、俊子によるものではない可能性が高い。では、岸田俊子は何を主張したのだろうか。「同胞姉妹に告ぐ」をはずして、演説「函入娘」、「同胞姉妹に告ぐ」より後の主な小説・寄稿（『女学雑誌』）・演説を読み直し、俊子の思想の特徴を明らかにする。

1　演説「函入娘」——女の教育

初期の演説のうちで具体的内容が残っているのは、「函入娘」（滋賀県大津。一八八三年十月十二日）だけである。「公判傍聴筆記」（『日本立憲政党新聞』）によれば、臨監警官作成の「傍聴筆記」に対して、被告人となった岸田俊子が、「大意は左様なるも」と認めつつ、細部を争った。その「大意」とは、真の函入娘を造るためには、真の函を造る必要がある、すなわち、娘には遊芸を仕込んですませるのではなく、きちんとした教育をすべきだというものである。

俊子が演説を開始した前日の『日本立憲政党新聞』（一八八二年三月三一日）には、「我が国の母儀の脩らざるを嘆息し時機あらば一大学校を創設し以て女子の為従来の悪慣習を改良せんと熱心企望して居らるゝ由」とある。つまり、俊子は女子の学校を創設しようとしていたのである。また、後年の日記には、この頃をふり返って、「国の文明は婦女の教育が第一と心に深く信じこれを唱道するは我が職分なりとの他意なきより東西南北に馳逐し、おのが名誉富貴は毫も顧みざりし」とある（一九〇一年一月二日）（選集③206）。つまり、文明国家になるためには女子教育が最も大事だという信念を持っていたのである。同様の表現は、俊子の小説「山間の名花」（『都の花』一八八九年二月〜一八九〇年五月）にもみられ、主人公が「特に我邦婦人の教育に乏しきを憂ひ、婦人が教育に乏しくして相当の価値を有たざる時は社会の快楽は生ぜざるものなり信じ」（選集②156）とある。

以上からすると、俊子が自らに任じていたことは、女子の教育を人々に訴えかけることであった。しかも、女子の教育という目前の問題が、国の文明・「社会の快楽」と関係するという長期的見通しがあった。すなわち、女子教育が文明国家建設の鍵になるという立場である。

岸田俊子は、参政権や男女同権を訴えたと従来言われてきたが、このように、まず何よりも女子教育を訴えたのである。

では、なぜ女子教育を力説する必要があったのだろうか。一八八二年であれば、学制（一八七二年）

以来の、女子も学校（小学校）へという方向は、男子と程度の差こそあれ、ある程度軌道に乗っている。俊子の主張と遊説活動の、当時における意義は何なのであろうか。別言すれば、岸田俊子が、従来言われてきたような「参政権」や「男女同権」ではなく、「婦女の教育」を訴えて演説にうって出たとして、それでもなおフェミニストの嚆矢・先駆者と言えるのであろうか。もし言えるとするならば、いったいいかなる意味で、そうなのか。

この時期、国会開設の大方針がうちだされた（一八八一年）一方で、教育令（一八七九年）で男女別学の大原則がうちだされ、浸透しつつあった。女子は、男子専用と位置づけられた中学校（中等教育）からの撤退を余儀なくされ、学制の下で大志を抱いて勉学に突き進んできた女子の大半は、行き場を失いつつあったのである。

ふり返ってみれば、教育令発令後の数年間は、じつに微妙な時期であった。国会開設が勅語で約束されながら、他方では、女子に初等教育以上のものを、すなわち、中等（以上の）教育をして世に送りだすという姿勢が公的機関から消え始めたのである。始まったばかりの改革の気運は急速にしぼみつつあった。女子教育に関しては、早くも徳川家支配下（江戸時代）へ逆行しつつあったと言ってよい。同時に、女子の中等教育が方向すら示されないということは、このままいけば「国会」は女抜きで出発する、女抜きで「国」づくりが始まることを意味した。つまり、女子教育という目前の課題に取り組まない限り、女性参政権・男女同権などの議論も空論に終わるのである。

岸田俊子は、この時期に、女子の教育に世間の注意を喚起しようと、演説にうって出た。「民権」運動の近辺で演説をしながら、何よりも先ず、女子教育を、と訴えた。さらに、女子教育を訴える女子大演説会を敢行した。こうした俊子の動きは、逆行する動向を感知した的確なものと言ってよい。その意味において、岸田俊子は近代日本におけるフェミニストの嚆矢と言うことができるのである。

なかでも、俊子が痛切に欠乏を感じたものは、遊芸等を仕込んでさっさと結婚させてしまうのではない女子の教育であり、(1) ひいては、国の文明の基となるような女子の育成であった。つまり、女の子には遊芸等を仕込めばそれでよしとする固定観念の転換と、女子の教育が国の文明に枢要であるという思想の樹立を呼びかけたのである。

演説「函入娘」は、このように、女子教育を訴えたものであったにも関わらず、「政談に渉った」として集会条例違反とされた。この大津での事件(一八八三年十月)後、俊子に弟子入りした人物に、富井於菟《おと》(一八六六―一八八五)がいる。於菟が兄に宛てた「遊学ヲ請フノ記」(一八八三年)には、来るべき国会開設こそ「吾国古来未曾有文化大進歩ノ時」であるのに、「未ダ誰一人女子教育ノ国会ニ最モ切要ナルヲ説ク者ナク」とある。(2) 於菟は、「女子教育ノ国会ニ最モ切要ナル」という確信をもっている。その言葉からは、国会開設という国家の重大事にあたって、女子は取り残されるという危機感が感じられる。於菟は、また、十六歳で中学を卒業できた(一八八一年)と誇らしく書いている。だが、じつはこの頃が、中学で女子が学んでいた最後の時期なのである。

於菟は、勉学・立身という自分(女子)の人生の展望と、文明国家建設という国家の展望を重ねて考えていた。これは、俊子の思いと同じであり、「岸田氏コソ誠ニ吾師トナスニ余リアリ」(「遊学ヲ請フノ記」)と於菟が訴えるのもうなずける。

女子教育が国会に枢要であるということは、とりもなおさず、女子が、飾り物や玩弄物、つまり男性のための手段ではなく、国会に、そして国家に枢要な者となる可能性を認めよ、ということである。男性中心の、あるいは事実上男性のみを想定した「国」という観念に対する異議申し立てである。つまり、俊子や於菟は、一方で女に関する、他方で「国」に関する従来の観念の転換を訴えたのだ。国が男を暗黙の前提としているのに対して、女と「国」との間に新たな回路を開くということである。同時に、「国」が文明の国になるためには、女（女性性）の参入が不可欠であるという信念である。

さらに付言すれば、「国の文明は婦女の教育が第一」という発想は、婦女の教育という、ある特定の課題を国家建設の柱とみなすということである。これは、幕末以来の、道義ある国家樹立の願望、その核心としての女の改造・女教・女子教育の欲求——体制崩壊と女のあり様との相関の認識と、その結論として、体制樹立のためには女の教育・改造が不可欠という発想[3]——の延長上にあると言ってよい。別の言葉で言えば、〝体制崩壊と女のあり様との相関〟を重大な問題であると掲げて御一新（明治維新）が実行されたとするならば、その達成のあかつきには、〝女の教育・改造〟という約束が実行されねばならないはずである——そういう、当事者であるはずの女（少なくともその一部）からの要求である。権力を手にした「志士」たちが、変革どころか、むしろ芸者と相性がよいことへの異議申し立てでもある。

また、ここでいう女子教育とは、伝統的な女訓の考え方、つまり、女子をいかに作るかという発想の延長上にあると言える。演説「函入娘」は、駸々堂本の『函入娘』とは異なり、女小学や女大学等の女訓を頭から否定してはいない。演説「函入娘」の趣旨は、女を作る函という従来の発想の延長上に、それを「真の函」に変える、すなわち、新たな時代にみあった、「自由」を尊重したものに変えるということである。その意味では、女訓という、徳川家支配下（江戸時代）という超男性中心社会(4)――「男尊女卑」と回顧された――で発達した発想の延長上に発展したものである。

2 演説「函入娘」――女の演説

以上論じてきたように、演説「函入娘」とは、女子の教育を訴える、女性自身による演説である。演説の主眼は、女子教育の必要性を訴えることにあり、同時に、文明国家建設に女性が主体として参加する道を拓くことにある。その意味で、政府攻撃一般や、その意味での民権が俊子の主眼ではなかった。

ただし、幾つかの演説会では、演説中に臨監警官より中止命令が出され、演説会が解散に追い込まれ、俊子自身も、翌日警察署へ呼び出されて尋問を受けるなどしている。俊子の演説開始は一八八二年四月一日であるが、六月三日には集会条例が改訂され、臨監警察官に中止・解散命令権が与えられたためである。具体的には、六月二五日、徳島の政談演説会で、演説「嗚吁々々」中に中止解散とされ、翌日警察署へ召喚されて尋問を受けた（『普通新聞』六月二七日）。七月、丸亀の政談演説会で、演説「夢か〳〵」中に中止解散とされ、翌日警察署へ召喚されて尋問を受けた（『朝野新聞』七月二六日）。なお、こうした政談演説会でどのような演説をしたのかは、若干の新聞記事がある以外は明らかではない。その後、学術演説会に切り替えると、今度は学術演説会にもかかわらず政府批判をしたとして中止解散命令が出された。九月十三日、長崎の学術演説会で、演説中、政談に渉ったとして中止命令が出され（『西海新聞』九月十五日）、また、十一月一日、熊本の学術演説会で、習慣論・思想論の演説終了後に中止解散命令が出されている(5)（『熊本新聞』十一月三日）。

このようにたびたび中止解散命令を受けた俊子ではあったが、約一年後の大津（四の宮劇場）の学術演説会での出来事は異様であった（一八八三年十月十二日。演説「函入娘」）。演説中「中止・解散」命令を出すのではなく、何事もなく終わって散会後、その場で拘引し、さらに、警察署から未決監へ護送したのである。未決監へ入獄後、俊子は病に倒れ、十月十九日に責付《せきふ》（拘留の執行停止）となった。一ヶ月後の裁判では集会条例違反で罰金刑の判決が下った。当初の状況からすれば、さらに深刻な事態になった可能性もある。また、精神はびくともしなかったとしても、体への打撃は小さくはない。

女子教育を呼びかける演説で、俊子はなぜ逮捕・拘留されたのであろうか。

まず、「自由」をめぐって京阪神が緊迫していたことがあげられる。

俊子が演説を始めた翌年（一八八三年）、「自由童子」を名のった川上音二郎（一八六四－一九一一）が京阪神に現れた。二月一日には、大津（四の宮劇場）の演説会で、演説中に中止解散命令が出され、拘引されている。川上は、「鼠と猫が官民の争ひの如く互に権利を拡張する趣」を説いたという（『朝野新聞』二月八日）。翌二日には、集会条例に基づき、一年間滋賀県内で「公然政治を講談論議することを禁止」された。にもかかわらず挑戦的に「滑稽演説会」を開くと、何者かの集団が現れて、川上を拘引していった(6)（『朝野新聞』二月十三日）。五ヶ月後の京都四条（北の演劇場《しばい》）の演説会（七月十九日）

では、演説中に集会条例違反とされ（『朝野新聞』八月二二日）、九月十三日には、一年間全国で「公然政治を講談論議することを禁止」されたのである[7]（『朝野新聞』九月十八日）。

同じく京都四条（北の演劇場）では、岸田社中（岸田俊子、中村徳[8]、太刀ふじ、梁瀬濤江）による女子大演説会（十月二日）が開催され、二千人以上が集まった（『日本立憲政党新聞』十月五日。選集①263）。「自由」──従来の意味であれ、新しい意味であれ──を掲げた演説会は勢いづいていた。「岸田俊子」はその花形である。いかなる手段を用いても抑えこもうという力が働いたものとみられる。

さらに、俊子という女弁士、女子だけの大演説会、つまり、女・子どもが演説と称して高壇に上って、恥ずかしげもなく自説（それも女子への教育）を開陳することへの反発もあったとみられる。女子の演説は、好奇心と関心を集めるとともに、各地で激しい反発を引き起こし、止めさせようとする力を呼び込んだのである。

3　小説「善悪の岐」・「山間の名花」

演説「函入娘」の主眼が女子教育であったにもかかわらず、政談に渉ったとして集会条例違反とするという弾圧を受けたのは、一つには、薩長政府対「自由」民権派という政治闘争の渦中に位置していたためであった。すなわち、聴衆をはじめとする相当数の人々の動きの渦中で、演説会が開催され、演説が敢行されたためである。

同時に、女が演説する、しかも、女子教育を訴えることそのものへの男たちの反発、つまり、「女・

子ども」の声を抑えつけようとする力が働いたことも見逃せない。投書「らしうせよ」に意識化されているように、「女」がその形を変える——相対する以上、「男」もその形を変えざるを得ない——ことへの反発・抵抗・怒りを引き起こしたのである。

さて、言うまでもなく、こうした政治闘争の渦中で行われたからといって、演説「函入娘」が「政談に渉った」、あるいはまた、俊子が「参政権」「男女同権」を訴えたということにはならない。むしろ、「岸田社中」の旗揚げとしての「女子大演説会」の敢行は、俊子が、「自由」民権派で「男女同権」論者であることを必ずしも意味しない。独自の立場をうちだし始めたものとみてよいのではないだろうか。

それだけではない。俊子が後に書いた二つの小説は、激化民権派に対する批判と、「男女同権」論者に対する批判を明確にうちだしているのである。

まず、漢文訓読体の長編「善悪の岐」（一八八七年。『女学雑誌』に一部掲載後、単行本として刊行）には、激化民権派に対する批判が込められている。主人公（撫松庵）は、大義のためには殺人や盗みが許されるという考えを批判して、「人の尤も慎むべきは尋常の事にあり」、「尋常を慎むと慎まざるとは以て善悪の岐《わか》るゝ処」（選集②118）と説くのである。

「山間の名花」（『都の花』一八八九年二月～五月）では、鹿鳴館を舞台に、主人公（芳子）が、一方では元芸妓の「お優」に対して、他方では「温和柔順の挙動」のない（「男女同権」論者とみられる）「お蔦」に対して批判的立場をとっている。お蔦は「師範学校を卒業せし婦人」で、「少しの文字を知りしとて温和柔順の挙動なく、英語は解すれども婦人の文かく事は拙く、毛糸細工には巧みなれど、袖口の綻びをも補ふ事を得ず。」(同152)と描かれる。

同様に、主人公は、うち揃って訪ねてきた元の女弟子に対して、「私は御身等が精神を挫じくのではないが、どうぞ婦人の徳に恥ない奥優《おくゆ》かしき挙動を望むのよ。粗暴過劇《かげき》の荒男《あらおとこ》を学びて識者の嘲りを招かない様に注意して下さい」(同167)と諭している。大阪事件(一八八五年)の「謀議」には富井於菟も加わっているから、於菟らが念頭にあるものと思われる。

以上のように、二つの小説では、一方では激化民権派、他方では「男女同権」論者を批判しつつ、女子の採るべき道を明らかにしているのである。

4 『女学雑誌』への寄稿

つぎに『女学雑誌』への主な寄稿について検討する。

『女学雑誌』は、「女学」を掲げて近藤賢三が創刊した『女学新誌』から、近藤と巌本善治(一八六三－一九四三)が脱して創刊(一八八五年七月)したものである。近藤の急逝(一八八六年五月)により、第二四号(五月二五日)から巌本が編集人となった。俊子の寄稿はその直後に始まる。

俊子の寄稿は、「女子教育」の仕方の提案から始まる。「女子教育策の一端」がそれである(「第一篇」が『女学雑誌』第二六・二八・二九号、一八八六年六～七月。「第二篇」が同第三八号、十月)(選集①81～91)。

俊子が、『女学雑誌』への寄稿を、学齢前の教育、具体的には「家教」から始めたことは注目される。家教の改善こそ、演説「函入娘」のテーマであるからだ。とすると、「函入娘」で鳴らした警鐘を、積極的な提案に変えて、ここから『女学雑誌』への寄稿を開始した、つまり、いわば人々への説諭を再開したと考えられる。

なかでも第一篇では、学校に入る前の「家教」が肝要であることを主張し、「無気力ノ女子」ではなく、活発な女子をいかに育てるかを詳しく論じている。「女子ガ世ニ生レ来リテ十歳前後ニ至ル迄ノ教育策」として、次のように具体的な提案をする。

第一に、衣服は身体の自由を失わないようなもの、軽便自由なものにすること。精神の活発さは身体運動の活発さに基づく。第二に、食物は、滋養のあるもの（精肉等）を食べてみるように心がけること。第三に、一室を与え遊器を具えて、倦懶退屈させないようにすること（「小児ヲシテ倦懶退屈ナサシムルヲ以テ最モ害アリト信ズ」）。第四に、演劇などの猥雑なものは見せないこと。第五に、世間で「卑屈」を「順良」とみる傾向があるが、卑屈にならないように、「活発」になるように育てること。すなわち、「英気活発ヲ培養シ其英気活発ヨリ生シタル順良ノ女子」になる方向に誘導すること（「幼少ノ家教ニ於テ別ニ男女ノ区別ヲ定ムルニ及バズト信ズ」）。総じて、物には自ずから内外の区別がある如く、学齢前は形《けい》以内の教育・学齢後は形以外の教育とでも言うべきであり、自分はむしろ学齢前の教育の方が緊要だと考える。

このように俊子は、学齢前の教育、家教の改善を訴えたのである。

俊子の随筆「嗚呼悲哉」（『女学雑誌』第二九〇号、一八九一年十一月七日。選集①183〜186）の内容が事実に基づくものだとすると、俊子は、年少の頃すでに、漢詩を作り、蘭の画を描き、孟子を講じることができた。幼少教育の可能性を体現し、自覚する存在である。自身も、女弟子をとり、「岸田社中」を引き連れて、女演説家を育てた。京都四条（北の演劇場）で大観衆を前に演説した太刀ふぢ、梁瀬濤江は、ともに八歳であった。ふぢは、大津での俊子の拘引の翌日、出頭して俊子の責付を願い出たという（『自由新聞』一八八三年十月十九日）。この八歳の子は、近代的「子ども」として保護の対象ではなく、幼児教育の対象でもなく、（たとえ母親が近くにいたとしても）いわば一個の人間として、責任を引き受けているのである。

弟子を受け入れる側は、一人の人間としてみて、教え導こうとする。俊子は、禿をひきつれて仕事を教える遊女同様の立場にいると言えるが、教える内容は「演説」である。また、小さいときから仕込むという点では、芸事や技能の伝統的教育と同様であるが、その内容を「智識」と「自由」の時代にみあったものに変えている。俊子はこの面で経験豊かであり、自信をもって人々に説けるのはまずこの点であったのだ。西洋・近代化が「学齢」という標準化をもたらしたとするならば、俊子は、（学齢前教育という形で）従来からの人間の仕込み方にあらためて注意を喚起したのである。

なお、学齢前教育という点では、すでに（「家教」を越えた）「幼稚園」という制度が、一八七六年の東京女子師範学校付属幼稚園をもって始まっている。その際、ドイツからフレーベル方式が導入された。こうした動向をはたして俊子がどう見ていたのかは明らかではない。俊子の学齢前教育論は、演説「函入娘」の仕上げにあたるこの論考で終わっているのである。

そこへ事件が起きた。一八八七年四月二〇日、時の総理大臣伊藤博文（一八四一―一九〇九）が、鹿鳴館の名花とうたわれた戸田伯爵夫人極子《きわ》を(9)、首相官邸での仮装舞踏会の際に襲ったと噂され、騒然となった。以後、俊子の文筆活動はこの問題が焦点となる。

俊子は、ことの真偽と、事実ならば伊藤を処分することを求めて奔走したという。そして、事件を、許容してはならない侮辱と受けとめ、女性自身が怒らなければならないと論陣を張った。御一新後、男性性欲が正当化され、自由自在に闊歩し、公けの場に溢れ出る――徳川家支配下（江戸時代）とはまた違った意味で――ことに、怒り、それを罰しようと奔走したのである。新たにつくられつつある「公」領域を侵食する性的なものを、女性への侵害・威圧であるととらえ、これと闘おうとした。俊子はすでに「交際社会道徳の必要」（『女学雑誌』第四七号、一八八七年一月十五日。選集①102）で、夜会で汚点を付けないように男女とも道徳の基礎を堅固にする必要があると論じていたが、この一件以後、男性の責任を追及し、女性の奮起を促す方向へ乗り出す。

まず、「婦人歎《たん》」（『女学雑誌』第六四号・第六五号。一八八七年五月十四日・二一日。同104）では、婦人が男子より侮られる真の原因は、「単に怨み多くし怒少き是れなり」と指摘する。それゆえ、「温和柔順中に気節」が必要だとして、「気節凜乎たる温和柔順の姉妹」になることを訴えている。また、女子の面前で男子が「猥褻の談話」をする時、それを「不敬」「無礼」と怒らなければ、恥じて悔いることなく増長するばかりであると注意を喚起している。「今や此の弊習を一変するに非れば如何なる妙論卓説の世に出るとも決て女子の地位を高尚にすること能はずと信す」と結論づける。俊子につづいて、巌本善治が社説「姦淫の空気」（『女学雑誌』第六五号）で、「某所の宴会に某、某侯の妻に迫りて之を追ふ」という風説をとりあげた。ただちに、一ヶ月の発行停止処分が『女学雑誌』に下った。

なお、「婦人歎」では「男子と均しき権」（同105）という言葉を出しているが、論じてはいない。ここで、俊子は、「同権」（同じ権利）の立場に立たない者として、議論としても、「同権」ではなく、「均しき権」という言葉を使っているのである。

二年後の「日本社会の空気」（『女学雑誌』第一五三号。一八八九年三月十六日。同133）は、凄みのある文章である。ロンドン市長の候補者に選ばれた「ヂルク」の不道徳行為を千五百名の婦人が批判し、市長にさせなかったことを引いている。「日本社会の空気」に「汝」と呼びかけて、「若《も》し社会の人類にして道徳を乱すものありと言へば女性をして汝先《ま》づ之が信偽を知るの智あらしめよ」、もし「彼之を悔るの色なくは女性をして汝之が為に心より怒り心より罰し遂に之をして社会に入れしめざるの勢力を有つを得せしめよ。」としている。

女性が、まず真相究明をして、それでも相手が悔いない場合は、心より怒り心より罰し、社会から排除する力を持つようにと訴えている。かつて、福沢諭吉は『時事新報』で、男性の「不品行」問題を解決すべく、芸娼妓を蔑視し、社会から放逐せよと呼びかけた[10]（「品行論」一八八五年十一月～十二月）。これに対して岸田俊子は、「不道徳の行ひ」をした当の男性を罰し、社会から排除することを敢然と訴えたのである[11]。

5　演説「婦人の徳は余韻に在り」

最後に、数回の演説、中でも、演説筆記が残されている明治女学校文学会での演説について検討する。なお、ここで演説とは、主に女性（女学生等）から成る聴衆に向かって語りかけるものであり、今日の言葉で言えば「講話」「講演」にあたる。時に二千人ともいわれる荒れる群衆（主に男性）を相手にした初期の演説とは性格の異なるものである。

一八八七（明治二〇）年、俊子は築地の新栄女学校で漢学を教えていた。ところが、保安条例（同年十二月二六日公布）により、夫の中島信行が、皇居から三里以内の地からの退去・三年間はその地への出入り禁止という処分を受けたため、麹町区富士見町から横浜（太田村）へ転居することになった。やがて、信行が衆議院議員第一回総選挙（一八九〇年七月一日）で当選後、東京へ戻ることになる。(12)

その間、演説の記録が三回ある。うち二回は、横浜で在職していたフェリス英和女学校でのものである。憲法発布の祝会での祝詞(13)（一八八九年二月十一日）と、新校舎開館式での「祝辞並に所感」（一八八九年六月十一日）である。

後者は、相馬黒光による大要(14)によると、次のように始まる。

> 私共日本人教師は、西洋から輸入される事柄を、何等の批判もなくして妄りに弁護するものではない。西洋流の総ての事物が必ずしも皆善いものでないことを心得て居る。殊に女子教育法に於て然りである。たとへ教育制度それ自身が、如何に完全無欠であつても、之を施行するに当り、其国特殊の現状に調和しないならば、益する所は少ないのである。

自らの延伸上に変革を構想する主体性重視の姿勢である。なお、ミッション・スクールに対する攻撃[15]に応える文脈でのものでもある。

明治女学校文学会での演説（一八八八年十一月十七日。「婦人の徳は余韻に在り」『女学雑誌』第一三七号〜第一四〇号。選集①121）では、まず冒頭、兎角西洋帰りの人々が「日本の婦人はイカン」というのは不満に絶えないとしたうえで、日本の婦人は進歩する、大いに進歩する力を持っていると力説する。

（其一）

その上で、婦人は、画に画くこともできず文章に作ることもできない「一種美妙なる神髄」、余韻（いうなれば、山寺でボウサンが打つ鐘の余韻）を有すべきだとする。「第一、婦人は何如《どう》云ふ所が善い、婦人の骨髄《ママ》は何処にあるか、婦人でなくては出来ないと云ふ所ろは何かと云ふことを申したいが、之は写真にも写すことが出来ず、文章にも書くことが出来ず、画にも画がくことが出来ぬと云ふ所ろでなければ成らぬ、左様でなくては頼みに成らぬ」（同124）である。そして、目立たない役割が大事だという。（其二）

その余韻が「一種奇妙なる神力」をあらわすとする。涙、憂いそれ自体は悪くないが、決して徒らに泣くな、余韻のためにならない憂いは決してするな、「反つて婦人の長所たる余韻を損しては成りませぬ」という。（其三）

「今の男子は婦人に向つて実に深切に」するが、「二人相対するときは」豹変する。その場合は、ただ憂いて泣くのではなく、「到底打ち勝つと云ふの決心を以て、男子に改めしむるが大ひなる仕事でありませう」、「日本の女に富んだる進取の気象を以て必らず貫らぬくようになさい」、「必らず婦人の

長所を持つて、其の役割を貫ぬき畢《お》うせると云ふ決心をお取なさい」と説く。（其四）

以上より、俊子が培おうと呼びかける「余韻」とは、（形あるものを）変える力であると考えられる。変える対象は「男子」、個々の男子である。

演説中、目に見えないものでなければ「頼みに成らぬ」とあるのが注目される。ちなみに、本当に頼りになるのは形なきものだという発想は、『孫子』にみられ、しかも、形なきものの模範は水だとされる。(16)『老子』では、水は、最も柔弱にして、最も堅強なものに勝つとされる。(17)水は、柔弱で形なく、それゆえに、堅強で形あるものに勝つという発想である。

「無形」「柔弱」――これは俊子に時に見られる発想である。演説「函入娘」（傍聴筆記）では、形ある窮屈な函ではなく、形なき自由な函を作ろうと呼びかけていた。演説の題名中には、「柔柳堅松亦同精神矣」(18)（一八八二年十月三一日、熊本）という、おそらく女性を「柔柳」に喩えたものがある。形なきものが形あるものに勝る、柔らかさが強さである――こうした発想には、何らかの形での『孫子』『老子』の影響が伺える。女を（潜在的な）水とみなし、柔弱にして、それゆえ、堅強に勝つ（可能性を持つ）ものとみて、その特性を極めようと呼びかけているとみられる。「漢」（男）から来る「柔らかさ＝強さ」の系譜と言い換えることもできるであろう。

以上のように、「函入娘」（傍聴筆記）、『女学雑誌』への主な寄稿、主な小説、「婦人の徳は余韻に在り」（演説筆記）は、凡そ一つの流れとしてつかむことができる。「転回」が読み込まれる俊子であるが、むしろ、振幅が小さい。総じて、「女子教育」を主張し、「男女同権」論と差別化しつつ、(大日本帝国憲法体制下で)「男尊女卑」と対決しうる「気節凜乎たる温和柔順の姉妹」を育てようとするものである。

俊子のめざしたものは、まず何よりも、問題の「男尊女卑の弊風」を正すことであった。そして、そのために、活発で・男子に侮られない・気節ある「温和柔順」な女たちを、教育(家教・学校)を通じてつくることであった。怨むのを越えて「怒」ることのできる世代、「気節凜乎たる温和柔順の姉妹」である。世間においても、各家庭においても、「男尊女卑の弊風」を正すために闘うことのできる女性たちである。男たちとの力関係の転換はここにあるとみている。徳川家支配下(江戸時代)以来の超男性中心主義(「男尊女卑」)、より直接的には、幕末以来の「志士」の組織化と御一新達成を背景にした驕り・およそ女性一般を性対象に貶める姿勢[19]に、立ち向かっていく女たちの育成という俊子の示した道は、実践的で論理的な提起であるといえる。

他方、「男女同権」、つまり、女性は男性と「同じ」権利を持つ者であるという主張はしていない。「男女は別」は前提であり、男子の及ばない、婦人の真髄・神髄を伸ばそうとした。

国家や政治に関する積極的・抜本的な再検討は、乏しい。これは、『孟子』を得意とすることとも関連すると考えられる。『孟子』は、理論上暴君放伐を肯定する(『孟子』梁恵王下[20])とはいえ、基本的には現王政を前提として王政の改善(「仁政」)を説く。しかも、俊子の解釈は、皇后に進講したとされるものである。

以上のように、俊子は、『孟子』で正義の感覚を培い、『孫子』『老子』の影響が戦術面で伺える。

「男女同権」については言及がない。

こうした、従来のものの延長上に変革を構想する姿勢は利点にもなりうる。「自由」民権という西洋から採り入れた新たな知・世界観を受け入れなくてすむから、女性にとってあとに続きやすい。いわば、「女大学」を新たな学問に代えればよいのである。また、政治権力を争う「自由」民権派と消長――良かれ悪しかれ――をともにしなくてすむ（はずである）。

同時に、そのことは、私たちにある判断・選択を迫る。『函入娘』や「同胞姉妹に告ぐ」を俊子によるものと思ったのは、（史料として残りやすい新聞に基づく）私たちだけではない。当時の人々、なかでも新聞を読んで俊子に共鳴する女性たちがそう思ったのである。とするると、駸々堂本（『函入娘』）や『自由燈』（「同胞姉妹に告ぐ」）に包まれた俊子の姿は、俊子に続こうと動き出した女性に、混乱と落胆をもたらしたのではないだろうか。しかも、俊子は、憲法発布直後から掲載される「山間の名花」において、一方では、「温和柔順の挙動」のない（「男女同権」論者とみられる）「お蔦」を、元芸妓「お優」ともども批判し、他方では、女性が激化民権派に傾くことに強い警告を発している。このように、それぞれの立場が分岐してきている以上、「温和柔順」を掲げる岸田俊子、激化民権派に加わる女性たち、また、「男女同権」を主張する女性たちを――〝「男女同権」をうたう「同胞姉妹に告ぐ」〟を媒介に――同時に支持することはできないのである。

植木枝盛著『東洋之婦女』への俊子の序文（一八八九年）では、両者の温度差が示されている。俊子は、「交際広むべく女権張るへく男尊女卑之弊改めさるへからす」という目標を掲げた上で、「婦人改良の四文字に対しては素より不同意なきのみか大に望むところに候得共」「如何にして男女交際すへくや如何にして女権拡張すへきやいかにして男尊女卑の弊あらたむへきやの点に至りては各意見のあることと存候得は」と書いている。目標達成のための方法において、植木と相違があることを明確にしているのである。

俊子は、「民権」を掲げて体制とぶつかるという道はとっていない。だが、「男尊女卑」に関する問題、ジェンダー・セクシュアリティに関してはより先鋭であると言ってよい。なかでも、セクシュアリティ（性的なもの）が権力関係をはらむことを看破し、セクシュアリティを野放図に「公」領域に持ち込む姿勢に断乎として反対する。ジェンダー（男／女。男らしさ／女らしさ等）のみならず、セクシュアリティを通じて権力関係がつくられることを見逃さない(21)。

その意味で、「良家庭を作る」ことに意を凝らし(22)つつも、それだけに関心を向けたのではない。世の中全般に目配りをしていた。ただし、世の中全般と言っても、主に俊子が実際に関わる中上層の世界であるが。これは、東京の身分の高い人間となり、やがて病床に着き、実地で知る世界が極めて狭くなったことにもよるであろう。

新聞を通して、民の苦しみには敏感であり、明治の世は、堯舜の世に遠く及ばないという思いを持っていた。たとえば、宮中での生活について詠んだ詩には、次のようにある（無題。選集②268）。

宮中無一事（宮中一事無く）、終日笑語頻（終日笑語頻りなり）、

〔中略〕

公宮宛仙境（公宮宛《あた》かも仙境）、杳々遠世塵（杳《よう》々として世塵より遠ざかる）、

幸有日報在（幸ひに日報の在る有り）、世事棋局新（世事棋局新たなり）、
一読愁忽至（一読愁ひ忽ち至り）、再読涙霑巾（再読涙巾を霑《うる》ほす）、
廉士化為盗（廉士化して盗と為り）、富民変作貧（富民変じて貧と作《な》る）、
貧極還願死（貧極り還《また》死を願ひ）、臨死又思親（死に臨んで又親を思ふ）、

〔中略〕、

請看明治世（請ふ看よ明治の世）、不譲堯舜仁（堯舜の仁に譲らずと）、
怪此堯舜政（怪む此の堯舜の政）、未出堯舜民（未だ堯舜の民を出さざること）

他方、御一新の基本的方向である対外拡張には、異論がなかったようである[23]。さらに、西洋への警戒とまでは言わないまでも、ところどころに西洋（の価値観）への批判[24]、さらに、西洋追随への牽制がみえる。自らを「日本」「東洋」に置き、その「男尊女卑の弊風」を改めることを主眼とした。文明開化・欧風化の嵐の中で、「日本」の主体性、「日本女性」のエイジェンシーを重視した。

総じて、岸田俊子は、従来からの自分の世界——おそらく漢詩と孟子によって支えられていた——からそう簡単に動こうとしていない。「東洋」「日本」、そして自分を、文明開化・西洋化の嵐の中で、保持しようとしている。その主眼は、「東洋」の「男尊女卑の弊風」を正し、文明国家を建設するために女性を活かすことにあった[25]。

第五章　女の文体――漢文脈で書く女への集中砲火

1　文体という問題

漢学・洋学、演説――要するに、岸田俊子は、従来の「女」の枠を遥かに超えていた。それ故、俊子の活動に対する反動も大きかった。女子への教育を訴えて逮捕・投獄されたばかりでなく、『女学雑誌』等に発表したその文章、なかでも小説が攻撃に曝された。

俊子が文筆活動を行った時期は、日本語の文体（文章・書き言葉）の激変期にあたる。

徳川家支配下（江戸時代）の文体は、候文、漢文、漢文書き下し文（漢文訓読体）、和文に大別される。候文は、やや改まったもので、役所内でも、役所に差し出す文書でも、また、日常の手紙にも使う。漢文は、儒学的な論文などに使う。漢文訓読体は、漢文ほど正式ではない儒学的な文章で使い、普通は漢字カタカナ交じりで書く（御一新後、結局この文体が公文書の文体となった）。和文は、普通は漢字平仮名交じりで書く。なお、擬古文は（漢語・漢字熟語を使わないので）平仮名だけで書くこともある。

これに対して、御一新（明治維新）前後から、文字そのもの、言語そのものを変えようという動きが起こった。前島密《ひそか》は、漢字を廃止して平仮名だけの表記にするよう提唱し、自ら「まいにちひらかなしんぶんし」（平仮名の新聞）を創刊した（一八七三年）。明六社を呼びかけた森有礼は、日本語は貧しい言語だ——話し言葉と文章で落差がある・漢字なしに成り立たない——として、英語の採用を検討していた[1]。『明六雑誌』創刊号（一八七四年三月）では、西周《あまね》が、日本語を廃止しないまでも、アルファベット表記の採用を提起した（「洋字ヲ以テ国語ヲ書スルノ論」）。三者に共通するのは、漢字を捨て去りたいという欲望である。

漢字と決別しようというこれらの案は結局採用されなかったが、漢字・漢語・漢文・漢籍という不動の権威は揺らぎ、流動化しだした。さらに、一八八〇年代中葉には、「言文一致は文明の証標[2]」等の標語のもと、「言文一致体」の模索が始まった。

こうした渦中で、俊子は、漢文訓読体を基に、工夫を加えながら文筆活動を行っていく。

まず、『女学雑誌』の論考では、漢文訓読体を用い、「余」と自称する。小説でも、最初の長編「善悪の岐」（一八八七年）は漢文訓読体である。従来の男の型を用いており、男の位置に身を置いているとも言える。文章に強いて男女の区別を設ける必要はないという立場をとり、「男は男女は女と文章の区別なかるべからずとの説もあれど妹《いも》は強いて其の区別を為すに及ばすと考ふなり」と表明する

（「『女学生』に題す」、『女学雑誌』）。

だが、従来の文章（漢文脈）に工夫をこらす俊子の営為は、「言文一致」――話し言葉と書き言葉を一致させる・自分たちが話しているように文章を書く――への動きの進展とともに、立ち位置を確保することが難しくなったと考えられる。また、漢文を土台とした女性による文筆活動（なかでも小説）への敵視、和文・擬古文への女性の誘導という観点からも、攻撃に曝されたのである。

2 「余」による評論（『女学雑誌』）

評論等における岸田俊子の文体、その際の自分の呼称はどのようなものであったのであろうか。演説を理由に逮捕され、しかも未決監へ送られた体験を綴った「獄ノ奇談」（一八八三年。選集③21）は、漢文訓読体（漢字カタカナ交じり）である。自称は「妾」である。この自称は、獄中での体験を知己朋友に物語る形式からきていると考えられる。

一八八六年六月からの『女学雑誌』への寄稿（評論その他）は、漢文訓読体である（署名は主に「中島俊子」・「湘煙女史」）。

最初の「女子教育策の一端」（選集①81）と、次の「世の良人たるものに望む」（同92）は、ともに、第一篇が漢字カタカナ交じり（前者は同年六～七月、後者は同年七月）、第二篇が漢字平仮名交じり（前者は同年十月、後者は同年八月）である。以後、漢字カタカナ交じりはなくなり、漢字平仮名交じり一本になる。つまり、漢字カタカナ交じりから出発して、漢字平仮名交じりに落ち着いたのである。

『女学雑誌』での自分の呼称は、「余」である。従来、「余」は、男性が用いる、自分を高い位置におく呼称であるから、これは特徴的である。他に、「妹《いも》」が幾つか、「妾」「我」がわずかにみられる。口頭では「私し」（演説「函入娘」傍聴筆記。演説「婦人の徳は余韻に在り」）と自称するが、論考では使っていない。

より詳しく見てみよう。

自分の呼称は、（文中に呼称がないものは別として）ほとんどが「余」である。人を説諭する主体として自分を位置づけているためと考えられる。なお、宮廷改革を訴えた「別乾坤を作るの利何の点にある」（『女学雑誌』第二五三号、一八九一年二月二一日。同162）、「宮中女官論」（同第二五五号、一八九一年三月七日。同167）も、「余」である。(3)

「妹《いも》」は、論考「当時の壮士」、「『女学生』に題す」、「内助の功益」、そして「歳暮悲しからず新年更に楽し」（同第二四六号、一八九一年一月一日。同158）にある。(4)

「妾」は、鹿鳴館関連で警鐘を鳴らす「交際社会道徳の必要」（同第四七号、一八八七年一月十五日。同102）、皇后誕生日を祝う「祝詞」（同第一六三号、一八八九年五月二五日。同177）に限られる。身分上の礼を考慮してのものと考えられる。(5)

「我」は、随筆「嗚呼悲哉」（同第二九〇号、一八九一年十一月七日。同183）のみである。日記は「我」（及び「吾」）であるから、この寄稿は表白を公にした（形式）と考えられる。

最晩年の「大磯だより」は「吾」である。

以上のように、俊子は、『女学雑誌』の論考で、漢文・漢語を前提に、漢文訓読体を用い、「余」と自称する。従来の男の型を用いており、ジェンダー的に男の位置に自分を置いている。

俊子の立ち位置は、国学に連なる五十歳年長の歌人・松尾多勢子（一八一一―一八九四）と対照的である。[6] 多勢子は次のような和歌をうたう。

千はやふる　神の恵に　日の本の　国に生れて　手弱女の　我そかひなき
手弱女の　身をくいあかし　なまよみの　かひなきことを　かきかそふなる
ますら男乃　心はやれと　手弱女の　かひなき身こそ　かなしかりけり

多勢子は、「日本」を称え、「ますら男」でない我、「手弱女」の我が身を悔い、哀しむ。自分が称える「日本」と、「ますら男」でない、「手弱女」である我が身とは繋がっていない。自分が男であったなら、自分と日本は繋がっていたであろうに、自分は女であるから繋がっていないと、悔いと哀しみをこめて歌う。そして我が身を責めるのである。

つまり、和歌という（象徴的に男とされる漢文とは別の）形式に身を置いて、自分を「手弱女」と呼び、「ますら男」への憧憬をつのらせ、自分と日本を屈折した関係に置く。そして、その始末は、自分を否定することによってつけるのである。

「志士」たちは「日本」国家、ありていに言えば御一新達成後の政府高官ポストへ向かって争えるが、女にはその道がない（少なくとも多勢子のめざす「日本」国家にはない）のであるから、こうした嘆きはあながち観念的というわけではない。自分たちが追い求める場に自分の居場所がないのである。

俊子にはこうした屈折したものがない。漢文という象徴的に男とされる形式に身を置き、自分と日本の間に自己否定的な関係がない。男であれば、という願望・焦燥もみられない。ただ、新しい時代であるにもかかわらず、と、「女子に教育を」と訴えて、女子と日本との関係を切り開くのみである。ちなみに、演説「函入娘」（一八八三年十月十二日、滋賀県大津）には次のような一節がある。

私ハ国家ノ為メニコノ興行ヲ為ス者ナレハ、独リ演説ヲ為ス者ニ限リ博識多才ノ人ト云フニアラス、又聴衆諸君ニ於テモ然ランカ、因テ演説ヲナスハ相互ニ知識ヲ交換シ才智ヲ交ヘ以テ人智ヲ増進スルノ目的ニテ、之レ国家ノ為メニスル興行ト云フモ敢テ不当ニ非サルナリ。（句読点、引用者）（選集①213）

この時期の俊子にとって、「国家ノ為メニ」という大義は自分と共にあった。その国家とは、新たな、文明の国家である。そこでは、婦人もその責任を果たさなければならない。

私ノ学問ト云フハ此ノ有益ナル国家ニ居ナカラ徒ラニ兎日ヲ送ラス婦人ノ責任タケハ学ハサルヲ得スト云フニアリテ〔後略〕（同215）

女である自分と国家の間に葛藤がないのは、自身はすでに男の位置に身を置いているからだとも言える。ただし、自身がすでに「男」の型に身を置いているとしても、そこに安住するのか、つまり、

(自分との間に矛盾をかかえることになっても)その秩序にのって〝男になる〟のか、それとも秩序(象徴秩序)そのものを変えようとするのかは別である。

俊子は、後者である。従来の男の型を用いているが、男としてそうしているのではなく、人間(女)としてそうしているのである。つまり、その型を貫いて、女たちがそれを身につけることによって、やがては男女に関わらないものになるという見通しを持っている。漢文訓読体を用い、「余」と自称し、ジェンダー(男/女という型・先入観、その配置、象徴秩序)そのものを変えようとしているのである。

問題は、それが貫けるのかである。

『女学雑誌』への寄稿は、随筆「嗚呼悲哉」、「『小公子』の評」(『女学雑誌』第三〇〇号、一八九二年一月十六日)が最後である。『女学雑誌』への寄稿がほぼ一八九一年で終わっているのは、問題である。俊子が世の中へ向けて発信するのは、主に『女学雑誌』を通じてであるからだ。

何があったのであろうか。評論を書くにあたっての文体問題が一つにはあったのではないかと考えられる。「言文一致」が試行錯誤しつつ浸透する中で、[7]漢文訓読体で「余」を自称することはいかにも古くなる。しかも、古くさくなるだけではない。女性の文体・呼称が作られてくる中で、漢文訓読体で「余」を自称することは、男性(それも古めかしい男性)という位置になるのである。もはや、漢文訓読体と「余」を貫いても、それを男女に関わらないものにする展望は開けない。

他方、俊子にとって、自由に表現できる場は漢詩であり、さらに孟子・漢籍は一繋がりである。漢文訓読体はそう簡単に変えられるものではないし、変えるつもりもない。そこからすると、世間に合わせて文体を変えるよりは、評論を書かないことの方を選んだ可能性がある。

3 女の小説と文体

俊子は、女性の著作と文章、つまり、文筆を通じた女性の社会参加のあり方について見解を表明している。

「婦人の文章」（中島俊子、『女学雑誌』第一二八号、一八八八年九月二二日。選集① 119）である。まず冒頭で、小説とはかくあるべしと細かく規定する「或人」の議論をとりあげて、「余は如何なるものを以て真の小説と確定す可きや知らざるのみならず、却て一定の法則なからんことを望むものなり」（句読点、引用者。以下同様）と表明する。そして、「皆各其意のある処を筆して可なり、亦他人の以て小説ならずと言ふも何の妨げか之あらん、素より小説なるとならざるとに関するを要せざればなり。」と宣言する。つまり、これは、当時飛ぶ鳥を落とす勢いであった坪内逍遙（一八五九―一九三五。雄蔵）とその著『小説神髄』、およびこれに連なる動きに対する批判である。

さらに、著作について、「固より男子の著と女子の著を区別するの必要を見ざるなり」とする。ただし、その上で、今日「本職の三助よりも猶一層烈しき言語を綴り出すに至れり」と指摘し、「殊に婦人の著には芸妓雲助等の挙動言語を明らさまに描き出すは甚だ妙ならざる如く覚へり」と述べる。「勿論時として此の如き著の稀れに世に出るも可ならん。左れど小説種類なるものが悉く同一轍を踏むは甚だ好ましからぬ如く考ふなり。」と続け、「巧みに失して優趣雅潔の筆を汚すなからんことを望む。」とする。六月に刊行された田辺（三宅）花圃（龍子）の『藪の鶯』（金港堂）が、車夫と馬丁[8]の問答などを呼び物にしているから、この種のものが女性の文筆として路線化されることへの警鐘である。『藪の鶯』は、「春の屋主人閲」と銘打たれて、坪内逍遙による序が掲げられている。逍遙は、「車夫と馬丁の問答」については、「シカシ兎も角もよくあの如く下ざまの言葉を穿ちたまひし事と敬服」し、また、女学生同士の会話を「まことの小説の華」と激賞していたのである。

「『女学生』に題す」（中島俊子、同第二一六号、一八九〇年六月七日。同146）では、女学生の文章について論じている。

『女学生』とは、星野天知を主筆に女学雑誌社が創刊した投稿誌（文芸雑誌）で、月一回発行である。[9]女学校の編集組合から成り、創刊号（一八九〇年五月二一日）の「社告」には、加入を申し込んだ十四校があげられている（「編輯組合を申込みしは桜井女学校・跡見女学校・成立学舎女子部・海岸女学校・新栄女学校・頌栄女学校・女子独立学校・明治女学校・長栄女塾・東洋英和女学校・女子神学校・横浜二百十二番共立女学校・同フエリス英和女学校等也[10]」）。

俊子は、まず、『女学生』という雑誌が現れて、女生徒の作文詩歌に批評を加え、女性の文筆活動を盛んにしようとするのは有益だとする。「諸学校の女生徒が其胸底に秘蔵する学力の多きに比較すれば外部に飛散する文花《ママ》の薫り」が乏しいのは、「妹が常に惜しむところ」であるからだ。

そして、女生徒の文章は「動《やや》もすれば二派に偏するの弊あり」、すなわち、「優に優を加へ」る文と「剛に剛を添へ」る文の二派に偏る傾向があるという。そして、「女性の文章盛なると共に議論もまた静かならず」、その中には「男は男女は女と文章の区別なかるべからず」といふ説もあるが、「妹は強いて其の区別を為すに及ばすと考ふなり」とする。その理由としては、「女性の性質思考自から男性と異な」るので、「進歩するに随つて女性は愈よ女性らしくなり男性はいよ〳〵男性らしくなる」であろうということをあげる。そして、文章は、「自由に己れの思想を言得《いひえ》人をして感動せしむるに足る」ものに達しなければならないとする。

以上をまとめると、俊子の立場は、小説か否かを一定の法則を立てて線引きする必要はない、男女の著作（小説）を区別する必要はない（ただし「優趣雅潔の筆」を汚さないよう望む）、男女の文章（文体）を強いて区別する必要はない（やがてそれぞれの特徴が出てくるであろう）ということになる。

4　「善悪の岐」「山間の名花」に対する『以良都女』の批評

こうした立場を表明し、女学生の目標の一人でもあった俊子は、実践において、どのような作品を生み出したのであろうか。そして、それはどう評価され、どのような影響を与えたのか、ないしは、壁に突きあたったのであろうか。発表されている作品は、次のとおりである。

「善悪の岐」（『女学雑誌』第六九号〜第七二号〔一八八七年七〜八月〕に第一章と第二章を掲載。十一月に女学雑誌社から単行本として刊行。）

「山間の名花」（『都の花』第九号〜十二号・十五号、一八八九年二月〜五月）

「伯爵の令嬢」(『婦人教育　神洲の芙蓉』、一八八九年十二月〜一八九〇年六月)
「一沈一浮」(『文芸倶楽部』第三巻第二編、一八九七年一月)
「花子のなげき」(『女学雑誌』第五一九号〜第五二一号、一九〇三年八月〜九月)
このうち、「伯爵の令嬢」は、近年発見されたもので、偽作の疑いが強い。[11] 他方、「花子のなげき」は、遺稿の掲載、つまり、俊子自身は発表しなかったものである。したがって、俊子が書き、発表したものとしては、「善悪の岐」「山間の名花」、さらに、八年後の短編「一沈一浮」があるに過ぎない。
「善悪の岐」が「わが国女流の手になる最初の近代的小説という栄誉をになっている」(『岸田俊子文学集』の鈴木裕子「解説」)とされるにもかかわらず、いったいこれはどうしたことであろうか。
概して、俊子の作品の評価は高いとは言えない。「善悪の岐」はロード・リットンの小説『ユージン・アラム』の不完全な翻案、「山間の名花」はそれに比べたらよい(が欠点も少なくない)というのが大方の評価である。鈴木氏も「解説」で、「善悪の岐」は、『ユージン・アラム』の翻案小説「そのほんの粗筋を採ったものにすぎない」(選集②10)とし、これに対して「山間の名花」は、『善悪の岐』にくらべ、文壇的にもよほど注目されたようである」(同11)と、雑誌『以良都女《いらつめ》』の評を引用する。[12]
以下、作品を検討し、こうした評価の妥当性とその社会的文脈を探っていく。
「善悪の岐《ちまた》」[13](中嶋湘煙女史、一八八七年)は、漢文訓読体系(漢文脈)の長編である。
維新直後、世を忍んで深山(須磨明石の奥地)に住む撫松庵は、じつは昔殺人を犯したことがある。

近隣に住む琴路と恋仲になり、ついに結婚にふみきる。が、その瞬間、昔の罪が暴かれ、逮捕される。無罪放免を期待したが、裁判は姫路では終わらず、筑前博多へ護送され、数ヶ月の審査《しらべ》ののち死刑を宣告される。琴路の命は尽き、撫松庵は自害する。遺された遺書には、「世の壮年輩の英雄を気取るもの」の中には殺人や盗みの如きは「他日の大業」のためには許されると考える者が少なくないが、「是ぞ大なる誤りにして」、「人の尤も慎むべきは尋常の事にあり」、「尋常を慎むと慎まざるとは以て善悪の岐《わか》るゝ処」（選集② 118）と書かれていた、というものである。

ここには、激化民権運動に対する批判が込められているとみられている。また、逮捕から宣告までの各場面——逮捕・審問・護送・裁判・身内による裁判傍聴・法廷・審査・予想外の宣告——には、裁判を体験した自分の体験が込められているとみられる。

「善悪の岐」は、女性による初めての小説だとされている（ただし、『源氏物語』等も小説だとすれば女性による小説は古くからあるのであるから、ここでいう「小説」とは、あくまで、novel の翻訳語としての「小説」として明治の知識人が考えた意味においてである）。

だが、「善悪の岐」の刊行直後、雑誌『以良都女』（第六号、一八八七年十二月十日）の「批評」欄が、ロード・リットン（エドワード・ブルワー・リットン、Edward Bulwer-Lytton、1803-1873）の『ユージン・アラム』の翻訳に他ならない、にもかかわらず「本書には「著」とありて「訳」といふ字は一個も見えず。」と激しく批判し、さらに、「行文は拙の拙」とこき下ろした。

「批評」は、さらに、馬琴のように、「支那小説」を翻案して自己の著とすることはよくあることだという反論を想定して、これにあらかじめ反論を加えている（「他人が立てし筋を取り、他人が加へし肉を偸《ぬす》みて而して其由《よし》を言はざるこそ君子の為《せ》ざる處《ところ》にあらずや」）。そして、「以上述べたる處によりて吾儕《われわれ》は善悪の岐を以て中島俊子の著と見るあたはず。之を訳書といふの外なし」と宣言する。つまり、馬琴などの従来の書き方そのものへの批判なのであり、しかも、そのやり玉に俊子をあげたのである。俊子は、西洋の物語の翻案を試み、物語の中に人の道を説こうとしたものと考えられるが、そうした行為自体を、「偸《ぬす》み」、つまり、剽窃であり、人の道に悖《もと》る行為だと指弾したのである。つまり、女性による初めての小説という評価は、盗作という非難を伴っているのである。

「批評」は最後に、女性がともかくも一冊を完成させたのはめでたいことだと言い添えている（「巾《きん》幗《かく》の身を以て、訳書にもあれ、何にもあれ、終に一部を完成せられしは、最も愛《めで》たきことと」）。もちろん、それは評価でも何でもない。自分たちの「小説」の基準で勝手に切り分けて発表するという行為自体、俊子が女性であり、「言文一致」運動の共同性の中にいないことを前提になされているのである。

「善悪の岐」とこの「批評」が出たのは、坪内逍遙の『小説神髄』が刊行され（一八八六年）、「真の小説」の「確定」（俊子の論考「婦人の文章」）に向かって猛然と動き始めた翌年である。『小説神髄』の提唱する基準——文学の芸術としての独立性・勧善懲悪等の他の目的に奉仕するものでないこと、綿密な心理描写をすること（写実主義）等——からすれば、俊子の「小説」は欠陥だらけということになる。題名（「善悪の岐」）からして、「小説」の基準に反している。だが、従来「小説」とは民間や市中に伝わる話というほどの意味であり、かえって『小説神髄』の提唱する高い基準の方が、「小説」という言葉が本来持っている意味にそぐわないとも言える。今日まで注目されていないが、『以良都女』の「批評」は、「小説の改良進歩」(『小説神髄』)を掲げる立場からのものであり、再検討する必要があるのである。

しかも、「女子教育」を掲げて発行された雑誌(「いらつめ発行の趣旨」。『以良都女』第一号、一八八七年七月九日)で、女性読者の面前で指弾されたことになる。『以良都女』側からすれば、先行する『女学雑誌』の代表的寄稿者を叩くという利益に資したことは言うまでもない。[14]

俊子の論考「婦人の文章」(一八八八年九月)にある、「皆各其意のある処を筆して可なり、亦他人の以て小説ならずと言ふも何の妨げか之あらん、素より小説なるとならざるとに関するを要せざればなり。」という一文は、「小説」という基準を振りかざして切り捨てる姿勢への反論でもあると考えられる。

二年後の「山間の名花」(一八八九年。「湘煙女史」)は、女性が主人公である。[15]「山間の名花」は、『都の花』に連載された。[16]ただし、第七回(第十二号)の最後に「次号に於て綴《つゞ》るべし。」と記されているが、掲載は三号先になっている。

この小説に対しては、塩田良平(一九四二年)をはじめ、未完に終わったという見方が根強く存在する。[17]だが、後の「一沈一浮」と同様の、幕切れであると考えられる。

また、題名の「名花」が示唆するように、俊子と目される主人公(芳子)の評価が高いため、自伝的色彩が強い小説であるのに尊大だという視線がある。だが、そもそも、野党政治家・高園幹一の妻芳子の活躍を描いているのである。また、「山間の名花」は、自分の体験に基づいた自説を、つまり、人間の採るべき道を説いていると考えられる。已に仮託して人の道を説いているとすれば、主人公への評価が高いのもうなずける。言い換えれば、「山間の名花」は、説話を小説へ発展させようとしているもの、説話から小説への過渡的形態（ないしは混合形態）であると考えられるのである。[18]

文体も実験的である。前作の「善悪の岐」とは大きく異なる。地の文は漢文脈で、句読点を付けている。会話は口語体で、改行して鉤括弧を付けている。会話の形式は二葉亭四迷の『浮雲』（「第一篇」、一八八七年六月）と同じであるが、地の文に漢文脈を残しているのである。

これに対して『以良都女』（第二四号、一八八九年六月十五日）が再度「批評」し、「善悪の岐」に比べて全体としては「好小説」だと評価した。その理由は、「最もしたしい、貴い、相《あい》らしい夫婦間の真の愛」が全体の眼目だからとした（ちなみにこれは、『小説神髄』が「真正《まこと》の小説」の主題とした「愛憐といふ情合」「男女の相思」[19]に相当すると見たからであろう）。と同時に、「文が巧麗でなく、結構が巧みで無い、その点に於いては山間の名花もわるい方です。」「会話や文章の体の熟して居ぬのは疵《きず》です。」「山間の名花を厳格な意味の文学として、それ故に、論ずれば排置や文章には取る処が有りません。」と文章自体はだめだと繰り返した。

本間久雄（一九五一年）は、『以良都女』の評への同意を表明したうえで、「実際、高園夫妻の相互の理解を基とした愛情の描写が、一篇の眼目であつて、これがあるために、この作は、この作の持つさまざまの欠点――会話の生硬、文章の粗剛、更に高園夫妻以外の人物の性格の不徹底など――が救はれてゐるのである。[20]」とする。さらに、絲屋寿雄（一九七五年）も、中に出てくる「女権論」は出色だとしたうえで、「ただ文学作品としてのできばえは、人物描写、会話、用語、文章とも生硬で、皮相で、芸術性の稀薄なことはやむを得ませんでした。」と、『以良都女』同様の評価をする。[21]『以良都女』が（おそらく意図的に）文章自体を批判したのだという点は見過ごされてきたのである。のみならず、俊子を評価しようとする人々が『以良都女』の「批評」（攻撃）に依拠してきたことになる。

「善悪の岐」を「訳書」だと主張し、ついで、「山間の名花」は「善悪の岐」に比べたらよい、ただし、文章はともにいただけないと評したのは、若き日の山田美妙（一八六八－一九一〇。武太郎）ではないかとみられる。本間久雄によれば、『以良都女』創刊（一八八七年七月）後、美妙は「間もなくその主幹ともなり経営者ともなつて、名実共に『いらつめ』は美妙のものであつた」。[22]本間氏は、第二四号の「批評」の「筆者は山田美妙か」[23]ともしている。つまり、第六号と第二四号の批評は、ともに美妙自身か、少なくともその影響下で書かれている。とすると、美妙は、自らが編集をつとめる『都の花』に「山間の名花」を掲載しながら、連載終了後『以良都女』誌上で批判したことになるのである。

何故なのだろうか。

山田美妙は、尾崎紅葉（一八六七－一九〇三。徳太郎）らと硯友社を結成（一八八五年）し、『我楽多文庫』を創刊した。『以良都女』創刊後間もなく、事実上の主筆となった。ついで、「武蔵野」（『読売新聞』、一八八七年十一月二〇日～十二月六日）を発表し、「言文一致」の小説家として時代の寵児に躍り出た。さらに『都の花』（一八八八年十月創刊、金港堂）の主筆を引き受け（形式上は「印刷人」）、この件で紅葉ら硯友社勢力と決裂する。続いて「胡蝶」（『国民之友』第三七号付録、一八八九年一月二日）を発表した。「胡蝶」（女性）の裸体の挿絵が話題をさらった。

俊子との関係で見れば、「武蔵野」発表は『善悪の岐』刊行と同じ月、「胡蝶」発表は「山間の名花」掲載の直前である。また、美妙の「言文一致」体は、地の文が口語体（「武蔵野」が「だ・た」、「胡蝶」が「です・ます」）、会話が（美妙が想像する）その時代の口語体である。このように美妙は、小説文体という問題に重大な利害関心を持っていたのである。文筆家生命をかけていたと言っても過言ではない。およそ、俊子の作品に対して公平に批評しうる立場にはない。たとえ、「武蔵野」の作者が『善悪の岐』に反発し、「胡蝶」の作者が「山間の名花」の文体に反感を持ったとしても、そのこと自体に不思議はない。問題は、それが、『以良都女』誌上での匿名の「批評」という形で、仲間に支えられ、読者という想像の共同体を形成しながら、社会的権力の行使として行われた点である。

なお、美妙は硯友社勢力と対立したが、『以良都女』は読者（女性を想定）に対して和文の指導を始めた（「和文を学ぶ捷徑《ちかみち》」〔『以良都女』第七号、一八八八年一月十四日〕以下）のであるから、その点では両者の志向はそう違わない。やがて「懸賞文芸」欄を設け、和文と「言文一致体」の文章指導を始める。雑誌（『以良都女』）の創刊自体は、森有礼文部大臣名による懸賞論文募集で一等賞を得たことがきっかけとなっており、論文では「男女ノ文体ヲ一ニスル方法」として言文一致体の採用が提唱されていた。(24) だが、『以良都女』が、「男女ノ文体ヲ一ニスル方法」として言文一致体を勧めたわけではない。つまり、言文一致体の推奨はしても、女は和文（できれば雅文）という価値観自体を問題にしたわけではないのである。

5 「一沈一浮」に対する『めさまし草』の批評

八年後の「一沈一浮」（一八九七年一月。「中島湘煙女史」）は、抑制の効いた短編である。騙されて零落した元若旦那「望月正太郎」を、相談相手の妻が支え、やがて大火事の日に、人々に施しをする慈善家として彼の名が明らかになるというものである。描かれているのは、苦境に陥れられながらも這い上がって、人を助ける夫婦の姿である。自分と人の苦難の中で、政府批判一般ではなく、自力で這い上がってさらに人々を助ける姿を痛快な物語に仕立てている。これが、御一新は堯舜の世に遠く及ばないという思いを持っていた俊子の回答であろう。

文体は、ほぼ全体が夫婦の会話と書生たちの会話から成る、いわば複数の口語体より成る文である。それを、漢文脈のごく少量のト書きが繋げる。(25) こうして文体問題――「言文一致」が提唱され、文体が口語に近いものになっていく中で、文語に依拠する自分の文体をどう改良するのか――の解決がはかられている。

この「一沈一浮」を、文芸評論誌『めさまし草』――森鷗外（一八六二－一九二二。林太郎）・斎藤緑雨（一八六七－一九〇四。賢）・幸田露伴（一八六七－一九四七。成行）・尾崎紅葉などが連なる、文芸評論における当時の権威――が、合評会「雲中語」で口をきわめて罵ったのである(26)（『めさまし草』第十四号、一八九七年二月）。

合評会は、当初、「三人冗語」と題して森鷗外・斎藤緑雨・幸田露伴の三人で行っていた。第四号

（一八九六年四月二五日）では、三人が揃って、樋口一葉（一八七二―一八九六。奈津）の『たけくらべ』（『文芸倶楽部』四月号に掲載）を絶賛した。中でも森鷗外は、「われは縦令《たとえ》世の人に一葉崇拝の嘲を受けんまでも、此人にまことの詩人といふ称をおくることを惜まざるなり。」という言葉を贈った。(27)

第八号からは「雲中語」と名を変えて、森田思軒・依田学海・尾崎紅葉・饗庭《あえば》篁村《こうそん》・時に三木竹二（森篤次郎。森鷗外実弟）を加えて継続した。なお、人気絶頂の尾崎紅葉は、新聞小説「金色夜叉」の連載を始めていた（『読売新聞』一八九七年一月一日）。

二月七日の合評会は、『文芸倶楽部』「臨時増刊第二閨秀小説」号をとりあげ、同号巻頭の「一沈一浮」は、合評会の冒頭でとりあげられた。

まずいつものように「頭取」が、あらすじを紹介した。ついで、「天保老人」が、沈んだ者がなぜ突然浮くのか合点がいかない、かくのが面倒だというのなら「何も書かぬがよし」と論評した。これを受けて「真面目」が、焼け出された人に握飯を食わせるのが何故開運なのか、如何にしてそうなったのか明らかでない、文中の詩――絶訝天道非乎是。不護貧人護富奴。（はなはだ訝る天道非か是か。貧人を護らず富奴を護る。）――は、「いかに書生の作としてなればとて、よくもこれを筆には上されしよと驚かるゝのみ。」等で応じた。ついで「無忌」が、「余は此篇に対しては、よくも此の如きものを作者も出板者に授け、出板者も印刷者に授けて、世間公衆の眼前に呈出せられしものかなといふより外、評すべき詞なし、評すべき詞無きに非ず、詞を費して評すべき價なきなり。」と述べて、強いて一言で評すれば、と、「未だ下手といふ境迄にも到ること能はざる粗濫稗弱の着想と運筆とが、ヒネにヒネて固まりに固まりて、一種の不具的文字を成したる者にして、言はゞ小説の矮痴児《クレチイン》ともいふべき歟。」と念入りに罵った。最後に「皮肉」が、「小説もかくといひ、耻もかくといふは、古人が語法の穿鑿もなかなか行届きたるものなり。」と締めくくった。

異様と言うほかない。これほどの罵倒と愚弄は他に例がない。

周知のように「三人冗語」での激賞で樋口一葉の地位が確立したとするならば、「雲中語」での断罪と愚弄は、小説家としての死を意味する。「無忌」にいたっては、「よくも此の如きものを作者も出板者に授けて、出板者も印刷者に授けて」と、出版者・印刷者に圧力をかけている。小説家として葬り去ったのである。

「一沈一浮」の少し後に書かれたとみられる「花子のなげき」で、俊子は、自分を訪ねて不幸な境遇を語った女性の、「其境遇のありのまゝを写し以て乙女が悲恨の幾分を減ぜんとの意に応ぜんと欲するのみにして固より小説様と唱ふべきにあらず。」（『女学雑誌』第五一九号、一九〇三年八月十日）とわざわざ断っている。しかも、発表していない。

「雲中語」でのこれほどの敵意の意味は何だったのだろうか。俊子の側に非も理由もないのであるから、問題は彼らにとってである。それは何であったのだろうか。

まず、この頃激しく争われた、小説と文体をめぐる諸問題が背景にある。すなわち、小説とはいかにあるべきか、さらに、「女の小説」が男とは別にあるべきかという問題（小説とジェンダーの配置）と同時に、小説の文体はいかにあるべきか、さらに、「女の文体」が男とは別にあるべきかという問題である。総じて、小説と文体論、さらに、小説・文体とジェンダー（男／女）の関係である。(28)

俊子の文体は、漢文脈で、性中立的である。ジェンダーが明示的に表現されない。したがって、女を明示的に引き受ける必要がない。内容も、「優趣雅潔の筆」を呼びかける俊子は、男たちのセクシュアリティにまみれるのではない女、具体的には、(夫婦の)「婦」の道を切り開いていく女を描く。他方、一葉は、和文脈で、いわば苦界《くがい》で辛酸をなめる様々な女を緻密に描く。いうなれば、女が苦しむ姿を女自身がリアルにかつ美しく描く、望まれるところの「女の小説家」であるとも言える。苦界の女を雅文で美しく描き出すという路線が、生身の「女小説家」(一葉)を巻き込んでうち立てられつつあったのである。

つまり、漢文訓読体を基に工夫を加える俊子は、文体という意味でも(——女の文体として和文・雅文が定着)、小説の内容という意味でも(——「勧善懲悪」の排除が定着)、著名人であるだけに邪魔者であり、その〝復活〟にいらだったのではないだろうか。

合評中、「真面目」が、「天道非乎是」の詩を嫌い、「無忌」が、「一種の不具的文字」「言はゞ小説の矮痴児《クレチイン》」と口をきわめて罵るのも、俊子の小説が、小説とその文体への挑戦になると感じとったからであろう。

この「真面目」という人物は、斎藤緑雨かもしれない。「臨時増刊第二閨秀小説」号には前年末に没した一葉の「うつせみ」も掲載されており、「雲中語」では「真面目」が、「日就社の急なる請に応じて書きしものとか聞きつ。されどこの集製作物中の第一とするには、猶物體なき心地ぞする。」と弁護している。ちなみに、他の発言者はいない。

『めさまし草』における樋口一葉と中島湘煙(岸田俊子)の扱いの違いは明白である。一葉はぜひとも同人に加えたかった。湘煙は小説家の土俵から叩きだした。前者は和歌・「源氏物語」等を土台とし、後者は漢詩・漢籍を土台とする。一葉と湘煙の評価を和文に有利に自在に操り、さらに、「閨秀作家」一般の評価（文章と小説内容）をさじ加減できる権力が生じていたのである。

第二に、小説の文体としては、尾崎紅葉の『二人比丘尼色懺悔』（一八八九年四月）が雅俗折衷体（地の文が雅文・会話が口語体）に踏み切ったものとして評価されているが、直前に発表されている「山間の名花」（『都の花』同年二月より）が同じく折衷体（地の文が漢文脈・会話が口語体）であることが注目される。つまり、「排置や文章には取る処が有りません。」（『以良都女』第二四号、同年六月）どころか、尾崎が岸田からヒントを得て折衷体に踏み切った可能性も否定できないのである。なお、雅俗折衷体は『小説神髄』が提唱したものとされているが、そこで小説の文体にふさわしいとされている雅俗折衷文とは、地の文・詞それぞれを雅俗折衷にするものであり[29]、その延長上に『二人比丘尼色懺悔』があるわけではない。

もっとも、『都の花』では、幸田露伴が、「山間の名花」と同時に「露団《つゆ》々」の連載を始めており、その文体は、地の文が和文、会話が俊子とほぼ同様である。つまり、和文脈と漢文脈の違いを除けば両者の形式はほぼ同じであるから、こうしたものの影響も考えられなくはない。とはいえ、露伴の和文体は、紅葉がこだわりをみせた擬古文・美文・雅文ではない。露伴自身は、むしろ紅葉につづいて『風流仏』（一八八九年九月）を発表し、雅文（別に会話なし）に回帰している[30]。つまり、紅葉からみて露伴にそれほど目新しいところがあったとは思えない。

ひかえめに見積もっても、紅葉が雅文による小説という形式を確立した時、漢文脈から改良した小説「山間の名花」が目の前に厳然と存在していたのである。

そして、第三に、俊子の文体に対する酷評は、文体をはじめ、男女の区別（「男尊女卑」と呼ばれたジェンダー秩序）を越えようとする動きに対する反発という、より広い社会的文脈と意味を持っていた。「山間の名花」が『都の花』に掲載された当時、新進の露伴のみならず、依田学海（「天保老人」）が「竹間善文」を連載中であった。その頃から、俊子の作品に「生意気」だと反発を強めていたのではないだろうか。

そもそも、女性が漢語・漢文を学んで使うこと自体、演説と同様に、男女の境界を越え、ジェンダー秩序を乱すものだという反発は根強い。かつて俊子が大阪道頓堀で演説を開始して早くも一週間目には、演説に反発する投書「らしうせよ」が、漢語・漢詩・漢文批判を伴って寄書《よせぶみ》欄に掲載されたが、投書主「紫芳迂生」は、『読売新聞』印刷長加藤紫芳（瓢乎《ひょうこ》）である(31)。

紫芳は、女学生が漢語・漢詩・漢文を学んで使うことを〝女らしくない〟、憎々しいものだとし（「言語動作とも女は女らしうするが肝要にして、若き女の漢様文字を学び詩文章など作てすら面《つら》憎きものなるに」）、そのまま続けて、「湘烟女史」批判に入ったのである（「婦女の品行上より論じたらんには苦々しきの限りにして決して賞すべきものに非ざるべきか」）。そして、最後に、太田南畝の「いつもじ」なる女訓を取り出して、三日にわたって連載した。それは三従で始まる（「女は人に従ふ事なり。家に在ては親に従ひ嫁入しては夫に従ひ年老ては子に従ふ、是を従の道といふ。」）。

漢語・漢詩・漢文（男の領分）を侵さず、「三従」を遵守せよ（演説は論外）――これが「らしうせよ」の主張である。かねてから女学生による袴や漢語の使用に腹を据えかねていたところへ、女演説の「湘烟女史」が登場した。おまけにその「湘烟女史」は漢語の使い手でもあったのである。

はたして漢語・漢文・漢籍それ自体が女性の〝解放〟に資するものなのかという問いはさて措き、日本の近代化過程（「徳川家支配」からの脱却過程）で、女性が、従来からの男性知の牙城であるこの領域に参入するか否かが、攻防点を成したのである。別言すれば、漢語・漢文・漢籍は、英語（西洋語）との関係で相対化されながら、漢文脈として生き残り、それに連なる男性たちは――すべてではないにしても――女性の参入に反発し、女性に従来どおり和文をあてがおうとした。つまり、ジェンダー秩序・知的支配構造を再編しながら維持しようとしたのである。

加藤紫芳の名は、この七年後の「小説家親睦会」（一八八九年四月十三日。『読売新聞』四月七日等で広告）の世話人の一人として、山田美妙とともにみえる。親睦会の来賓には、矢野龍渓、坪内逍遙、森田思軒、依田学海に交じって「曙女史」の名があがっている。[32] 曙女史こと木村曙（栄子。岡本）は、東京高等女学校を卒業すると翌年すぐ、『読売新聞』に「婦女の鑑」（一八八九年一月三日～二月二八日）の連載を始めた。「婦女の鑑」は、主人公がケンブリッジ大学に留学し、ニューヨークで働いたのち、帰国して工場を開設するという物語で、文体は和文（雅文）である。つまり、内容は文明開化風だが、文体は、最新の「言文一致体」ではなく、雅文なのである。いうなれば、古い革袋に最新の中身が盛られている。

「小説家親睦会」に先だって、『読売新聞』寄書欄では、今日の言文一致体は改良が必要であると主張する「吉川ひで」(「言文一致」、同年三月二〇日)と、それに慎重に批判を加える「星の家てる子」(「言文一致といふことに就て」、同年三月二四日)との間で、「言文一致」をめぐる応酬が開始されていた。前者は、「婦女の鑑」の主人公の名が「吉川秀子」であるところから木村曙、後者は、小金井喜美子(森鷗外の妹)であろうと推定されている。議論は「言文一致体」をめぐってであるが、投書の文体はともに雅文である。つまり、〝女は雅文〟を暗黙の前提に、言文一致体の是非について、「女」が議論し合っているのである。漢文脈の小説が健在である一方で、「女」が、雅文を前提に、言文一致体の是非について議論する分には、文体とジェンダー、ジェンダー秩序には全く問題がない。——はたしてそれが生身の女であるのか、雅文を羽織っての「女」装であるのかはさて措き。

なお、同年十二月には、尾崎紅葉と幸田露伴が日就社(読売新聞)に入社し、坪内逍遙が文芸主筆に就いている。

他方、女学生が漢語を使うことへの反発は一向に収まる気配がなかった。たとえば、俊子は、「生意気論」(『女学雑誌』第二四一号、一八九〇年十一月二九日)で、女学生に対する「生意気」という非難をとりあげて、「漢語英語交りに談話するを以て生意気なりと為すか。女権拡張説を唱ふを以て生意気と為すか。即ち是等の文を綴るものもまた以て生意気なりと為すか。」とたたみかけるように反論している。[33]この時点で、『女学生』——「同盟女学校共同器関」——の投稿者たちは、「漢語英語交りに談話」し、漢文と英語の素養を基に文章を書く可能性をもっていたのである。

さて、「山間の名花」への酷評を載せた『以良都女』(第二四号、一八八九年六月)の「家政」欄には、幼児教育論（「小児《こども》の育て方に付て」）が掲載されており、それは、俊子が「女子教育策の一端」（『女学雑誌』）で呼びかけた「形以内《けいい》の教育」（学齢前教育）を、真っ向から否定するものだった。すなわち、"世の中は自分の思うままになるものではない"という言葉から始まり[34]、それゆえ、そのことを子どもの時から教え込み[35]、気随気儘を抑制しなければならないとする[36]。そのうえで、「之を抑制するに付ては母たるものは」と具体的な育て方を説いている。俊子のように子どもを伸ばそうとするのではなく、子どもを抑制せよというのである。

俊子の「女子教育策の一端」には、「幼少ノ家教ニ於テ別ニ男女ノ区別ヲ定ムルニ及バズト信ズ」とも書かれていた。このように、俊子は、男女の区別をする必要はない、なくすべきであると何度か言明している。「婦人の文章」では、「固より男子の著と女子の著を区別するの必要を見ざるなり」と。『女学生』に題す」では、「男は男女は女と文章の区別なかるべからず」という主張もあるが、強いて区別する必要はないと。俊子は、基本的には、「区別」（「男尊女卑」の秩序）撤廃論者なのである。そのうえで、男女を多様性とみて、それぞれの長所を伸ばしていけばよいと呼びかけたのだ。

男尊女卑の秩序の撤廃を主張した俊子が、男女の区別（「男尊女卑」）の温存をはかる勢力、なかでも「男は男女は女と文章の区別」を立て、「男子の著と女子の著を区別」しようとする勢力にとって、「生意気」な邪魔者であったとしても不思議はない。とするならば、俊子の文体に対する酷評は、俊子の（文体をはじめとする）男女区別撤廃の立場に対する敵意に発するものであり、「男尊女卑」の改革への反発という、より広い社会的文脈と意味を持つ。

漢詩・漢籍を素養に小説を書く女性——俊子はその象徴であった。俊子に続くはずの女性たちは、女の小説の文体としての雅文への脚光（誘導）とともに、減少していったのではないだろうか。[37] そして、最終的には、漢文脈で小説を発表しようとする女性は、『めさまし草』での俊子への〝処罰〟（一八九七年二月）によって消えたのではないだろうか。すでに「閨秀小説」は、彼等の〝検閲〟を通るものしか世に出られないのは明白である。総じて、明治初期の女学生の勉強熱・文学熱はめざましく、漢文・英語の素養も手に入れつつあった。にもかかわらず、顕著な業績をあげたのが樋口一葉・田辺花圃という中島歌子の歌塾「萩の舎《や》」出身者にとどまるのは、奇妙ですらある。

以上述べてきたように、山田美妙らが「言文一致体」を提唱し文体の改革へ乗りだし、他方では、雅文の樋口一葉が女の小説家として持ち上げられる中で、俊子は、漢文訓読体を工夫して「優趣雅潔の筆」をふるおうとした。すると、「善悪の岐」「山間の名花」に対しては『以良都女』の、「一沈一浮」に対しては『めさまし草』の、「批評」（中傷）にさらされたのである。ともに、西洋の新知識と大学制度、そこに連なる明治知識人（男性）の繋がりを背景にするものであった。

フェミニストの嚆矢として、文筆家としての活躍を期待していた私たちは、ここにきて残忍な殺戮を目撃することになった。

さて、どうしたものか。ことは、俊子の小説を再評価し、俊子の小説をあらたな目で見直すということで済みそうにない。作品自体が充分に実現されていない、踏みにじられ、可能性が閉じられている。自由に書くことを呼びかけ、様々な実験的な文章を試みた俊子にしては、充分な成果をあげられたとは言えない。

日記に痕跡を見つけようにも、残された日記には、一八九七年一月以降の四年間がない。つまり、前年十二月三〇日で終わり、次の日記は一九〇〇年十二月十一日から始まる。その間が、原因は不明ながら欠落している。空白より前には小話（短編）や評論の類も書き込まれていたが[38]、空白より後にはない。

およそ評価するためには、評価に足るべき作品がそこになければならない。が、作品が充分にない。未発表に、未完に、未然に終わった可能性が高い。欠損一般を評価することはできない（そこまで自由に想像をめぐらすことはできない）としても、そこに当然あるはずのものがない。同時に、明白な暴力（――俊子の場合は言論による）の痕跡はある。

俊子をめぐる文脈は、次のように言えるだろう。――近代日本において、「小説」の模範の提示とその「批評」を先端として、新聞小説という広い裾野を持つ（雑誌・新聞等のメディアを通じて形成される）文芸的公共圏[39]が現れてきた。同時に、そこには包摂と排除[40]の論理が働いていた。ジェンダーの線は鮮明であった。「評論」する側、『めさまし草』同人は男たちであり、若い頃からの様々な繋がりをもっている。彼等は、樋口一葉はぜひとも同人に加えたかった。「中島湘煙女史」は、小説家の土俵から叩きだした。その結果、近代日本（大日本帝国）の文芸的公共圏は、漢文訓読体で「余」と名乗って論じる女性文筆家を失ったばかりでなく、漢文訓読体を基に文体を実験的につくりあげる女性小説家を失ったのである。その一名がいなくなれば、その領域は男たちの自由になる[41]。

6　大磯だより――「我」から「吾」へ

以上のように、俊子は、論考においては文体・呼称という問題に、小説においては（文体問題を自分の工夫で乗り越えても）「小説」・女の小説をめぐる世間の壁に突きあたった。もちろん、自分と身近な人々のためには書き続けるから、漢詩と、様々な文を書いた「日記」は残されている。

その最晩年に『女学雑誌』は「大磯だより」という欄を設け、俊子の「初夢」（『女学雑誌』第四八〇号、一八九九年一月二五日）から「病気見舞いを読みて」（同第五〇七号、一九〇〇年三月十日）までを掲載した。そこにあるのは、漢詩を交えた、淡々とした洒脱な文である。坐禅による解脱とともに、世間から離脱したものとみられる。

「大磯だより」での呼称は、「我」ではなく、「吾」である。「我」は、「物我」（対象と自分）・「人我」（他人と自分）という語があるように、何かに対しての自分である。他方、「吾」には、他と対比する意味がない。世間にも何にも対峙していない、ただの自分である。

以上のように、漢詩・漢文という象徴的に男とされる世界で育った岸田俊子は、女（人間）として、女たちに呼びかけた。そして、漢文訓読体を近代日本の中で改良しながら貫いて、男女に関わらないものにしようとした。やがて、それが不可能になった時、あらためて元の世界へ帰って行ったのではないだろうか。年少の頃から得意だった陶淵明の帰去来の辞[42]を口ずさみながら[43]。

第六章　岸田俊子の表象——「同胞姉妹に告ぐ」という神話

「男女同権」を訴えた「同胞姉妹に告ぐ」は、日本におけるフェミニストの嚆矢とされる岸田俊子の代表作だとみられてきたが、「同胞姉妹に告ぐ」は、俊子によるものではない可能性が高い。『岸田俊子研究文献目録』（選集④）中の「参考研究文献目録」を参照しつつ、岸田俊子をめぐるパブリック・メモリー（人々に共有された集団的記憶）を逐い、「同胞姉妹に告ぐ」がいつどのようにして岸田俊子と結びつけられたのかを探る。

1　闘病と晩年

一八九二年十月、夫・中島信行が駐イタリア特命全権公使に任ぜられ、十一月末、俊子は信行とともに横浜を発ち、京都へ立ち寄って身内と会ったのち、神戸からイタリアに向けて出航した。だが、翌年一月、俊子はローマで肺結核に倒れる。七月、夫婦でローマを発ち、アメリカを経由して九月に帰国する[1]。

帰国後、俊子は自宅で闘病生活に入る。信行も発病し、夫婦で闘病する。

一八九八年十一月には、療養に専念すべく、夫婦は神奈川県大磯の別荘に移った。だが、翌三月に信行が肺結核で他界し、以後は、訪れる人も稀になる。この頃、岸田俊子に関する世間のイメージは、どのようなものであったのであろうか。

「中島湘煙女史」の動静は、メディアである程度伝えられている。『女学雑誌』は一八九九年一月「大磯だより」という欄を設け、俊子の文章を掲載し始めた。ついで、『報知新聞』が、「夫人の素顔中島湘煙女史」（一八九九年四月十六日〜五月四日）を九回にわたって掲載した（選集①所収）。年末には『女学雑誌』第五〇〇号（同年十一月二五日）が、「中島湘煙女史談話」（選集②所収）を掲載した。編集者の青柳有美（猛）が大磯の自宅を訪ねて記したものである。

他方で、この後、俊子の姿は人々の前から消えているという指摘もある。一九一〇年一月に博文館から創刊された『女学世界』が、三月の定期増刊（第一巻第四号）で、懸賞の「普通文」部門特賞として「女流文学者をおもふ」という文章（「ふじ子」）を載せている。そこには、中島湘煙女史について「新聞伝へず、雑誌また消息をのせざるなり」とある。

> 中島湘煙女史からうた承はりたく、この人今はいづこの閑地に、風流を味ひ給ふらん、新聞伝へず、雑誌また消息をのせざるなり、齢や老い給ひし、病やおこり給ひしか、嘗て京都劇場にて、花の紅唇

より政談演説をこゝ《ママ》み給ひし勇気は、いかに、はた天の一方に美人をおもふて、心鬱々慰むすべなき、厭世の人となり給ひしか、きかまほし、

この文章は、「征清の役にいくさ勝ちを得て、将士勇しく凱旋したる翌年〔引用者注――一八九六年〕は、女流文学者にとりて、最も悲惨なる時なりしよ、」で始まり、この年に、かし子（巌本嘉志子・若松賤子）、きん子（田沢錦《きん》・稲舟）、夏子（樋口一葉）、うすらひ（北田薄氷）を失ったと嘆くのだが、続いて、「中島湘煙女史」を、没した女性文筆家たちと同列に置いている。そこからすると、こうした文を掲載する編集側に何らかの思惑があった可能性も否定できない。いずれにせよ俊子の動静が『女学世界』の読者の目の届かないものになっていたことを示唆するものではある。

そもそも、俊子の動静に関するメディアの報道は、主に、いわば往年の著名人の近況といった性格のものであり、人々、ことに女性の、熱烈な関心の的としてではない。『女学雑誌』（第五〇〇号）自体、「中島湘煙女史談話」で、「私も実は女が大嫌サ」、「一躰女といふものには、少しも禅気がないからナ。女は皆な魔のさしてるものだよ。」（選集②219）という、俊子の言葉を平然と載せているのである。

一九〇一（明治三四）年五月、二〇日まで日記をつけて、(2) 二五日、岸田俊子は他界した。(3)報じたのは、「京都日出新聞」（五月二九日）に二行の死亡記事が載った(4)他は、新聞では『日本』（五月三〇日）、『婦女新聞』（週刊。第五六号、六月三日）にとどまる。(5)『女学雑誌』が報道していないのが注目される。(6)のちに「故中島湘煙女史遺稿」とのみ記して、「花子のなげき」を「雑録」欄に掲載する

（第五一九号～第五二一号、一九〇三年八月十日～九月十日）。

没後一年近くして、『女学世界』に、羽仁もと子による「故中島湘煙女史の生涯」（上・下）が掲載された（一九〇二年三月五日、四月五日）。

羽仁もと子は、府立第一高女（東京府立第一高等女学校）に一期生として入り、卒業後、明治女学校高等科に進学し、中退したのちに、報知新聞社に校正係として入社した（一八九七年）。初の女性新聞記者と目される人物である。「女流文学者をおもふ」（「ふじ子」）のような読者の目を意識してか、「故男爵中島信行氏の夫人俊子の君は湘煙女史と号して殆と凡ての人に知られて居ります」と述べてから、本論に入っている。俊子やその母から直に聞いた話が少なくないとみられる。文中、興味深い事柄がいくつかある。

たとえば、俊子の「父君」は、「女史の至つて幼い頃から、読書や習字の日課を与へて（勿論女史自ら好んで居られたからですが）ドンナ事があつたと云つても決して日課を欠く事を許されませんでした」（上）という。

また、『自由燈《じゆうのともしび》』に関して次のような注目すべき記述がある（下）。

板垣伯の如きその『自由の燈』を発刊するに当つて記者の一人として岸田俊子を招聘すると先づその紙上に断つて、偖《さて》いや応なしに女史に上京を勧めたのです、流石の女史もその当時は驚きました、然も参らぬ訳には行きませぬので、兎にも角にもといふ積《つもり》で来られて見ると、単に編輯局で自身の意見を書く丈と思ひの外《ほか》、伯のおもわくは女史を以て当時の政客の間に来往せしむる事でありましたゆゑ、女史は再び驚いてとう〳〵無断で京都に逃げて帰つたのです、新聞は読者の手前、岸田俊子と署名して慥今《たしか》の小室氏か〔誰か――引用者補足〕の論文を出されたと云ふ事で、湘煙女夫《ママ》は此論文にひどく不満足であつたのですが、前に申しました弱味からツイ何も云ひ得なかつたと云ふ事です、「日本で婦人新聞記者の名前は恐らく私が嚆矢であろう、あなたは実際成巧なさい」といつか私に語られた事でした。

これによれば、「同胞姉妹に告ぐ」とみられる文章は、湘煙が書いたものではない、新聞社が小室（信介）か〔誰か〕の論文を出したものである、湘煙はこの論文にひどく不満足であった、という。おそらく、ある種の裏事情が没後もらされたのではないだろうか。また、『自由燈』の記者として招聘すると一方的に宣伝するから、編輯局で自身の意見を書くのかと思ってともかく行ってみると、「伯のおもわく」は別のところにあったともいう。これは、『自由燈』の記者になるところを、気位の高い湘煙が星亨とぶつかり、記者になるのをやめたという、一般に流布している話[7]とは異なるものである。

一九〇三年三月には、石川栄司・藤生てい編の『湘烟日記』（育成会）が刊行された。日記は、逝去前二ヶ月間のもののみ掲載を許された。石川栄司による「湘烟女史の略歴」には、「明治十五年奉仕を辞せり。是れより諸国を遊歴すること凡そ一年。此の間女史の思想は自由民権を主張し男女同権を唱道す。」と書かれている[8]。

他方で、一九〇四年十月、景山英子（一八六五－一九二七）の自叙伝『妾の半生涯』（福田英子著）が発表され、その中の「岸田女史来る」という項目で、俊子が岡山で演説した時の様子が描かれた。俊子の演説を聴いて奮起して「女子懇親会を組織」したという、英子のその後の人生の出発点となる部分である。

その歳《とし》有名なる岸田俊子女史（故中島信行氏夫人）漫遊し来りて、三日間吾が郷に演説会を開きしに聴衆雲の如く会場立錐の地だも余《あま》さゞりき。実《げ》にや女史がその流暢の弁説もて、滔々女権拡張の大義を唱道せらし時の如き妾も奮慨おく能はず、女史の滞在中有志家を以て任ずる人の夫人令嬢に議《はか》りて、女子懇親会を組織し、諸国に卒先して、婦人の団結を謀り、屢々《しばしば》志士論客を請《しょう》じては天賦人権自由平等の説を聴き、をさ〳〵女子古来の陋習を破らん事を務めしに、風潮の向ふ所入会者引きも切らず、会はいよ〳〵盛大に赴《おもむ》きぬ。(7)

以上が、晩年の俊子に関する報道と、没した直後の報道・記載である。はたして、この後、岸田俊子はどのようにふり返られ、語られていくのであろうか。

2　男女同権の「景山英子・岸田俊子」——一九一〇年代～二〇年代

『青鞜』と岸田俊子

俊子が没して十年後、『青鞜』が創刊された。だが『青鞜』で岸田俊子がふり返られることはない。『青鞜』創刊を率いた平塚明子（らいてう）は、「あの時は、自分としてはまだ社会的な自覚なんて殆どありません。現在の女の人といふものは何となく皆嫌ひなんですよ。」と、後年述懐している（『新女苑』座談会「青鞜社前後」その一。一九三九年十月）。つまり、女性の運動、フェミニズムの一翼を担うという自覚は当初は稀薄であった。ましてや、自分の先達として岸田俊子がいるという認識はもっていない。

さらに、『青鞜』は、「新しい女」をめぐって、明治初期の運動家たちとの違いを強調するようになる。加藤緑[10]（みどり）が「「新らしい女」に就いて」（『青鞜』第三巻第一号、一九一三年一月）で、「福田英子女史」に触れて、自分たちとは違うと強調した（「ただ時勢といふものに操られて盲目的に男性の中に交つて活動した趣があります。熱烈ではあつたでせうが冷静に「女性」という位置に立つて考えなかったやうです。」）。次号ではその福田が登場して「婦人問題の解決」（福田英）を論じ（第三巻二号〔附録「新しき女及び婦人問題に就て」〕、一九一三年二月）、この掲載により『青鞜』に二回目の発売禁止処分が下った。ただし、福田は、「私共が熱狂した自由民権運動時代には婦人問題と言ふことは単に男女同権の一語を以て尽されて居りました。」と応じているから、この「証言」によって、「男女同権」を主張するのではない岸田俊子を探究する道は封じられたと言ってよい。このように、『青鞜』と岸田俊子は断絶したままなのである。

婦人参政権要求運動の先達「岸田俊子」

岸田俊子の名が思い起こされるのは、主に、女性による参政権獲得運動という文脈が見えてきてからである。つまり、一九二二年の治安警察法第五条第二項の改正により、政談集会への女性の参加が可能となり、（男子）普通選挙法の成立（一九二五年）を受けて、「婦選なくして普選なし」のスローガンを掲げて婦人参政権要求運動が本格化する。その過程で、岸田俊子が、「男女同権」の闘士・景山英子の仲間として想起されるのである。

早い例では、徳富蘇峰監修・吉野作造編輯と銘打たれた現代叢書『婦人問題』（民友社、一九一六年）中の「日本に於ける婦人運動」に、「湘煙女子岸《ママ》和《ママ》田俊子」が「政談演説を試み政治結社に加盟せり」とある。

女権の拡張を標榜して起てる婦人運動は、団体として記するに足るべきものなし。已に明治十四五年の頃湘煙女子岸《ママ》和《ママ》田俊子ありて政談演説を試み政治結社に加盟せり、女子を中心として政治運動に奔走せる婦人多少現れしも、其波動は彼等の仲間の外《ほか》に出でざりき。(11)

森口繁治は『婦人参政権論』（政治教育協会、一九二七年）で、すでに明治初年には岸田・景山等の女性が「自由民権の為に奮闘し、当然の要求として政治上の男女の同権を高唱した」ことを指摘した。

併《しか》し実を謂へば吾国の婦人の政治運動がかくの如き極めて短かい歴史しか有たないのは一旦其活動が中断されたからだとも云へるのであつて、明治年間の所謂自由民権時代に既に活発な婦人の政治的活動が観られる許りでなく、〔中略〕男女教育の機会均等、職業上の男女の同権と云ふやうな声も早くから婦人の一部にはあつたのであるから、若し法律に依つて婦人の政治的活動を特に禁止しなかつたとすれば、恐らく右の如き何れかの関係を機縁として今少し早く婦人の参政権運動が起つて居たであろうと考へられる。即ち之を前にしては明治初年の自由民権時代に於て既に岸田俊子〔割注省略〕影山英子〔割注省略〕等の婦人は自由民権の為に奮闘し、当然の要求として政治上の男女の同権を高唱したのである。[12]

以上のように、岸田俊子は、没後しばらく時間がたってから、「婦人参政権」に関する著作で、「政治上の男女の同権を高唱した」(『婦人参政権論』)先駆者として発掘された。〝自由民権・男女同権、岸田俊子・景山英子〟という岸田俊子像である。[13]

ただし、実際には、両者はかなり異なる。景山英子は、激化民権派に加わって「大阪事件」(一八八五年)の被告となり、「国事犯」の「紅一点」として、そのことにより「女傑」とうたわれた(独善狂夫編『自由之犠牲女権之拡張　景山英女之伝』〔栄泉堂、一八八七年〕など)。他方、岸田俊子は、女子教育を訴えて演説会を開き、さらに、小説を発表して(一八八七年、一八八九年)激化民権派及びそれへの女性の参加を批判したのである。

このように正反対であるにもかかわらず、景山のイメージが岸田に投影され、両者が区別されないのは、岸田に関する著作が存在しない中で、『妾の半生涯』によって「岸田俊子」が改めて世に知られたことが原因であると考えられる。つまり、景山の語りが、岸田を代表するようになったのである。さらに、景山が、「婦人問題の解決」で、「自由民権運動時代には婦人問題と言ふことは単に男女同権の一語を以て尽されて居りました。」と証言し、この掲載を理由に『青鞜』に発売禁止処分が下ったことは、その語りが真実であるという印象を強めたであろう。実際には、岸田・景山とも、参政権、なかでも選挙権・被選挙権を積極的に主張したわけではない。

国史・日本女性史論における「中島俊子」

他方、国史・日本女性史を描く試みで、日本近代における傑出した女性という観点から「中島湘烟」「中島俊子」が注目される。

まず、『中央史壇』(国史講習会)が、「国史に現はれたる問題の女性」という特集を組み(一九二一年「秋季特別十月号」。第三巻第四号)、「若江薫子女史」「中島歌子女史」につづいて「中島湘烟女史」(川田瑞穂著)をあげている。ここに、「「自由新聞」「自由の燈」等に寄稿して盛んに時事を論じた」という記述がみえる。(14)

さらに、中川一男が『日本女性史論』(大日本図書株式会社、一九二五年)を著し、そこで、「景山英子」に続いて「中島俊子」の項を設けた。岸田については、宮中を辞して「京都に帰つて後、彼の女は一変して自由民権の思想に走り男女同権論を高唱して政治運動に携はること、なつた。」、ついで、中島信行と結婚し、「その後の彼の女は、主として夫の影に隠れ専ら内助の功をいたしてあまり表面には現れなかつた。」(三八八頁)と描かれている。ここに、宮仕えから「一変して自由民権の思想に走り男女同権論を高唱」し、結婚後は「専ら内助の功」にとどまったという、変転する岸田俊子像の原型がみえる。つまり、「男女同権論」と「専ら内助の功」が接ぎ木され、岸田俊子は、いわば、ある種の転向者、良妻賢母主義の旗手に位置づけられたのである。なお、同書は、一九三三年に第八版が出ている。教科書ないしは副読本として使ったとみられるから、相当の影響力があったであろう。(15)

3　明治女学校の発掘と「中島湘煙」——一九三〇年代〜四〇年代前半

明治女学校の発掘

一九三〇年代に入って、明治女学校が発掘される。「巌本善治、明治女学校、『女学雑誌』の三位一体」が注目され、それとともに、「女権論者湘煙中島俊子」は「『女学雑誌』の熱心な寄稿者」でもあったと想起されるのである。

まず、明治女学校の卒業生である新宿中村屋の女主人・相馬黒光（星良）が、長い沈黙を破って自伝「黙移」を書き始めた。「黙移」は、『婦人之友』(16)に一九三四年より連載された後、一九三六年に女性時代社より刊行された。

ついで、神崎清（一九〇四−一九七九）が明治女学校を歴史的に位置づけていく。神崎の主な活躍の舞台は、一九三七年一月に創刊された月刊誌『新女苑』(17)（実業之日本社）である。神崎は、『新女苑』（第一巻第九号、一九三七年九月）に、「日本女子教育の黎明　明治女学校の話」を寄稿した。

そこで、「今日でこそ巌本善治の名を知る人は殆どないが、」と前置きした上で、当時、「もし日本に女子大学の実現する日がくるならば、明治女学校こそ最初にその名誉を荷《にな》ふものであろう、と社会も信じ学校もまた信じて」、生徒たちが廊下の隅の献金箱に寄付をしていたという明治女学校の様子を描き、総じて、「巌本善治、明治女学校、『女学雑誌』の三位一体」が、当時の若い女性に鼓舞的な深い影響を与えたと論じた。

さらに、明治二〇年代がフェミニズムが高揚した時期であり、その黄金時代が明治女学校であるとみて、このことが、思想史・文学史上極めて興味深い事実を提起していると論じた。

思想史的にみて、明治二十年代のフエミニズムの高揚の波に乗つた明治女学校の黄金時代が、また文学史上の浪漫主義の時期、日本のシユトルム・ウント・ドランクの時代と一致することは、極めて興味の深い事実である。

そして、最後に、「日本最初の女権論者湘煙中島俊子は、『女学雑誌』の熱心な寄稿者であつたし、自由党シンパの富井於兎《おと》子も明治女学校の教師であつた」と指摘したのである。

つづいて『新女苑』は、「青鞜社前後」と題して、座談会（長谷川時雨・平塚らいてう・神崎清・内山基）を企画した（『新女苑』第三巻第九号・十号、一九三九年九月・十月）。

ここで神崎は次のように述べている（「青鞜社前後」その一）。

日本の女性の目覚めといふものは大体明治二十年前後の欧化主義の時代……〔中略〕それが一つは生活様式の変化、つまり、洋服を着たり、束髪を結つたりするやうな風俗の改良となり、今一つは女権論となつて、たとへば影山英子とか、中島湘烟（俊子）とかいふ人たちの政治運動の方向に伸びて行つたものと思ふ。しかし、その頃の女権論は男女の平等とか、男女同権とかいつても形式的な権利論で、単に機械的、表面的に解釈して、男性社会に対立するやうな形を執つたけれども、それが内面的精神的なものに移つて来たのは大体「明治女学雑誌」それから明治女学校などを中心とした一つの文化的な雰囲気の中で育って来たのではないか――それが幾度か時代の波をくゞりながら、はつきり出て来たのは青鞜社だと思ふ。

つまり、景山英子や中島湘烟（俊子）を「政治運動の方向」（「男女の平等とか、男女同権とかいっても形式的な権利論」）と位置づけた上で、明治女学校・『女学雑誌』を内面的・精神的な、文化的な動きとみて、その延長上に『青鞜』を位置づけたのである。

注目されるのは、岸田俊子や景山英子に対する平塚らいてうの発言が、冷淡と言えるほど淡泊なことである。当時の婦人は憲法発布のような「政治的な解放」に対してどんな態度をとったのですかと内山に聞かれて、らいてうは次のように答える。

ほんの一部少数の婦人ですけれど、男子の自由民権運動にまざつてやつてゐました。中島さんにしろ、影山さんにしろ、男子と一緒に国会開設の運動に携はつた方々です。しかし、婦人の立場からしたものではないやうです。

つまり、岸田と景山の活動は男子の自由民権運動に混じってやっていたものであり、（私たち『青鞜』のように）婦人独自の立場からのものではないようだ、という理解である。これは、すでに『青鞜』に掲載されていた見方（加藤緑「「新らしい女」に就いて」及び福田英「婦人問題の解決」）である。ただし、この時点でこう表明することの意味はそれに止まらない。宮本百合子のあるこだわりは、おそらくそれに関係する。

宮本百合子のあるこだわり

この座談会と同じ頃、岸田俊子について触れているのが宮本（中条）百合子（一八九九－一九五一）である。宮本は『新女苑』の常連の書き手であったが、一九三七年末に執筆物の掲載禁止が言い渡された。掲載禁止は一年余りしてなし崩し的に解除されるが[18]、その間に三宅花圃の「藪の鶯」論を手がかりに書き進めており、これが「『藪の鶯』このかた」として『改造』（一九三九年七月号）に発表された。ここに、岸田俊子への言及がある。

「藪の鶯」では、登場人物（浪子）が次のような台詞を言う[19]（第六回）。

「この頃は学者たちが女には学問をさせないで皆無学文盲にしてしまった方がよかろうという説がありますとサ。すこし女が学問すると先生になり、殿様は持たぬと云いますから人民が繁殖しませんから愛国心がないのですとさ。明治五六年頃には女の風俗が大そうわるくなって肩をいからして歩いたり、また高袴《ママ》[20]をはいたり、何か口で生いきな慷慨なことを云ってまことにわるい風だそうでしたが、此頃大分直って来たと思うと、又西洋では女をたっとぶとか何とかいうことをきいて少し跡もどりになりそうだということですから、今の女生徒は大責任があるのでございます」

この台詞を受けて、宮本は次のように書く。

欧化反動の時代の暁としての明治二十年。中島湘煙や福田英子の政治上の活動が、奇矯ではあったがそれもその時代の歴史の姿であったとしては見られず、女の風俗が大そうわるかったとして考えさせられ、感じる時代の空気。[21]

それには福沢諭吉の啓蒙も、新島襄の存在も、数年後には大そうわるい女の風俗とほかならぬ女からさえ思われた中島福田女史たちの動きも、ことごとくその土壌となって居るのであるし、[22]

つまり、この時点で宮本は、「中島湘煙や福田英子の政治上の活動」「中島福田女史たちの動き」という理解の仕方をしていたのである。その点では、高群逸枝が、『女性二千六百年史』（厚生閣、一九四〇年二月）の「男女同権論」の項で、「民権運動に随伴して、景山英子、中島俊子等の婦人参政権論が生れた。[23]」としているのにも近い。高群は、『大日本女性人名辞書』（厚生閣、増補第三版一九四二年）でも、「中島俊子」の項で、「時あたかも自由民権論擡頭の際であつたから、これに唱和し、且つ男女同権論を唱道した。[24]」としている。

さらに宮本は、『新女苑』（第四巻第三号、一九四〇年三月）の「女性と文化を語る座談会」（木々高太郎・奥むめお・宮本百合子、編輯局から内山・桑原・辛島）で、中島湘煙・景山英子、三宅花圃について述べている。冒頭に内山が「現代の文化に女性はどの程度参画しているか」という座談会の題目を述べ、ついで、木々が「〔女性の参画は――引用者注〕極く近代のもので、初めは文学ですか。政治、労働問題ですか。」と問いかけると、宮本は真っ先に、政談演説などの政治方面が文学より先であると応えている。

明治の初め、自由民権時代に中島湘烟や景山英子など……女の人が島田に縞の袴をはいて政壇演説をしたといふ時代がございましたね。あれを見ると文学より先ですね。

ついで、明治二〇年頃に三宅花圃が書いた小説「藪の鶯」が、「実に〔中略〕不思議」であると述べる。

それが今の娘さんの持つて居る良い意味での理想主義的なものが、花圃さんの作品《もの》には全く見当《みあた》らないのですよ。〔中略〕兎に角明治、あの時代は一般に女の人のへんな現実性が非常に強かつた時代ですね。「女の風儀が大変悪く男に混つて政談演説などした時代があつたさうだ――」といふやうに見てゐる。

このように、宮本は、「藪の鶯」中の「明治五六年頃には女の風俗が大そうわるくなって」というくだりにこだわっており、それを、「中島湘煙や福田英子」の政談演説に結びつけている。とすると、むろん、「中島湘煙や福田英子」の政談演説が「明治五六年頃」にあったわけではないから、時期を取り違えている。ただし、この取り違えの原因は、「中島湘煙や福田英子」の政治活動の意義をなんとしても導き出そうという宮本の強い意志にあるのではないだろうか。同時に、東京高等女学校（専修科）の女学生であった花圃が身につけていた「現実性」――東京女学校の風俗への非難や（政談）演説への非難などの、重層的な圧力の下で形成された「現実性」――を敏感に感じとっているのである（「理想主義的なものが〔中略〕全く見当らない」「女の人のへんな現実性が非常に強かつた」）。(25)

相馬黒光『明治初期の三女性』

一九四〇年九月、相馬黒光が『明治初期の三女性――中島湘煙・若松賤子・清水紫琴』（厚生閣）を上梓した。晩年に病床で書きあげたもので、「はしがき」には、柳田泉・神崎清・青柳有美に御指導頂いた、とある。こうして、岸田俊子に関する初のまとまった著作が、「紀元二千六百年」という思想統制の渦中で刊行されたのである。主に中島湘煙に関するものであるが、「三女性」とは、明治女学校と『女学雑誌』に関わる主要人物であるから、この本により、「明治初期」の様子・その論理《ロジック》がようやくわかってくる。

つづいて、塩田良平が『明治女流作家』（青梧堂、一九四二年）で、「中篇　作家論」の「第一章　前期」として、「中島歌子」「中島湘煙」「木村曙」を論じた。[26] 俊子の作品に対する取り組みが始まったのである。ただし、「善悪の岐」は、「文章その他に生硬な所が多い」とし、また、代表作「山間の名花」は、「初代衆議院議長の妻としての多忙な生活に戻つたため、遂にこの作品は中絶したのであつた」とみなした。[27] その上で、「湘煙の傑作は、寧ろ彼女の心境も定まつた後年に於ける随想にある」として、「湘煙日記」を高く評価し、「湘煙を不朽ならしめる文学作品は初期の小説類ではなくて、量的に尠いかも知れないが、後期のこの日記文章であるといつてよかろうと思ふ」と述べた。[28]

以上が、敗戦直後までの岸田俊子像の変遷である。

岸田俊子は、明治女学校と『女学雑誌』の凋落とともに、世間から忘れ去られていく。俊子自身も禅に没入して、世俗から離れていく。病没も関心を呼ばない。その後、「湘烟日記」が一部で注目され、他方で、「福田英子著」の『妾の半生涯』が、演説する女・岸田俊子の姿を再登場させた。『青鞜』では、岸田俊子は関心外である。やがて、明治初期にも女性の運動はあったが、ごく少数の女性が男に混じって「男女同権」を掲げて闘っていただけだという理解が生まれる。「福田英」（景山英子）からの証言もあるこうした見方が、『青鞜』を通じて広がる。

この延長上に、婦人参政権への注目とともに、「岸田俊子」の名が人々の記憶の中に蘇ってくる。景山と並ぶ、「男女同権」（参政権）の闘いの二人の先駆者という位置づけである（森口繁治『婦人参政権論』、一九二七年）。

同じ頃、国史及び日本女性史を描く試みで、傑出した女性として中島湘煙・中島俊子が注目される。中川一男『日本女性史論』（一九二五年）は、俊子が、宮仕えから「一変して自由民権の思想に走り男女同権論を高唱」し、結婚後は「専ら内助の功」にとどまったと描いた。

つまり、一方で「男女同権」（参政権）の闘いの担い手という、実像とは異なるものが流布し、他方で、中川一男は——巧妙にもそれを取り込みながら——結婚後は「専ら内助の功」という、これもまた実際の俊子とは異なる像を描いたのである。

そして、相馬黒光が、長い沈黙を破って、自叙伝『黙移』（一九三六年）で明治女学校を描いた。さらに、『明治初期の三女性——中島湘煙・若松賤子・清水紫琴』（一九四〇年）で俊子たちを描き出した。明治女学校に注目した神崎清は、「日本最初の女権論者湘煙中島俊子は、『女学雑誌』の熱心な寄稿者であつた」と指摘した。同時に、座談会「青鞜前後」（一九三九年）で、『青鞜』は、「岸田・景山」

の流れというよりは、むしろ、明治女学校の系譜であると論じた。言い換えれば、（「岸田・景山」ではなく）明治女学校と『女学雑誌』こそ、『青鞜』の前身であると論じたのである（じつは、こう描くことによって、明治女学校も『青鞜』も、「男女の別」という国是・良妻賢母主義という国の教育方針・家族制度〔民法〕・姦通罪〔刑法〕と激突したのだという側面が後景化する）。

明治女学校が『青鞜』（文化的な活動）の前身であるとなると、岸田俊子は（景山英子とは異なり）明治女学校と関係が深いのであるから、岸田俊子の作品の再検討が必要になる。はたして「女権論者湘煙中島俊子」は文学的にはいかなる位置になるのか、その作品の価値は何なのかが問題となるのである。そして、俊子の小説に対する塩田良平（『明治女流作家』、一九四二年）の評価は低い。

他方、宮本百合子は、明治初年の「中島湘煙や福田英子の政治活動」が、じつは、「藪の鶯」などの文学の興隆の先駆となり、土壌となったのだと力説した。これは、「岸田・景山」から距離を置こうとする大勢に抗しようとしたのではないかと考えられる（ただし、「社会的な意味で、「藪の鶯」の先駆をなした福田英子・中島湘煙たちは、文学の上ではこれぞというほどの足跡をのこさなかった。」と戦後述べている(29)）。

以上のように、ここまでの岸田俊子の表象は、錯綜しており、曖昧である。俊子をめぐる言説が支持基盤（社会的にも当人としても）を持たないため、それぞれが勝手に自分の立場を「岸田俊子」に投影していると言っても過言ではないであろう。なお、管見の限りでは、岸田俊子と「同胞姉妹に告ぐ」との結びつきを示すものは未だみあたらない。

4　「同胞姉妹に告ぐ」の岸田俊子——敗戦・占領下

中島俊子の「同胞姉妹に告ぐ」

敗戦後、本間久雄（一八八六—一九八一）が『婦人問題（その思想的根拠）』（東京堂、一九四七年七月）で、「中嶋俊子の『同胞姉妹に告ぐ』」をとりあげて、その意義を説いた。

さて中嶋俊子の『同胞姉妹に告ぐ』と題するものは、新聞「自由の燈」の明治十七年五月十八日から六月廿二日まで、断続十回に亘つて連載されたものであって、女性に依ってものされた女権の力説強調として、明治以来、恐らく最初のものであるといふ歴史的意味においてばかりではなく、そこに裏づけられた情熱の豊かさは、その理路の整然たると相待つて、この論文をして極めて特色的なものたらしめてゐるのである。(30)

ここでは、まず、「中嶋俊子の『同胞姉妹に告ぐ』」であることが、疑問の余地のない事実として前提されている。そして、そこに、「女性に依ってものされた女権の力説強調として」「恐らく最初のもの」という「歴史的意味」が付与されている。その上で、豊かな情熱に裏付けられ、理路整然とした「論文」であるという評価が下されているのである。

より具体的には、俊子が、「悪しき風俗の最も大なるもの」として「男を尊び、女を賤しむる風俗」（男尊女卑の風俗）を批判して、その風俗に根拠のないこと等を論じたと指摘し（三三二頁）、これを、

「女性の立場からの男性への抗議乃至女性への反省として、そこには、たしかに迫真の力がある。」（三三三頁）と高く評価した。

さらに、俊子が、「男女の間は愛憐の二字をもて尊しとす。」（三三五頁）と掲げ、それにもかかわらず、男性の「権柄」が、女性のみならず、男性そのものをも不幸に陥れると次のように論じたとした。

「此は只、女子のみ不幸なるのみならず、男子においても、人間第一の幸福たる男女愛憐の楽しみを撲滅《うちけ》して共に面白からぬ境界に陥り居れるものといふべし　実《げ》におろかの極ならずや。」（三三六頁）

また、俊子が、女性が男性に劣らない理由を説明し、さらに、男女同権への反対説に論駁したとした。

又、この文章で、彼女は、女性の男性に劣らない理由を、智力上財力上における種々の事柄について説明して、男女の同権であることを論じ、更に、その当時における男女同権説の反対論、即ち男女同権は、日本従来の家庭の紊乱を齎《もた》らすといふ説の理由のないこと、及び、男女同権が、西洋の文明諸国においてさへ未だ行はれずといふ事実を挙げて、我国において、その行ふべからざる理由とすることの所以のないことを論じてゐる。（三三七頁）

最後に、この論文の最も重要な点は、女性自身が男性に抗議している（同時に女性に反省を促している）点であるとした。

この論文をして、特に重要なものたらしめる所以のものは、〔中略〕それが女性そのもの、立場からの男性への抗議と、並びに女性そのものへの反省としてされたところにあるのである。（三三八頁）

ただし、「男女同権について、あれだけ徹底した見解が披瀝してあるにもかゝはらず」（三六一頁）、「我国における婦人参政権には言及してゐない」（三六二頁）とした。

「〔前略〕又、近頃は婦人の学識ある人々が会合して、婦人参政権を得ることを議会に建言する程の勢となり居れるなり。然れば西洋諸国にても遠からず、此の真の道理の勝利を得て、同権の地位に至ることは、今より鏡にかけてみるが如し」などあつて、西洋における婦人参政運動を紹介、礼讃してゐるにとゞまり、我国における婦人参政権には言及してゐない

以上のように、「男女同権」を女性自身が主張する嚆矢として、論文「同胞姉妹に告ぐ」が、そして、その筆者としての岸田俊子が評価され始めた。その震源地は、本間久雄である。

井上清『日本女性史』

この見解は、急速に広まり、定説となった。

その原因として、敗戦後の女性史ブームの中軸となった井上清（一九一三－二〇〇一）の『日本女性史』（三一書房、一九四九年一月）が、次のように、本間の説を踏襲したことがあげられる。

俊子は文章も上手であった。彼女が一八八四年五月から新聞「自由の燈」にのせた「同胞姉妹に告ぐ」という論文は、日本の女性自身が男女同権を主張した最初の論文として記念すべきものである。「わが親しく愛《うつく》しき姉よ妹よ、何とてかくは心なきぞ、などかくは精神のしびれたるぞ」と同胞女性の自覚をよびかけ、男尊女卑は「悪しき風俗の最も大なるもの」とし、それが何らいわれのないものであることをあきらかにした。また俊子は男女同権こそ男子にとつても幸福のもとであるという。つまり、「男女の間は愛憐の二字を以て貴しとす」、この情は独立対等の人間どうしの間にはじめておこるもので、一方が専制的な権力をふるえば、真の人間愛はうまれることはできない。すなわち男子専制のけつかは、「人間第一の幸福たる男女愛憐の楽しみをうちけしてともに面白からぬ境界におちいつているもの」であるというのであつた。

婦人参政権については、俊子はイギリスのその運動のことをのべ「西洋諸国にても遠からず婦人参政権の真理が勝利することは鏡にかけてみるが如し」といつたが、日本のいまの問題として婦人参政権をはつきり主張するところはなかつた。(31)

俊子はこの年、中島信行と恋愛し結婚し、夫妻で各所を遊説したが、集会政社法が出るとともに政治活動から手を引き、一個の市民的な上流夫人となつてしまつた。一九〇一年東京で病死した。号を湘煙といい、詩文集に「湘煙日記」がある。

そして、こう締めくくった。

婦人参政権が実現した今だからこそ、「男女同権」の「岸田俊子」が、先駆者として広く皆で確認すべきものになったのである。「同胞姉妹に告ぐ」という動かぬ証拠をもって、「男女同権」の「岸田俊子」が日本女性史の中にしっかりと位置づけられたのだ。

四年後の三井礼子編『日本女性解放史』(32)（五月書房、一九五三年二月）も、俊子の演説として、次のような——「同胞姉妹に告ぐ」同様の——大意を載せている。(33)

「日本にある悪い習慣——男尊女卑をあらためなければなりません。女は生れつき男に劣っているのではなく、才能をのばす機会がとざされているため、能力が劣るのです。どんどん女にも社会的なみちをひらけばよいのです。参政権にしても反対論者は、まだ西洋でも考えていないのに日本には早すぎるといいますが、よいことはどんどん実行していくべきです。」

すでに論じてきたように、「岸田俊子の「同胞姉妹に告ぐ」」とは神話である。だが、疑問を呈する者もなく、これほど早く拡がり、定説化したのはなぜなのだろうか。その理由として、敗戦・占領下での婦人参政権付与という事態に直面して、求められていた内在的起源を鮮やかに指し示すものが「同胞姉妹に告ぐ」であったのではないだろうか。

すなわち、敗戦・占領直後、女性参政権が打ちだされ、総選挙が実施される（一九四六年四月）ことになったが、『婦人公論』の「再生第一号」（一九四六年四月号）の巻頭文（「政治への開眼——若き友へ」）では、野上彌生子が、「この簡単に明白な権利が、これまで私たちから奪はれてゐたことこそ寧ろ奇妙な話」だと書いている。〝「同胞姉妹に告ぐ」の岸田俊子〟は、この後、諸手を挙げて迎えられていくのである。参政権獲得の長い闘いの果てに、「敗戦・占領」とともに上から降ってきた参政権――この違和感と空隙を埋めるものが〝「同胞姉妹に告ぐ」の岸田俊子〟であったのではないだろうか。

「同胞姉妹に告ぐ」と、「善悪の岐」「山間の名花」

さて、本間久雄はつづいて『明治文学作家論』（早稲田大学出版部、一九五一年）で、一章をさいて「中島湘烟――女権主義者として――」を論じた。(34)

同章は、「同胞姉妹に告ぐ」の冒頭の一節から始まり、その「論文」の筆者「しゆん女」として俊子が紹介されている。本間は、「自由民権の闘士」として俊子を称え、「男女同権」の実現のために闘ったと評価している。そのうえで、「世の常の男女同権論としては余りに複雑なそれ」として、「同胞姉妹に告ぐ」を解説しているのである。

この文章には一九四七年という日付が付けられており、これに「追記」（一九五一年）が付されている。「追記」では「善悪の岐」と「山間の名花」について論じ、「女流作家としての湘烟は「善悪の岐」及び「山間の名花」の二篇によつて、明治廿年代初期の文壇に、一つの色彩を添へてゐる。」というささやかな評価を下した。また、『湘烟日記』について論じ、中島湘煙を正岡子規と比較した。そして、「子規の写生論が、湘烟のそれに比して、はるかに深いところに到達してゐることは改めて云ふまでもない。」と結んだのである。

さらに、本間が監修者に名を連ねている『近代文学研究叢書』第六巻（昭和女子大近代文学研究室一九五七年）では、「中島湘煙」論が冒頭におかれている。

ここでも、「評論家として彼女の名を高めた「同胞姉妹に告ぐ」の一文」（四三頁）という湘煙との繋がりという事実関係と、次のような評価が踏襲されている。

特にこれが女性の手で書かれた恐らく最初の女権論であるという意味において貴重であり、しかも内容的にすぐれており、特にあふれるばかりの情熱をたたえた説得力は読者の胸に迫るものがある。（四五頁）

小説に関しても、従来の評価をほぼ踏襲している。「善悪の岐」に関しては、「以良都女」の評に賛同している。「山間の名花」（「未完」）に関しては、「めさまし草」の「雲中語」は「酷評の限りを尽している」と指摘しながら、ついで、「『花子の歎き』もこの作程度のものである」としている[35]（五一頁）[36]。

この時点で、今日にいたる「岸田俊子」論の定型が成立する。

つまり、①はじめは、演説で「男女同権」を訴え（それを証拠立てるのが論文「同胞姉妹に告ぐ」）、②中島信行との結婚後は、女流作家・評論家として執筆活動をしたというものである。①では、景山英子とともに語られ、②では、文学（なかでも小説）上の位置が問題となり、その評価は概して低い。

時期的には、①は一九二〇年代に注目された評価であり、②は一九三〇年代後半から四〇年代にかけて注目された見方である。

①と②をつなぎ合わせたのが、自由民権時代には男女同権を演説、その後は『女学雑誌』の寄稿

者・名流夫人という見方であり、両者の間をつなぐのが、「同胞姉妹に告ぐ」である。これは、宮仕えから「一変して自由民権の思想に走り男女同権論を高唱」し、結婚後は「専ら内助の功」にとどまった（中川一男『日本女性史論』）に、「『女学雑誌』の熱心な寄稿者」（神崎清）、「同胞姉妹に告ぐ」の筆者（本間久雄）を加えたものにあたる。そしてこれが、敗戦直後一気に広まり、定説となった見方なのである。

5 「女性史」における景山英子・岸田俊子

『研究評論　歴史教育』「女性史研究」号――民族の物語への女性の動員手段としての「女性史」と、そこへの批判派の参加

本間久雄の『婦人問題（その思想的根拠）』（一九四七年七月）と対照的に、住谷悦治（一八九五―一九八七）による『自由民権女性先駆者――楠瀬喜多子、岸田俊子、景山英子』（文星堂、一九四八年二月）には、「同胞姉妹に告ぐ」への言及はない。

すでに住谷は、改造文庫の福田英子『妾の半生涯』（一九三七年二月）の「解説　景山英子について」で、「自由民権運動の女政客として有名であった岸田俊子女史」（一七四頁）について、景山英子との関わりで触れている。

同じ年、この改造文庫から引用しながら、小此木真三郎が、『研究評論　歴史教育』六月特輯号「女性史研究」（一九三七年六月）に「自由民権と婦人」を執筆し、そこで主に景山英子に関して論じ、

岸田俊子の岡山来訪についても触れた（三六五頁）。この文章は、「死せる我が景山英子」[37]を掲げて、次のように結ばれている。

英子の婦人解放への熱烈な志向は、その後明治三十年代以降の近代的労働運動によつてうけつがれ発展せしめられつゝ、今我が国婦人大衆のうちに生きてゐる。嘗つて英子を闘争にかり立つたところのものが依然存する現在、死せる我が景山英子は、なほ生きて、日本婦人の自由と幸福への道を指示しつゝある。[38]

『研究評論　歴史教育』は、「歴史教育研究会」（東京）が編集・発行する月刊誌（四海書房）である。「主幹」は、中山久四郎（東京文理大学教授）である。表紙の裏には、「歴史教育研究会評議員及賛助員」のリストが掲げられ、「顧問」に、徳富猪一郎（蘇峰）と三上参次、「評議員及賛助員」に、東京帝国大学を中心とする歴史学者等百名余が名を連ねている。すべて男性であり、秋山謙蔵・折口信夫・黒板勝美・白鳥庫吉・辻善之助・津田左右吉・西田直二郎・平泉澄・龍粛の名もみえる。同誌は、歴史学者を主な執筆者としながら、同時に、国民の歴史教育をめざすものである。そもそも、国史の重鎮・三上参次[39]（一八六五―一九三九）は、学問研究と国民教育の間に矛盾がある（わけても、学問研究と南朝正統論・神武即位年等と間に矛盾がある）[40]から分離が必要であると説いていたが[41]、その上で、このように、学問研究と教育現場を統合する場が設けられていたのである。なお、三上は、『研究評論　歴史教育』の「評議員及賛助員」の一人であったが、第九巻第一号（一九三四年四月）より、あらたに登場した徳富猪一郎とともに「顧問」として掲げられた。三上亡き後は、辻善之助が「顧問」の地位を引き継いでいる。

その「女性史研究」号では、「総説」「各説」——執筆者二一名は全員男性——につづいて「教育」の欄に、三人の現場教員の論考が置かれている。内藤智秀（東京女子高等師範学校教授）の「女子と歴史教育」、竹田菊（山脇高等女学校教諭）[42]の「高等女学校における歴史教授」、新納百合子（東京女子高等師範学校訓導）の「小学校女児の国史教育」である。

これらは、「去る三月二十七日文部省から新に制定公布された中等学校歴史科教授要目」で、高等女学校における「高学年では特に女性に関する史実を重んじ女性が社会・国家の進展に如何に貢献せしかを知らしむると共に、現代の状勢を考察せしめ日本婦人たる思想態度に就き深甚なる覚悟を促すべし[43]」と述べている（内藤智秀。同書四一八頁）ことを受けて書かれたものである。

同時に、「思潮　女性史と歴史教育」欄では、「中川生[44]」が次のように書いている。

ある尋常小学の六年生に「明治三十七八年戦役」を教えるところをみたことがある。教師は「旅順・遼陽・奉天の大会戦と話してゆきながら、壮烈な戦況や日本軍大勝利の気分を十分味はせて、子供に大きな感銘を与へた」が、「それぢや、かうした場合、君たちはどうする」という質問に、男子はともかく、女子は、「女ですから、私は戦争にゆけません」と答えるのみであった。

思ふに戦争とは男子の戦争であつて、女子の戦争ではない。けれども戦争が戦場での戦争のみではなくて国と国との戦であり国民と国民の戦であるとするなら、戦線に活躍する勇士の背後に国民全体の力が働らき、そこにまた銃後の花の偉大な活躍を閑却することは出来ないであらう。〔中略〕殊に女生徒に対しては偉大なる大勝利の影に働らく婦人の力と活躍とを十分説明し理解せしめてやらねばならぬ。さうすることによつてこそ、今後の非常時に際して婦人もまた如何に働らき、如何に御奉公し得るかを明らかにすることが出来るのである。〔後略〕(四二九〜四三〇頁)

そして、「私はこの精神〔「高等女学校歴史教授要目」にある精神——引用者注〕が女学校に於ける高学年のみならず高等小学の女子には勿論、尋常科の女子にも適用さるべきものであると考へざるを得ない」とする。

こうした『研究評論　歴史教育』とその「女性史研究」特集号の性格、さらに、そこへの小此木真三郎の「自由民権と婦人」論や、井上清(維新史料編輯局)の「近世農民社会の女性」論の登場をいったいどうとらえたらよいのだろうか。

まず、「女性史研究」特集号であるが、文部省による教授要目の制定を受けて、総動員の重点目標である女性の動員に向け、女子・女児へ歴史教育を強化するという観点から「女性史」に着目したものであると言える。いうなれば、〝民族の物語〟に女性を巻き込むことをめざしているのである。「女性史」は、時の大勢に異議申し立てする企てであるということが(敗戦・占領期以後)暗黙の前提とされる傾向があるが、じつは、このように、戦争への女性の動員という観点から、この時期に本格的に注目を浴びたのである。

次に、ここへの小此木や井上の参加をどう見るかであるが、「死せる我が景山英子は、なほ生きて」という小此木の語りにより、景山の物語(『妾の半生涯』)は、いわば、この「非常時」歴史学(総動員をめざす歴史学）の一角に参入したと言えるのではないだろうか――ただし、同時に、「日本婦人の自由と幸福への道」と明示しながら。

岸田俊子の「同胞姉妹に告ぐ」

さて、以上のような住谷による『妾の半生涯』の「解題」、及び、小此木の「自由民権と婦人」において、「同胞姉妹に告ぐ」への言及はない。

敗戦後の『自由民権女性先駆者』で、住谷は、相馬黒光の『明治初期の三女性』（一九四〇年）をうけて、次のようにまとめている。

> 女史が婦人の先駆者として、女権拡張論者として、政論家として、ことに雄弁家として各地を遊説してあるき、聴衆を熱狂せしめたといふことのほか、詩文、書画、俳句など芸文の道に行くところとして可ならざることのない才色兼備の麗人であつたことは、まさに絢爛たる明治文化に、一つの美しい花を添へたものであつたと言つてよいであらう[45]

ただし、ただ一点、俊子が商才に富んでいて富を増やしたのはいただけないと、不満をもらす[46]。その口ぶりからは、住谷が俊子を評価しつつも、結婚後の「商才」に反発していることが窺える。

ついで翌年には、住谷悦治・絲屋寿雄・村田静子の「解題」による福田英子『妾の半生涯』（実業之日本社、一九四九年一月）刊行された。住谷悦治・絲屋寿雄による「解題」として、改造文庫版と同文のものが両者の名前で掲載されている。

以上のように、『妾の半生涯』刊行に際しての「解題」で岸田俊子に触れるにあたって、「同胞姉妹に告ぐ」が岸田俊子によるものだとされてはいないのである。

ところが、この十年後、村田静子は『福田英子』（岩波新書、一九五九年）では、「岸田俊子来る」の項で、俊子の演説内容を、「二年後に俊子が書いた「同胞姉妹に告ぐ」」に基づいて慎重な言葉で推測している。

岡山では二日とも聴衆は超満員、俊子は、「岡山県女子に告ぐ」などの演題で、「女権拡張」を主張した。英子は、生まれてはじめての感激をこめてその演説にききいった。その内容を、具体的にしるしたものはないが、二年後に俊子が書いた「同胞姉妹に告ぐ」（『自由燈』明治十七・五・十八より連載）を参考にするとつぎのような主張だったと思う。

我が国では、昔から男尊女卑の悪習慣がある。人間世界は男女が協力して社会をつくるものである。だから社会の改良、人間の進歩をはかるためには男女同権がぜひとも必要である。西洋でも、婦人参政権を得るために議員に建言する運動もおこなわれ、遠からず同権を獲得するであろう。(47)

前年には、山川菊栄が、「日本ではじめて婦人自身によって行われた男女同権論」として、岸田俊子の「同胞姉妹に告ぐ」について論じている(48)（「明治初期の男女同権論者」、「母親のための婦人運動史」第五回、『婦人指導者』一九五八年一月号）。

さらに、絲屋寿雄が、『女性解放の先駆者たち――中島俊子と福田英子』（清水書院、一九七五年）で、俊子の「同胞姉妹に告ぐ」について論じる。

こうして本間久雄の『婦人問題（その思想的根拠）』（一九四七年）から爆発的に始まった「岸田俊子の「同胞姉妹に告ぐ」」説に対して、反対する者・疑問を呈する者は存在しなくなるのである。

5　「転向」する岸田俊子

村田静子の『福田英子』刊行の前年には、景山英子の『妾の半生涯』の新版（岩波文庫、一九五八年）が刊行されている。「解説」を書いた絲屋寿雄は、景山の生涯を、「男尊女卑の旧道徳に反抗し、男女同権、婦人の経済的独立、婦人の参政権のために戦い、晩年は社会主義者として、婦人の資本主義よりの解放のために戦った近代女性の先覚者である。(49)」と位置づけている。

だが、ことは、それにおさまらない。

先行研究も指摘するように(50)、景山英子との対比で、つまり、景山に肩入れする形で、岸田俊子の「転向」がとりざたされるのである。

それを先導したのは、井上清の『日本女性史』（一九四九年）である。「景山英子」の項に次の一文がある。

英子の先輩岸田俊子もいまではこのような衆議院の議長閣下の夫人、あるいはイタリア公使の夫人、男爵夫人としておさまりかえつていた。俊子ばかりではない。思えば世の男女同権論もたいてい上流階級のための議論で、三子をかかえた無一文の未亡人をはげますものではなかつた。しかもその女権論者も政治上にはすでに専制政府にしたがつている。一方では教育勅語を聖典とする国粋主義、すなわち封建主義の女性および人民あつぱくは年年さかんになるのに、このような専制主義とてつてい的にたたかわない上流の人が、果してさいごまで婦人の友であろうか。(51)

ちなみに、英子の項は、次のように結ばれている。

そのとき四十歳に近い景山英子ははつきり知つた。自由民権のためにさいごまでたたかい、女性の解放をなしとげるものは、ただ男対女という対立にとらわれるものではなく、社会の根本の対立を解決し、全民衆とともに女性をも社会的に解放するものでなくてはならないことを。〔中略〕このようにして英子は「先に政権の独占をいきどおりて民権自由のさけびに狂せしわらわは、いまは赤心資本の独占に抗す」る社会主義者となつていつた。それは日本の近代史のあやまりない歴史的進歩の方向であつた。(妾の半生涯)

つまり、井上は、「同胞姉妹に告ぐ」を「日本の女性自身が男女同権を主張した最初の論文」として称賛したのと同時に、景山に乗り移って、岸田俊子の転向を示唆したのである。「ただ男対女という対立にとらわれるものではなく、」社会主義者となっていく景山英子に対し、岸田俊子は、憲法発布後、夫中島信行が衆議院議長になり、その夫人(さらにイタリア公使夫人・男爵夫人)となった、こうした「階級」それ自体が問題なのだと、転向を示唆した。

じつは、もっとはっきりと、「岸田俊子は人民大衆を裏切って上流社会に組したのです。」と弾劾する声もある。小泉譲『文学的女性論――女性の恋愛と生活の歴史』（朱雀社、一九五九年）である。

女性革命家の代表的人物であった岸田俊子もその例に洩れないものの一人です。岸田俊子という女性は、女性解放運動家として最も早くから実践活動に参加して活躍した先駆者であります。自由民権、男女同権を主張して全国を遊説し、婦人政治家としての面目を大いに発揮し、若い女性にすくなからぬ影響を与えました。だが、同じ思想の持ち主だった政治家の中島信行と恋愛結婚し、後年、中島信行が代議士となり、国会議長あるいは外交官となって特権階級に組するようになりますと、彼女もまた上流婦人としての生活者になってしまいました。弾圧の苦渋に堪えられず、御用政治家に転向し、地位と金に恵まれてみると、そういう妥協の生活の坐り心地のよさに酔うのも、また、人情かもしれません。お宮は愛人間貫一を一応裏切って金持の座につきましたが、岸田俊子は人民大衆を裏切って上流社会に組したのです。だからといって彼女の初期の活動の意義は決して無意味だったとは言えません。というのは、岸田俊子の影響をうけた多くの女性運動家の中から景山英子のような秀れた革命家が誕生しているからです。(52)

小泉にも、信行との結婚を理由に岸田俊子を「転向」者の列に加えることによって、景山英子を引き立てようという姿勢がみえる。

井上清のこの一文は、『新版　日本女性史』（三一書房、一九六七年）にも引き続き入れられている。(53)
ついで、絲屋寿雄（一九〇八―一九九七）が、『女性解放の先駆者たち――中島俊子と福田英子』（一九七五年）において、「福田英子」の章の冒頭におかれた「中島俊子と福田英子」の項で、俊子の「順境」を問題にした。

同じように自由民権運動に参加した俊子と英子ですが、国会開設を境に、衆議院議長、イタリア公使、貴族院議員、男爵となった中島信行を終生の伴侶として、精神的には幸福な生涯を送って三十九歳の若さで夭折した俊子の場合は、大井憲太郎との間に一子を設けてから離婚し、再婚した福田友作には三児を遺して先立たれ、貧窮の中に志を曲げず社会主義運動に身を投じていった英子の場合と比較すれば、まだまだ順境の生涯であったといえましょう。〔中略〕

もちろん、中島俊子には、中島俊子の信念があり、生き方があったのであり、後半生を順境の中に送ったからといって、俊子の生涯を価値なしというのは誤りでしょう。しかし、英子の場合は、俊子がまだ考えてもみなかった資本主義の社会に戦いを挑んだという点で、俊子の場合より、二歩も三歩も歴史的に進んだところでその生涯を終えたことも事実です。それだけに英子の六三年の生涯から、読者はより身近な歴史的教訓を学ぶことができるのではないでしょうか。(54)

また、ひろたまさきは、「文明開化と女性解放論」(女性史総合研究会編『日本女性史』第四巻近代〔東京大学出版会、一九八二年〕)で、「同胞姉妹に告ぐ」を称賛する一方で、俊子は「男尊女卑批判はきびしかったが、女性の自立については観念的で具体的方策を提示しえ」なかったとした。

岸田俊子は八二年から女性啓蒙の演説活動を始めるが、その「同胞姉妹に告ぐ」(八四年)は、女流民権家の声を代弁するものであった。彼女はそこで従来の男尊女卑観を次々に論破し、「嗚呼世の男らよ、汝等は口を開きぬれば改進と云ひ改革と云ふにあらずや、何とて独りこの同権の一点においては旧慣を慕ひぬるや、俗流のまゝに従ひぬるや」と男性民権家にも批判の鉾先をむけ、「我が親しく愛しき妹よ旧弊を改め習慣を破りて彼の心なき男らの迷ひの夢を打破り玉へや」とよびかけたのであった。しかし、彼女は男尊女卑批判はきびしかったが、女性の自立については観念的で具体的方策を提示しえず、女性の社会的活動のイメージは展開しなかった。この八四年は激化事件が続発し自由党の解党する年であった。彼女も、官憲の弾圧もあってこの年以降演説活動をやめ、中島信行と結婚する。〔中略〕彼女〔景山英子——引用者注〕は自立の道を模索していくことになるだろう。(55)

以上のように、敗戦後、「岸田俊子の「同胞姉妹に告ぐ」」を前提にし、称賛したうえで、信行との結婚後の「転向」「順境」〝限界〟が論じられたのである。その背景には、『妾の半生涯』発表以来、改造文庫、さらにそれを引用した「自由民権と婦人」論文(『研究評論　歴史教育』「女性史研究」特集号)と連綿と引き継がれてきた、景山英子の語りと学者のそれへの乗り移り(56)がある。

さて、信行との結婚を理由にしたこうした非難も、また、岸田俊子にとっては目新しいものではなかったようだ。

「山間の名花」(一八八九年)には、元の女弟子がうち揃って訪ねてきて、「中にも尤も年長じたる田中美香」が意を決して次のように告げる場面がある。

高園様とご配偶遊ばしてからは誰一人よく申す者はなくなりましてねェ昔しこそは大層評判したがあの芳子が今日の有様を見よ己れさへ面白ければ他人の事はどうでもいゝと言わぬばかりぢや。流石婦人だけあつて飄々として拠るべき地なきときは已むことなく国事に奔走すれど三間の茅屋でも巣を搆てはもう夫切《それき》りだなど口を極めて誹謗するものも沢山あります。

これに対して主人公は、次のように応えるのである。

元来我が国の有様は人情極めて浮薄だから人を毀《そし》るも賞《ほむ》るも己が真心より出ないで他人の説や噂さに因りて軽々に触巡《ふれま》はすのだからその評判も格別意を措く程のこともないさ……〔中略〕十年や廿年に望み通りになる訳にもゆかない。漸次《しだい》に進むより仕方がないと諦めたのよけれども旧志を棄て安楽のみを偸《ぬす》むという訳でもない。たゞ口にいはないと挙動に呈《あら》はさないとの差《ちが》ひこそあれ、矢張昔しの芳子よ。[57]（選集③165～166）

第二部　湘煙からいてうへ——女子教育をめぐる攻防

第七章　良妻賢母教育・良妻賢母主義の成立

明治初年の文明開化期に、文部省布達「女学校入門之心得」をもって官立の「女学校」が開校し（一八七二〔明治五〕年二月）、袴の着用が認められた。すると、髪型・袴着用・歩幅やしぐさ等と、漢学・洋学等への参入を一緒にした、非難合戦が巻き起こったのである。同時に、和文・和歌、着物が、「女」らしいとあらためて称揚された。

全国的には、教育令（一八七九〔明治十二〕年）で男女別学の大原則が明記されると、中学校に在籍する女子の数は急降下し、一八八三年にはわずか七名、翌一八八四〔明治十七〕年には皆無になった。さらに、男子を対象に中学校令（一八八六年）・帝国大学令〔同年〕が出された。他方で、同年、官立の東京高等女学校が開校するが、文部大臣・森有礼の暗殺を機に頓挫し、同校は廃校になり、創立された女子高等師範学校の付属校として組み込まれた。

こうして明治二三年の国会開設を迎えることになる。

振り返ってみれば、女子を改めて閉め出して、男子を構成員として中高等教育体制をつくりあげる――教育令（一八七九年）・中学校令（一八八六年）・帝国大学令（同年）――という動きと、女子を参政権（選挙権・被選挙権）から改めて閉め出して、男子を構成員として政治制度をつくりあげる――区町村会法改正（一八八四年）・市制及町村制（一八八八年施行）・郡制・府県制（一八九〇年公布）・衆議院議員選挙法（一八八九年公布）――という動きは、歩調を合わせ進んだことになる。

やがて、「高等女学校」という名称が中学校令の改正（一八九一年十二月）で入れられ（中学校令十四条）、さらに、高等女学校規程公布（一八九五〔明治二八〕年一月。文部省令第一号）、高等女学校令公布（一八九九〔明治三二〕年二月。勅令第三一号）、同施行規則の制定（一九〇一〔明治三四〕年三月）により、女子の中等教育が整備されていく。ただし、それは、「良妻賢母」、つまり、（よい）妻・母をつくるためのもの、言い換えれば、あくまで、結婚して（男子の）妻・母になるためのものであり、そのための教育であると位置づけられていたのである。

すでに都会ではキリスト教系の私学が林立し、明治女学校では、英語を軸に比較的自由で高度な教育が行われていた。その中で、公の制度としての女子中等教育が、（男子の）妻・母をつくるためのものとして設計され、実行に移され、やがてヘゲモニーをとっていくのである。

1　高等女学校令と「良妻賢母」教育

「男女の別」

女子の中等教育を立案・着手を主導したのは、井上毅《こわし》（一八四四―一八九五）である。井上は、伊藤博文の懐刀として憲法の起草・制定、さらに、教育勅語の起草・制定にあたった法務官僚である。「高等女学校」に関するはじめての独立した規程である「高等女学校規程」は、官公立女学校設立の一般基準の確立に一歩踏み出したものであるが、同時に、「本令ニ依《よ》ラサル学校ハ高等女学校ト称スルコトヲ得ス」（第十一条）〔従来どおり「女学校」と称する〕と、林立する私立女学校に対して差別化戦略を採るものであった。

なお、同規程は、井上の文相辞任後に公布されたものであるが、井上が在任中に準備着手・立案したものを、体調悪化による辞任後にほとんど修正なしに公布したものである。(1)

そもそも、井上は、教育勅語と、その中の「夫婦相和シ」の策定に深く関わっていた。そして、勅語発布（一八九〇年十月三〇日）後には、「相和シ」に関する自分の解釈は「陰陽」の和合であると明らかにしていた。すなわち、新聞『日本』（十一月七日）に「倫理と生理学との関係」（匿名）を発表した。「夫婦の道は二人相集りて一の和合の作用を為すものなり、一陰一陽一剛一柔にして、天地の妙用存し、子孫育はる……」、すなわち、「夫婦相和シ」とは、たんに「仲良く」という意味ではなく、「一陰一陽一剛一柔」という、相反するものの「和合」であると解説したのである。さらに、男女は、「一は外を治め他は内を治むるに適当なるの固有の性能」をもつとし、「故に〔中略〕女子に政権を有せしめざるは各国の同き所に非ず乎」と、女性の「政権」からの排除を普遍的な真理として主張していたのである。(2)

勅語の文言の解釈は、ドイツ留学から帰国したばかりの帝国大学教授・井上哲次郎（一八五五―一九四四）に委嘱された。そして、哲次郎は、『勅語衍義《えんぎ》』（井上哲次郎著。事実上公定の解釈書(3)）において、「夫婦相和シ」とは、夫への妻の「服従」を意味すると解し、また、従来の「男は外を務め女は内を治む」という標語を「分業」という言葉で引き継いだのである。(4)

井上毅は、また、集会及政社法の策定にも深く関わっていた。勅語の起草過程と並行して、第一回衆議院議員選挙（一八九〇年七月一日）の後に、集会及政社法が公布（七月二五日）された。これにより、女性の政治活動（政社への加入・政談集会傍聴等）は全面的に禁止されたのである。

以上のように、「夫婦有別《べつあり》」（儒教の五倫の一つ）は、たしかに、「夫婦相和シ」（教育勅語）という言葉に変えられたが、その解釈（『勅語衍義』）において、夫への妻の「服従」を意味するとされ、同時に、従来の原則「男は外を務め女は内を治む」は、「分業」という言葉で引き継がれた。他方で、集会及政社法により、女性一般に政治活動が禁じられたのである。つまり、ジェンダーの配置（「男女の別」）が——中国・朝鮮等とは同じではないにせよ——徳川家支配下で（江戸時代に）一応成立したとするならば、徳川家支配の衰退に伴う崩壊傾向に対して、(5)勅語（「夫婦相和シ」）とその衍義、さらに、集会及政社法によって、「男女の別」の再確立が目論まれたと言ってよい。

井上毅は、こうした観点から、女子中等教育のガイドライン（高等女学校規程）の策定に着手したのである。

井上立案の女子中等教育制度の影響は、高等女学校令にまで及んでいる。高等女学校規程と高等女学校令は、異なる点はあるとはいえ、授業内容の点では基本的に連続しているのである。(6)同時に、「本令ニ依《よ》ラサル学校ハ高等女学校ト称スルコトヲ得ス」も引き継がれた（第十八条）。

一九〇一年三月、高等女学校令の施行規則が制定され、いよいよ、女子中等教育の整備が始まった。カリキュラムは、「修身、国語、裁縫」に重きを置き、「外国語、漢文」が男子より少ないものであった。高等女学校令と中学校令の各施行規則（一九〇一年）を比較すれば、女子と男子では、在学年数が一年違う（四年／五年）ばかりでなく、第一学年の週当たり時間数で見れば、修身（二時間／一時間）で女子に「作法」があるほか、外国語（三時間／七時間）に大差があり、外国語の選択肢として女子にはドイツ語がない。女子のカリキュラムには自然・社会科学系が少なく、その代わりに裁縫（四時間）がある。また、「国語六時間」／「国語及び漢文七時間」とあるように、女子は漢文が必修でない。(7)

要するに、中上層の子どもが、中等教育を通じて、漢文と外国語教育などを受けて「男」になり、基本的に受けない（受けてもわずか）で「女」になるのである。女子の中等教育（「良妻賢母」教育）とは、知において、漢文と外国語などの教育機会を男子と同等に与えず、他方で、裁縫や作法を仕込むことを含意する――（男子の）妻・母とするために。

民法と高等女学校令

高等女学校令の公布（一八九九年二月）は、民法「親族編」「相続編」の公布・施行（一八九八年六月・七月）の約半年後でもある。この民法は、一八九〇年公布の民法（いわゆるボアソナード民法）に猛反対する穂積八束《やつか》（一八六〇－一九一二）らによる民法典論争を経て、改めて編纂し直されたものである。

この民法で、「家族制度」を定めたとされる。「親族編」で、「家族」とは、「戸主ノ親族ニシテ其家ニ在ル者及ヒ其配偶者」（第七三二条）と定義され、「居所」を含めて戸主の意に服するものとされた。「其配偶者」、つまり、妻は、法的に無能力であり、また、「夫ノ家ニ入ル」（第七八八条）、（家族として）「其家ノ氏ヲ称ス」（第七四六条）ものとされ、同時に、「子ハ父ノ家ニ入ル」（第七三三条）とされた。

このように、「家族制度」が定められた上で、高等女学校令が公布されたのであるから、そこでめざすべき「妻」「母」とは、この民法と適合的な妻・母ということになる。つまり、よき「妻」とは、法的に無能力で、其家の氏を称し、「子ハ父ノ家ニ入ル」受け皿となる、そういう妻である。よき「母」とは、子の親権はあらかじめ父にあり、庶子は妻の同意なく父の家に入る、そういう母である。結婚しても、自分で男子を生むまでは妻・母として安定した地位が得られるわけではないし、また、「良妻」「賢母」と謳うものの、その権能は極めて低いところに抑えられているのである。

女子の本分

一八九九年二月、高等女学校令が公布された。文相・樺山資紀《かばやますけのり》（一八三七－一九二二）は、四月の地方長官会議で、高等女学校令公布の趣旨を、「中人以上ノ家ニ嫁シ賢母良妻タラシムル」素養を身につけさせることにあると明らかにした(8)。

さらに、一九〇二年一月、桂太郎（第一次）内閣の文相・菊池大麓《だいろく》（一八五五－一九一七）は、大日本婦人教育会で、「男女は互に相補助すべき者で、男子には其本分があり、女子には女子の本分があるから、各自区別を立て丶互に自身の本分を守る様にしていきたいと思ふ」と演説した(9)。

五月の高等女学校長会議では、日本の女子教育の目的は、（よき）妻・母をつくることであり、専門の学問を公に教育する必要はないし、女子の多数の教育は（男子の中学校より低い）高等女学校で終わるものであると演説した。
すなわち、女子にとり結婚が選択肢の一つにすぎないような国もあるが、「日本では此の婦女子と云ふものは、将来結婚して妻になり母になるものであると云ふことは、女子の当然の成り行きであると云ふように極まつて居るのであります」、したがって、「我邦に於ては、女子の職と云ふものは、独立して事を執るのではない、結婚して良妻賢母となると云ふことが将来大多数の仕事であるから、女子教育と云ふものは、此の任に適せしむると云ふことを以て目的とせねばならぬのである」、「即ち専門の学問と云ふものは、女子の独立の助けと云ふことになるけれども、これを公に設ける必要はない」としている。男子の方は、多くは「中学校で得る処の普通教育では足りないので」さらに上の学校へ進むが、（それより低い）高等女学校の方は、「之れを以て女子の多数の教育は終るものである」から、「此点に注意して総ての教育を行て行かねばならぬのである」としたのである。[10]
すでに、文部省作成の『高等女学校用　修身教科書』（一九〇一年三月刊）には、その巻三（第三学年用）に、第一課「夫にかしづくべきこと」第二課「舅姑を敬ふべきこと」とあった。[11] さらに、井上哲次郎著『女子修身教科書』（一九〇四年二月刊、金港堂）が刊行された。哲次郎は、女子修身書を次々と著して、女子の心得を説いていく。

2　「良妻賢母主義」批判

かくして、女子中等教育の「主義」（方針）が画定された。それは、よき妻・母（「良妻賢母」）をつくることである。同時に、女子に高等教育は不要だとされた。

こうした〝教育〟が、「主義」という語尾をつけて論じられるようになるのは、論争の中でである。

巌本善治と『女学雑誌』・明治女学校

女子教育の「主義」を一つに画定することに反対した早い例が、明治女学校校長・巌本善治の「誤易《あやまりやす》き女学論」（『女学雑誌』第四八六号、一八九九年四月二五日）である。

巌本は、『女学雑誌』の編集人・近藤賢三の急逝により第二四号（一八八六年五月）から編集人になった。ついで、木村熊二とともに明治女学校（一八八五年十月開校）の創立者である木村鐙子《とうこ》（一八四八－一八八六）[12]の急逝（一八八六年八月）により、教頭に就任し（翌三月）、やがて、校長となった。つまり、巌本は『女学雑誌』と明治女学校を統括する地位についたのである。

やがて、最先端の女性と新進気鋭の知識人を擁する『女学雑誌』と、近代教育を受けた女性を次々送り出す明治女学校は、「女学」を牽引する両輪となった。明治女学校の校長・巌本の見解は『女学雑誌』で読むことができたし、『女学雑誌』の寄稿家が明治女学校で教えることも（また、学ぶことも）あったのである。

一八九〇年十一月、巌本は、「女学雑誌の改進」を発表する（『女学雑誌』第二四一号、一八九〇年十一月二九日）。清水紫琴（編集）をはじめ、田辺花圃（文芸）・荻野吟子（医学・衛生・看護）・若松しづ（文芸）・吉田伸子（理学）・安藤たね子（訪問記事）・小島きよ子（家政学）、そして、中島俊子（評論）の八人の女性を記者として招聘したのである。また、津田梅子（一八六四－一九二九）を明治女学校の講師に招いた。

さらに、こうした人々が関わる出版社としての女学雑誌社があった。たとえば、星野天知（慎之輔）が、『女学生』（女学雑誌社）の主筆となり（一八九〇年五月）、やがて、平田禿木《とくぼく》（喜一）、戸川秋骨（明三）、島崎藤村（春樹）、馬場孤蝶（勝弥）、戸川残花《ざんか》等と、『文学界』（当初、女学雑誌社）の創刊（一八九三年一月）へ向かった。他方では、常連寄稿家・北村透谷（門太郎）が、『評論』（女学雑誌社）の主筆となった[13]。

一八八九年九月、巌本は、明治女学校に従来の普通科（五年）に加えて、高等科（三年）及び自由科を新設する。卒業生の座談会によると、高等科では、「早稲田の大学だのの本を使つてゐた」、「巌本先生はできるだけ難しいものを教へるといふ主義でした[14]」。自由科には、哲学・数学・独逸語学・比較宗教学・家政学・音楽・画学があり、自由に受講できた。その広告は『女学雑誌』に掲載され、女学雑誌社に勤める清水豊子（紫琴）も、自由科の講義を聴講している[15]。一八九〇年夏、校舎は麴町・下《しも》六番町に移転した。

だが、一八九六（明治二九）年二月五日夜、貸していたパン屋[16]から出火し、明治女学校はあっという間に灰燼に帰したのである。それればかりでなく、巌本の身重の夫人・巌本嘉志子（一八六四－一八九六。かし。若松賤子《しず》）が、この件で病状が悪化し五日後に死亡した。翌年、学校は、巣鴨《すがも》（北豊島郡巣鴨村）庚申塚の深い森の中に再建されるが、女学生が通うことは不可能に近かった。何よりも、バーネットの『小公子』を『女学雑誌』に翻訳連載して絶大な人気を集めていた若松賤子[17]を失ったことは、決定的であった。影響力の急速な低下、生徒数の激減は避けられなかった。

「誤易き女学論」はこうした状況で、論争的に書かれたものである。批判の対象は、①「女子教育の主義を一定せんと云ふもの」、②「女子の本分を予定せんとするもの」、③「女子の本分を家庭とし家庭の事のみを教えんとす」るもの、④「生意気を気にするもの」、⑤「女子に高等の教育を不必要とするもの」、⑥「女子の教育はその身体の発育に害在ありというもの」である。つまり、これは、「良妻賢母」主義に対する全面的な反論である。

①に対しては、「教育の道に精《く》わしからざる」者の「空論」であると断じ、「凡そ教育なるものに何等の主義ありや」と反問する。②に対しては、「女子は斯々《かく〳〵》あるべきもの也と予定し、この予定を標準として一般女性を教育せんとす」るが、「男子は斯々あるべきもの也と一概に予定し、之に向つて万人一律の教育を施こし得べしとする乎」と反問する。③に対しては、「是れ家庭の主婦たるにすら不十分たらしむる拙劣の識見なり」と断じる。④に対しては、「女学生の生意気、教育ある婦人の生意気など唱へて、切《しき》りに攻撃するものは、暫《しば》らく、彼の百姓議員、町人政治家などの昔し一言もお上の事に喙《くちばし》を容《い》るる能《あた》はざりし族《やから》が、方今堂々として国政を議する風采の如何に生意気らしきやに一顧せよ」と反論する。⑤に対しては、「何故に不必要と断言し得る乎」、「其の女なるが故に高等教育を

不要なりと断定し得る全能は、男子如何にして天より得たる」と反問する。⑥に対しては、「殆んど論ずる価値なき論題なり」と断じる。そして、「凡そ如斯《かくのごと》き類は、其の尤《もっ》とも普通にして、尤とも愚なるもの也。尚《な》ほ其の複雑なるものに就て、他日次第に論ぜん」と閉じる。

だが、この後、『女学雑誌』第五〇八号（一九〇〇年三月）が、足尾銅山に関する田中正造の「鉱毒文学」掲載を理由に発禁となり、巌本も、新聞紙条例違反で告訴される。その後は、『女学雑誌』の発行自体が途絶えがちになる。

それでも、第五一六号（一九〇三年六月二五日）では、社説「誰か女学を隆盛なりと言ふ」を掲げ、もし、新設女学校の増加・女学生数の増加・婦女雑誌の部数の増大等をもってするなら、女学は「隆盛」と言えるかもしれないが、その内容は「今の女学と、古《いにしえ》の女学と、何の変革がある。〔中略〕今の女子教育は、依然として古の女子教育なり」、「曰く、賢妻良母、曰く、家庭、庖厨《ほうちゅう》、裁縫と。此等《これら》の事、毫も昔者《せきしゃ》と異ならざる也」と批判した。また、論説「新らしき女学とは何ものぞ」では、「流行《はやり》になびく女子教育者」、「生徒多く、収入多く、商売になると言ひて時めく女子教育者」と、女学校の商業主義に警告を発した。だが、結局、第五二四号をもって発行・編集を青柳有美に譲ったのち、『女学雑誌』は、第五二六号（翌年二月十五日）をもって廃刊となるのである。

追い打ちをかけるように、巌本をめぐる、生徒・教師を巻き込んだ複数の性的関係が明るみに出る。巌本は校長を辞して、校主に退く（一九〇四年四月）。だが、結局、この深い衝撃から立ち直ることはできず、一九〇八年末最後の卒業生四名を送り出して、(18) 明治女学校は廃校になる。つまり、一八九六年からほんの数年にして、全盛を誇った『女学雑誌』と明治女学校は、人々の前から消え去り、しかも、その名声は潰えたのである。[19]

じつは、高等女学校規程公布（一八九五年）から、高等女学校令公布（一八九九年）、同施行規則制定（一九〇一年）直後までの動きと、明治女学校の凋落は軌を一にしている。明治女学校と『女学雑誌』の退場なしに、高等女学校が女子教育のヘゲモニーを握ることは不可能であったに違いない。

「主義としての良妻賢母」批判（『婦女新聞』）

『女学雑誌』の凋落と入れ替わるように、福島四郎（一八七四―一九四五）が『婦女新聞』を創刊した（一九〇〇年五月。週刊）。女子教育を重点的に取り上げ、一面に「訪問」欄をつくり、西村茂樹を筆頭に女子教育の第一人者を次々と訪問し、それぞれの女子教育観を語らせた（西村茂樹、津田梅子、棚橋絢子、三輪田真佐子、成瀬仁蔵、下田歌子など）。

なかでも、七回にわたって登場したのが、立教女学校（築地）校長の本田増次郎[20]（一八六六―一九二五）である（第九九号～第一〇五号）。本田は、「良妻賢母」教育を全面的に批判した。

本田は、まず、「教育を受けた女子が、お転婆とか生意気とか云はれることを非常に恐れる」（第九九号、一九〇二年三月三一日）ことを指摘する。そして、「国民の母であり、国民の半数を占めて居る女性の進歩は、最も大切な事であると唱へておきながら、婦人が少し頭を出したり口を開いたりすると、忽ちお転婆呼《よば》はり生意気呼《よば》はりをするは不道理である」と批判する。また、「国民の半数であり男子の半身である女子が、段々成人して理屈もいひ腕も利かす様になれば結構な事で、生意気呼《よば》はりは甚だ狭い量《ママ》見から出るとしか思はれぬ」（第一〇〇号、四月七日）とも述べる。

嫁入りを一生の最大目的とし、嫁入りの粧飾《そうしょく》として教育するといふ主義を、根本から打破せぬ以上は、女子教育は決して正当の基礎を持たぬ。男子を教育するには、賢父良夫など、いふ事は一言もいはないで、女子だけには賢母良妻の一点張りで押し通さうといふは変である。女子をも矢張一人前の人間国家の一員、世界人類の一人として教育して何の差支《さしつかえ》があるか、男子が志望を立て、身を修め業を励むのがよくば、女子にもそれ相応にやらせてはどうだ。(第一〇一号、四月十四日)

こうした声を追い風に、『婦女新聞』は、「良妻賢母」は女子教育の主義として適当ではないと良妻賢母主義批判を掲げた(社説「主義としての良妻賢母」、第一五九号、一九〇三年五月二五日)。同社説は次のように主張する。①まず、良妻賢母主義を字義の上からみると、結婚することのできない(「病弱或は不具の」)女子は、この主義の下では教育を受けられないことになる、②次に、その精神を観ると、「良妻賢母主義は、男子のために都合よき女子を作るという意を含」んでいる、その人自身のために教育するのでなく、他性のために都合よく教育すること自体、「根本に於てすでに誤りである」、③また、女子教育が良妻賢母主義なら、男子教育は良夫賢父主義になるはずだが、女子だけにそう課すのは男尊女卑の習慣からに他ならない(「女子教育が良妻賢母を作るの主義ならば男子教育は良夫賢父主義ならざるべからず。然るに、男子に対しては彼等自身のための教育を施しながら、独り女子に対しては、男子のために教育を施す如き痕《あと》あるは何故ぞや。是れ全く、男尊女卑の習慣上、女子に男子と同じき人格を認めざる故なり。女子は男子のために此世に存するものと勝手に断定せる故なり。更に明白にいへば、女子は男子よりも劣等のなりと思へるが故なり」)。④「良妻賢母を以て女子教育の理想とせば、今日に於ける女教師の多数は、其品性学問技芸以外不婚者たる一事を以て教員たる資格を失はざるべからず。笑ふべきかな」（番号は筆者）。

さらに、近年は「良妻賢母」は女子教育の主義とするに足りないと唱える人が多くなったにもかかわらず、文部大臣・菊池大麗が良妻賢母主義の旗振りをして以来、大勢が安易にそれに流れつつあると指摘する。そして、（人のためにではなく）女子自身のために教育するように教育者に訴えた。

両三年前女学の勃興につれて、所謂良妻賢母の主義とするに足らざるを唱ふる人多く、確《たしか》に女子教育界に革新の気運を認《みとめ》たりしが、現菊池文部大臣が其《その》勢力ある地位を以て、女子高等師範学校を初め至る処に良妻賢母主義を主張せるため、確信なき〔中略〕女子教育家は、滔々として之に趨《おもむ》き、革新の気運ために一頓挫を来さんとす。〔中略〕／真に女子に対して同情を有する教育家ならば、女子自身のために教育することを忘るべからざる筈なり。

だが、第二八五号（一九〇五年十月二三日）から始まったコラム「女学管見」（芳岳）[21]は、（一）では、「女子教育を軽く見てをる」という題が掲げられている。それは、「近似、女学校教育が非常に盛んになつたにも拘はらず、徒《いたず》らに外観のみを大にして、その実績の挙がらないのは、畢竟一般教育界の人々が、女子教育を軽くしているからである」と始まる。「いかなる人物も、一度《ひとたび》、女子教育界の人となると、一向に研究もしない、努力もしない〔後略〕」、「彼等教育界の人々のいふ処を聞け「女学校の教員は、まるで遊んでゐるやうなものだ、終日生徒を相手に笑つてをればそれですむ〔後略〕」と。あゝ何たる呑気な言ひ分だらう。而も、これを一部の年若い教員の口から聞くのみでなく、校長、教頭といふ程の地位にある人から、よし戯れにもせよ、こんな言草を聞くに至つては実に驚かざるを得ない」、「その衝《しょう》に当る人々が、女子教育をもつてらくな仕事とし、慰み半分にやられては堪つたものではない。こんなことではよし我国に千の高等女学校が設立された所で、根本的修養のある立派な婦人を得ることは出来まいと思ふ」。つまり、女子教育（高等女学校）が盛んにはなったが、空洞化しているという批判である。ただし、（八）では、「教育者は、確固たる主義を胸に持つてをらねばならぬが、生徒に向つてあらはにいはなくてもよい。例へば、その教育主義が賢母良妻主義であつたからとて、あまり多く、生徒の前で母を説き妻を語らなくてもよい」と言うに止める（第二九三号、一九〇五年十二月十八日）。

なお、同じ頃、日露戦争講和条約批准を前にした『婦女新聞』第二八一号（一九〇五年九月二五日）は、社説「戦死者の遺族」で「七万の病戦死者」、この「七万人を中心とした数十万人の不幸者」がいると訴えて、遺族の中には「数人の子女を擁して方途に迷へるものすらあり。之を救ひ之を慰むること、戦後婦人界の最大慈善事業をといはざるべからず」と訴えている。

つまり、高等女学校制度が発展しているにもかかわらず、教育としては形骸化しており、〝食べるため〟の役にも立たないということである。

『婦女新聞』は、また、良妻賢母教育は上流風の教育に他ならず、中流以下の妻には適さないという批判をした。「今の女子教育は賢母良妻主義を以て其の理想とせるが如し」、「女学校出身者は、今の中流（貧富にはあらず）及び夫れ以下の妻たるには適せず。如何となれば余りに上流向に仕上げられたればなり。子を負うて洗濯をし、裁縫《おはり》をし、内職することを好まず」と分析し、「中流の男子」

の伴侶となるべき教育をするように要求した（けふのや「女房学校」、『婦女新聞』第三五二号、一九〇七年二月四日[22]）。

また、『六合雑誌《りくごう》』は、よき妻・母（「良妻賢母」）というが、①結婚できなかったら②（結婚しても）子が生まれなかったら③（結婚できて・子どもができても）夫が死んだら、どうするのかと、疑問と批判を出している（羽仁吉一[23]「時代と婦人」、『六合雑誌』同年八月一日）。

このように、妻・母の予備軍として――「中人以上ノ家ニ嫁シ賢母良妻タラシムル」ために――一律に教育することのリスクは大きく、結局、そのツケは学生の側にかかってくるのである。高等女学校がようやく軌道に乗り始めて数年後には、日露戦争で十万を越す兵士の死者（戦死・病死）を出し、生活苦が多くの人々を襲った。「良妻賢母」教育は、「夫」を前提にするわけであるが、肝心の「夫」が帰らぬまま、あるいは、傷病兵となって戻って来るのである。いったい、一家、子供や親の面倒は誰がみるというのだろうか――たとえ、「中人以上ノ家」を対象としていたとしても。[24]そして、また、「中人以上ノ家」の娘でなければ、中等教育は不要ということになるのだろうか。そもそも、女子を、本人のためにではなく、「人のために」（妻・母となるべく）教育する正当性はどこにあるのか、という問題でもある。

さらに、女子を教育することが――男子の場合同様に――国力を増大させ、国運を開く道にほかならないという主張も、（男性の女子教育家を中心に）根強く存在していた。

以上のように、すでに様々な疑問・批判が出されていた。「良妻賢母主義」――女子中等教育の主義（方針）を、（よき）妻・母をつくることにおくこと――のもつ矛盾、それが引き起こす諸問題は、

（見方によっては）明白であった。

3 「良妻賢母主義」の擁護

こうした批判の一方で、現状のままでよい、という反論もあった。

加藤弘之の談話（「女子教育の主義方針」）

その代表的なものが、『教育学術界』（一九〇五年。第十一巻第四号）に掲載された、加藤弘之（一八三六－一九一六）の談話「女子教育の主義方針」である。加藤は、天皇の侍講や東京帝国大学初代綜理を歴任した重鎮である。

談話全体の趣旨は、①「良妻賢母」の育成を女子教育の目的とするのは、元来、間違っている。目的は、男子の教育同様、人として完全の発達を遂げさせることにあるべきである、②だが、「志操軽薄のハイカラが出来るやうでは実に困る」、また、ドイツの学者は、「女子を男子と同様に専門の高等教育を施すことゝすれば、女子の体質が甚だ弱くなり、且つ妊娠が出来かねるやうになる、又たとひ妊娠しても其子が弱いといふ結果になると論じて居る。是は正しい見方であると思ふ」。③それゆえ、我が国の現状では、「賢母良妻主義」を標榜することによって「丁度よい処へ行くと思ふ」、というものである。

談話は次のように始まる。

我が国の女子教育の主義方針としては今の処実際には良妻賢母主義が適当であろうと思ふ。けれども元来之を教育の目的とするといふのは間違ッた事である。何故かといふに、賢母良妻主義といふのは夫をして内顧の憂無からしめ、子女の教育監護を良くするやうに教育するといふ事で、つまり夫や子の手段となるのである、〔中略〕女子教育の目的を良妻賢母にありとするならば、男子の教育は良夫賢父主義でならねばならぬ事になるが、男子の教育に関しては其様な事は云はないで、人として完全の発達を遂げしむるに在りとしてをる。〔中略〕故に女子教育本来の目的としては、矢張、人として智徳体とも完全なる発達を為さしむといふに在るべきものであると思ふ。

このように滔々と述べた上で、ただし、「文化の度未だ欧米程に達せず、女子教育の目的について兎角動揺の嫌ある今日の日本に於ては、良妻賢母主義に依ツて凡ての教育の施設をなして丁度適当の効果を見るであらうと思ふのであります」、あるいは、また、「但現今の我国に於ては右主義の実行上適当の結果を得んには良妻賢母主義を標榜して、丁度よい処へ行くと思ふのである」と繰り返す。要するに、原則としては間違っているが、日本の現状ではこれが「丁度よい」結果をもたらすという、(ご都合主義の) 理屈である。

なお、加藤とは逆に、良妻賢母主義は「日本だけのものではない」という反論もあった。寺田勇吉は「高い学問と低い手」(『女学世界』一九〇七年十一月) で、「例の良妻賢母主義を以て、日本特有のものの如く思つて居る人も鮮くない様だが、之は独り我国のみに限らず、西洋でも独逸や英国の家庭では、主義と名づけぬまでも、矢張りこれと能く似た美風が行なわれて居る」と主張している。(25)

井上哲次郎の女子修身書（『女子修身教科書』上級用）

井上哲次郎は、『女子修身教科書』上級用（一九〇七年十一月刊、金港堂）で、女子は良妻賢母になることを目的とすべきであると臆面もなく主張する。[26]

女子は如何なる事を以て其の一生の目的となすべきか。広く言ふときは、男子と同じく人格の修養発展にありと謂はざるべからず。然れども〔中略〕／男子は社会の各方面に活動して事業を成し、而して其の間に人格の発展を期するを得べし、然るに女子は是と異なり、大抵皆人の妻となり、夫を助けて一家を治め、又其の子女を教養せざるべからざるものにして、女子は是等の本務を行ひて、始めて其の人格の発展を期するを得べし。即ち女子は良妻賢母たるを以て其の目的となさざるべからず。良妻とは、夫に対して貞節を尽し、舅姑に対して柔順を旨とし、〔中略〕良妻賢母たるは即ち女子の人格を全うする所以なり。[27]

つまり、「男子は社会の各方面に活動して事業を成」す、「女子は是と異なり」「夫を助けて一家を治め、又其の子女を」教育すると、男女の「業を分ち」、それぞれに合わせて「人格の発展」を期することができるとする、すなわち、女子に関しては、妻・母であることこそ、人格を発展させる道であると説くのである。[28]

続けて、良妻賢母主義の批判者を「女子の本文を辨《わきま》へざる」者と非難する。

近来女子問題に就て説を立つるものあり、動《やや》もすれば良妻賢母主義を非難して固陋の説なりと云ふ。然れども其の言ふ所を考ふるに、一種奇矯の論に過ぎずして、決して道徳上穏健なる説と看做すべからず。何となれば〔中略〕結婚は必ず避くべからざる事にして、已に結婚の必要なる以上は、女子は良妻賢母たることを措いて其の人格を発展すべき所なければなり。

されば、女子にして結婚を忌み、自活の道を求めて独身生活を送らんとするが如きは、或る例外を除き、女子の本分を辨《わきま》へざる謬見と謂ふべく、結婚を必要として、尚且良妻賢母主義を非難するは、社会の実情に通ぜさる迂論と謂ふべし。

以上のような言説、なかでも、加藤の談話や井上の教科書にみられるような「良妻賢母主義」擁護の議論は、概して、熱心に説得し、相手にわかるように説明するという姿勢に欠けている。現状のままでよいという開き直りの観がある。それは、「良妻賢母」問題が教育問題にとどまらないこと、「国体」「家族制度」に関わるものとして、さらに上のレベルで決定がなされていること、同時に、批判は論外とされていることを示唆している。(29)

4 一般紙での議論と「新しき女」の登場

一般紙での「良妻賢母主義」をめぐる議論

おそらく、こうしたことと関係して、一般紙で「良妻賢母主義」という言葉が出てくるのは遅い。(30)

一九一〇年（明治四三年）頃になってからである。すでに、平塚明子《はる》という女性の登場があり（一九〇八年三月。森田草平との失踪事件）、つづいて、ヒロインに明子を匂わせる一連の新聞小説——夏目漱石の「三四郎」（東西『朝日』同年九月〜十二月）、森田草平の「煤煙」（『東京朝日』翌一九〇九年一月〜五月）——が世間の耳目を集めていた。

「良妻賢母主義」という言葉を『東京朝日』と『読売』にあたれば、次のようになる。(31)

『東京朝日』の随想「現代人の疲労（四）」（一九一〇年七月三一日）では、「〔前略〕其処《そこ》で女も考へた。通り一遍の良妻賢母主義では中々男の御意に召さねえと決まれば、勢ひ女は其存在の必要上種々の芸当をやらなければならねえことに為つて来る」とある。次に、『読売』の西山拙治「呪はれたる女子教育」の筆者に答ふ」（一九一一年五月四日）では、「余が偏狭な良妻賢母が良夫を慰藉する能力を持たないと述べた」のに対して「今の世に箱入娘教育——消極的の偏狭なる良妻賢母主義の女子教育——」はあらじ、という反応が返って来たとある。なお、西山は、自分は「良妻賢母主義を排するに非ずして余の排せんとするは偏狭な良妻賢母主義にある」と念を押している。

ここで、「良妻賢母主義」という言葉は、「通り一遍の良妻賢母主義」、「消極的の偏狭な良妻賢母主義」という否定的な含意で使われている（ただし、否定的な形容詞を付けることによって、「良妻賢母主義」を批判しているわけではないという逃げ道が用意されている）。同時に、「貞淑」なだけの妻では不満である、「芸当」のできる「良妻」が必要だという、揶揄的なニュアンスがある。つまり、良妻賢母主義を批判しつつ、女性を揶揄しているのである。

「新しき女」の登場

これが真剣な議論の対象になるのは、「新しい女」の足音が聞こえてきた時である。

一九一〇年夏、坪内逍遥が、「近世劇に見えたる新しき女」という演題で西洋演劇に登場した新しいヒロインについて一連の講演をした。(32) イプセン（『人形の家』）のノラ、ズーダーマン（『故郷』）のマグダ、ショー（『ウォーレン夫人の職業』）のヴィヴィーなどである。(33)

一九一一年五月十八日、『東京朝日』で、森田草平の「自叙伝」（第十八回）が掲載されている面（六面）の下方で、「皓天生《こうてん》」による「新しき女」の連載が始まる。

第一回は、「婦人問題の大勢」と題して、米国カンザス州や英国ウェールズ州で女性市長が誕生したこと、「一家の主たる婦人に議員選挙権を付与する」議案が、英国で審議中であること等を伝え、最後に、「世界に於る婦人運動の大勢は今や何人《なんぴと》も阻止す可らず」と結論づける。そして、「是を之れフエミニズムと言ふ（皓天生）」と閉じて、第二回（五月十九日）は、「フエミニズム」の説明に入る。この言葉が、フランスの社会主義者フーリエに由来するとみられること等を解説し、最後に、「骰子《さい》は既に投ぜられたり、一派起りて万波従ふ、今や婦人運動の燎原の火は遂に天下を焼かざれば止まざらんとす」と結論づける。

「新しき女」の第三回（五月二一日）は、「婦人問題の由来」を説く。

同日、「自叙伝」では、「あの女」のために草平がもだえ苦しんでいる。

あゝ、ヒポクリツトか、コーケツトか、抑又《そもそも》パツシヨ子エト、フレンヂイに悩まされながら生きて居る女なのか。恐らくはその皆なであらう。
私はあの女の上に戯曲を書いた。〔中略〕
併《しか》しあの女に云はせたら――
あの女のために、あの女の考えて居る通りな、あの女の本当の役を書いて呉れたものは、未だ一人も無いのであらう。私はあの女の為にあの女の役を書いた。それが本来あの女のものでは無かつたのか。
どうも左様《さよう》は思はれぬ――左様は思ひたくない。〔中略〕
併《しか》し――〔中略〕併し未《ま》だ一幕あるべき女だ。これ限《ぎ》りに成る女ぢやない。

「自叙伝」の第五五回（六月二五日）には、「あの女からの手紙」（七月八日付）が掲載されている。「〔前略〕左様いたさねば、私は手足さへ動かす自由もない。目下、私の境遇の窮屈さ加減は、とてもとても貴方が想像して下さる様なものぢやない」とある。母親が心配のあまりつきまとっているという訴えである。

同日の「新しき女」（第二三回）は、「疑問の女子教育」と題する。そもそも、「娘を何《ど》う教育したらよからうか」とは親心の一致するところであるとして、さて、女子教育の方針をみると、「所謂《いわゆる》良妻賢母主義といふのがある、然も此良妻賢母の内容たる頗《すこぶ》る区々《まちまち》で」、「或いは〔中略〕所謂人格教育主義といふのを取って居る学校がある」、「すると又之に対して〔中略〕何でも実用向の細君やお母さんを養成するにあるといういふ主義一点張の学校がある」と、およそ、三つの主義（方針）があるとしている。そして、最後に、教育者の側にも、女子教育に対して使命や天分があるわけでも、好みや見解があるわけでもなく、「大概は職分の自覚といふよりも女子教育を職業として以て生活の資を得んとしつゝあるのではないか」という疑問を呈して、現代の女子教育の方針、状態を知るために二、三の女学校を訪問して、「更に各方面の見聞を集めて事実に基いて研究して見よう」と宣言するのである。

七月二四日、「自叙伝」（第八三回）は、「女」と待合に入り、女中に案内されて、二人で部屋にいる場面である。

> 女はやがて起直《おきなお》つたまゝ、冷笑を含んだ眼元に、凝《じっ》と私の容子《ようす》を眺めて居たが、つと膝をずらして私の側《そば》へ寄つて来た。
>
> な、何を為《す》る気だらう。

この日、「新しき女」（第三五回）は、「女大学の研究」と題して、「女大学」に関連して述べた後、「茲《ここ》に一先《ひとま》づ筆を措く」のである。(34)

第八章　らいてうの到来

1　良妻賢母主義と女子大学の「成瀬宗」

一八九八（明治三一）年四月、平塚明子《はるこ》（明《はる》）は、「お茶の水女学校」、すなわち、東京女子高等師範学校付属高等女学校に入学した。翌年に高等女学校令が公布され、明子は、そのモデル校たる「女高師の付属お茶の水高等女学校」で、数え十三歳から五年間、「徹底した良妻賢母主義教育」（『自伝』上八二頁）を受けることになった。「お茶の水で五年間受けた教育ほど、形式的で索漠として教育はないでしょうね」(1)と後年述懐している(2)。

「お茶の水」という官立の女学校を選んだのは父である。父定二郎は、会計検査院の高級官僚であった。休日には家族で上野の動物園などへ遊びに行くという「新しい家族」風の家庭でありながら、同時に、父は、朝、口を漱ぎ、天孫降臨の神勅と天皇の勅語を大声で奉読するのが日課であった

(『道』十五頁)。父方は、祖父母が廃藩置県で紀州から裸一貫で出てきた武家で、父は苦労しながらドイツ語を学び、お雇いドイツ人ロエスレル(Hermann Roesler, 1834-1894)にかわいがられて、出世した。憲法制定の資料収集のためプロシャ等の欧米に外遊し、著書を何冊か書き、一高のドイツ語教師を兼務していた。他方、母光沢《つや》は、江戸の高位の武家(田安家御典医・飯島家)の娘でありながら、夫と姑に仕えていた。同時に、「遊芸一式で育てられた人」(『道』十六頁)でありながら、三味線・踊りを禁じられ、嫁入道具に持ってきた三味線(二挺)には手も触れなかった。その母は、行儀作法にうるさく、しつけは厳しかった。踊りで鍛えた美しい身のこなしを、娘たち(名前は孝と明)にも求めた。このように、明子の育った環境とは、「西洋」近代風でありながら新たな「日本」近代であった。同時に、帝都東京山の手の家でありながら、徳川家――和歌山と江戸――の風をそれぞれが背負った家であった。そこでは、徳川家支配下(江戸時代)以来の、女子を躾ける(女をつくる)という思想と実践が濃厚に支配していたのである。

入学した「お茶の水」には、明子のように試験で入る生徒の他に、大名華族などの内部進学組が存在していた。山川(青山)菊栄の後年の論評によれば、「非常に貴族的な学校だった」(3)。明子の回想によれば、学課はつまらなかった。そのうえ「行儀作法のきびしさは格別」(4)(『自伝』上八二頁)で、「遊ばせ言葉」でなくてはならなかった。「教科書以外に雑誌や小説の類は読ませない方針」(『道』二九頁)でもあった。「英語は自由課目になっていましたが、どうしても父が許してくれないので、その時間は裁縫をしていました」。修身の時間は、明子はだまって教室の外へ出ていた。結局、友だちと「海賊組」を作って、息抜きをした。自由党の星亨が刺殺された時(一九〇一年六月)には、「英雄と感じ」、海賊組三人で池上本願寺へお詣りに行って花束を捧げてきた（『道』三二頁）。

富士山に熱中し、卒業を前に登山の計画をたてたが、父に許されなかった。一九〇三年の卒業後は女子大学（日本女子大学）への入学を希望したが、父に許されなかった。結局、母のとりなしで、志望の英文科でなく家政科ならよいということで入学できた。

「女子に大学は不要だ」が良妻賢母主義なら、「家政科ならよい」も良妻賢母主義の射程内ではある。とはいえ、女子大学は女子の人格形成（人格教育）を掲げており、(5) ある程度の自由を手にした。家政科よりも「文科の講義」をよく聴きにいき、浮田和民《うきたかずたみ》の西洋史、大塚保治《やすはる》の西洋美術史、(6) 西洋哲学史、漢文等々を熱心に聴いた（『自伝』一四五頁）。

明子は、はじめは創立者成瀬仁蔵（一八五八－一九一九）の「実践倫理」につき動かされた。

当時の女子大は、創立者であり校長である成瀬仁蔵先生を中心として、熱に浮かされたような異常な感激の気分のなかにおかれていました。校長の「女子を人間として教育すること」「女子を婦人として教育すること」「女子を国民として教育すること」の三つの教育原理もさることながら、若い私たちの魂をゆり動かし、宗教的な感激を燃え上らせたのは、毎週一回の実践倫理の時間の言言火《げんげん》を吐くその講話でした。（『道』三七頁）

が、「実践倫理はポジティヴィズムやプラグマティズムの祖述で終ることがしばしば」（『道』三八頁）であることに失望した。また、「私は、ニイチェの本を持っていたとか読んでいたとかで、いわゆる成瀬宗の上級生にしかられ、注意人物ということになったりしました」（『道』三九頁）。さらに、寮生活では率先して「献身」「奉仕」が求められること、しかも、家政科が成瀬教育の熱烈な拠点であり、後援者の接待を家政科の学生がすることになっていること（『自伝』一四九頁）等への違和感から、図書室に籠もって自分で哲学書などを読みあさった。そこで、最終的に行き着いたのが禅である。

2 禅

禅に入るきっかけは、一九〇五年春、友人木村政子を訪れた時、机の上にあった和本『禅海一瀾』（今北洪川、一八六二年）をめくってみたことである（『道』四七頁。『自伝』一七一頁）。

政子の紹介で、釈宗演（臨済宗円覚寺管長）の弟子・釈宋活が営む両忘庵（東京・日暮里）で参禅することになった（一九〇五年初夏）。政子はすでに宗活から見性《けんしょう》（見性成仏・大悟）を認められていた。明子には、「父母未生《みしょう》以前本来の面目《めんもく》」という公案が与えられた。必死に考えたが、なかなか通らなかった。

政子や明子の参禅は、宗演の「誰でも来い」という改革の成果である。禅が「各人がそれぞれに本来の自分に返る」ことを目標にするとするならば、見性とは、何らかの苦しみ（迷い・悩み）からの脱却を求める人々が、「本来の自分」を見いだすことであろう。明子の場合、それは、良妻賢母主義に基づく教育体制（「女子教育」）の練り上げた「女」という厚い殻を突破することであった。

明子は「宗教発達史のような」卒業論文をともかくも書いて、一九〇六年三月「目白の女子大学」を卒業した。

卒業生たちは、自分たちの一挙手一投足が日本の女子高等教育の前途を左右するというので、使命や天職という言葉を使って、めいめいの将来を興奮して語り合っていました。〔中略〕こうした感激の圏外に立って、一人平静な心でいると、みんなの喋っていることが、自分の手でつかんだ信念ではなく、校長や先輩の口真似で、自他を欺く偽りの感激にひたっているとしか見えませんでした。（『道』五〇頁）

坐禅に励んでいたある日、接心（一定期間坐禅に専念する修行）中に、宗活の臨済録の提唱を聴いていたある瞬間、「わかった！」と思った。

「赤肉団上有無位真人常面出入看よ看よ」（無位の真人――本来の面目――が赤肉団上より常に出入す、看よ看よ）という老師の充実した声が、頭のてっぺんから躰の中をすっと電流のように通り抜けた感じとともに、その瞬間「わかった！」と思ったものです。（『自伝』一八六頁）

『臨済録』（上堂）の、「上堂云赤肉団上有一無位真人常従汝等諸人面門出入未證據者看看（上堂。云く、赤肉《しゃくにく》団上に一無位の真人《しんにん》有って、常に汝等諸人の面門《めんもん》より出入りす。未だ證據《しょうこ》せざる者は看よ看よ。）」である。ちなみに、「無位の真人」について、宗活は、「正一位の従一位のと、そんな位も元来ない。無位の真人じゃ。況んやそのものは、男の、女の、華士族、平民のと云ふ、区別があらう筈もない。一無位の真人じゃ。」と後に解説している。[7] 男でもない・女でもない「真人」を、明子は自分の中に発見（あるいは発明）したのである。一九〇六年七月、見性を許された（安名《あんみょう》は慧薫《えくん》）。

気力が漲《みなぎ》り、政子とありとあらゆる所を歩き回った。この頃には「お茶の水」や「女子大学」の風から抜け出して、髪・衣装・身のこなし――すべてにおいて独自のものを身につけていた。「相変らず地味なセルの袴に、靴をやめて日和下駄をはき、小さな白鞘の短刀を、誰れにもわからないように袴の下に隠くし差して、歩いていました」（『道』五七頁）。つまり、海老茶や紫紺の袴に靴をはく女学生スタイルではなく、地味なセルの袴に下駄履きだったのである。しかも、袴は、胸下から着ける女学生特有の着方ではなく、男のように腰骨で着けていた。明子の姿は、「女学生」風ではない何者かに変わっていたのである。「この当時の女学生は袴に靴が正しい風俗でしたから、下駄ばきで市中を歩いていることが母校に伝わり」（『道』五七頁）、同窓会会長井上秀子からたしなめられたこともある。

このように、禅を通して、良妻賢母主義を公然と拒絶する「令嬢」が、女性エリートの只中から出現したのである。なお、悟後の修行に励もうと張り切っていたところ、宗活が布教のため渡米することになり、（宗活は他の師につかないように言い残していったが）明子は結局浅草の海禅寺へ行くことにし、禅僧・中原秀岳と出会う(8)。

3 「煤煙」事件

この「禅学令嬢」の姿はメディアで発信されることになった。いわゆる「煤煙」事件である。

一九〇七年一月、明子は、津田英語塾に満足できず成美女子英語学校へ移った。同年五月、教師生田長江（一八八二―一九三六。弘治）の先導で「閨秀文学会」が始まった。与謝野（鳳）晶子（一八七八―

一九四二）・戸川秋骨・平田禿木・馬場孤蝶・相馬御風等を講師に迎え（『道』五八頁）、を講師に迎え、長江の親友・森田草平（一八八一―一九四九。白楊、米松）も講師陣に加わった。草平と長江は、第一高等学校で回覧雑誌『夕づゝ』を出していた仲である。[9]

回覧雑誌を作成することになり、明子は小説「愛の末日」を載せた。これに草平が批評をしてきたところから二人は親密になり、草平の愛読書『死の勝利』を手に、「あなたを殺す」、どうぞ「殺して頂き度い」というやりとりを繰り返していた。『死の勝利』はイタリアの作家ガブリエーレ・ダヌンツィオ（Gabriele D'Annunzio, 1863-1938）作の小説で、男が女を力づくで抱え込んで断崖から身を投げるというものである。

二人はついに、一九〇八年三月二一日深夜、汽車で東北方面へ向かった。ただし、平塚家から保護願いが出され、翌々日「塩原温泉の奥の尾花峠の雪ふかい山の中」（『道』六六頁）へ入ったところを、追手にとらえられて連れ戻されることになる。[10]

だが、この出来事は新聞沙汰となり、「紳士淑女の情死未遂」（『東京朝日新聞』三月二五日の見出しの一部）などの見出しが躍った。

草平は師・夏目漱石と馬場孤蝶に処理を一任し、二人の代理として生田長江が平塚家へやって来た。そして、草平に平塚家と両親に謝罪させ、平塚家へ結婚の申込みをさせるという提案をしたので、明子はあきれ返って断った（『自伝』二四三頁）。「その後、何日かして」、漱石から明子の父宛に親展の手紙が来た。「森田は今度の事件で職を失った〔中略〕、あの男はものを書くよりほかに生きる道をなくした。あの男を生かすために、今度の事件を小説として書かせることを認めてほしい。〔後略〕」という主旨のものだった（同二四五頁）。明子の母が父に代わって断るために夏目家を訪れたが、[11]「逆に夏目先生からつよく懇願され、父の意向はついに通らずじまいになりました。」（同二四六頁）。

事件後、明子は、円覚寺境内のある庵に籠もった。さらに、その後、「海賊組」の一人だった小林郁（松本の高等女学校教諭）を頼って信州の山奥に籠もった。友人の木村政子は、明子のことを黙っていたと軍人上がりの父親に叱責され、女子大学からもにらまれて、高等女学校の先生になって尼ヶ崎へ行ってしまっていた。十二月半ば、東京へ戻った明子は、禅の修行と英語の勉強をやり直すことにした。禅は、神田の日本禅学堂へかよった。英語は、「英語塾といい成美といい、女の学校で英語を学ぶことには失望した私ですが、それでもまだ英語の夢が捨てきれず」（『道』七六頁）、「女の入学は許さない」と断わられた正則英語学校（東京神田）を根負けさせて、入学した。

一方、草平は小説を執筆することにし、漱石の紹介で『東京朝日新聞』に連載されることになった。いよいよ連載が始まった草平の「煤煙」（一九〇九年一月一日〜五月十六日）では、待合に入っての性的な誘いに対して、女主人公「真鍋朋子」が「私は女ぢやない。」と応えるのだった[12]（「煤煙」十九）。世間の度肝を抜きながら、見たこともない「新しい女」が、男たち、そして、女たちの前に現れた。それは、男のために女を教育する女子教育・「良妻賢母」教育体制が中枢で食い破られたことを告げ知らせるものであった。

生田長江は明子に、「女ばかりの文芸雑誌をやらないか」と執拗に働きかけてきた。一九一一年四月二七日、『東京朝日』で森田草平の「自叙伝」の連載が始まった。草平は、「未《ま》だ一幕あるべき女だ。これ限《ぎ》りに成る女ぢやない」と「あの女」（平塚明子）を評した。五月十八日、同じ面（六面）の下方で、「皓天生《こうてん》」による評論「新しき女」の連載が始まった。——「平塚明子」の再登場の舞台が着々と整ってきたのである。そして、舞台の名は「新しき女」であるはずだ。

だが、女性が自分自身を表現するには、まず、取り組まねばならない難問があった。漢学・英学（又はドイツ語学）を前提とする男子中等教育と、和文（＝国文）を軸とし、裁縫・作法等を仕込む女子中等教育との落差である。同時に、それは、「文体」（文章・書き言葉のスタイル）という問題であった。文芸誌——女による、女のための雑誌——のいわば主筆になるのである。いったい、いかなる文体で、どんな文章が書けて、他の書き手をどう評価していくのか。

4　「新しい女」の文体

言文一致体（口語文）の採用

明子の記憶によれば、閨秀文学会で出会った青山菊栄は、「一葉ばりの美しい文章」を書いていた。じつは、明子も美文を書いたことがある。『明星』（一九〇八年一月号）に掲載された「はらから」である。[13]

だが、『青鞜』で用いることになる文体は、あくまで、「漢語を多用した言文一致体」（関礼子[14]）、つまり、漢語を多用した口語文である。

そもそも、失踪に際して遺した「遺書」は、二通とも漢文脈であった。一通は、家出直前に書いた置き手紙である。

我が生涯のシステムを貫徹す／我がCauseによって斃れしなり／他人の犯すところにあらず

これは『万朝報』と『東京朝日新聞』に掲載された。自称は「我」である。もう一通は木村政子宛で、『時事新報』に掲載された。これも「余」「君」という漢文脈のものである。

拝啓、我が最後の筆跡に候。学校に行きませんと申せしは、実は死すとの事に候。願くは君と共ならざるを許せ。君は知り玉ふべし、余は決して恋の為め人の為めに死するものにあらず。自己を貫かんが為めなり。自己のシステムを全う為《ママ》せんが為なり。孤独の旅路なり。天下余を知るものは君一人なり。余が二十年の生涯は勝利なり。君安んぜよ。而して万事を許せ。さらば（句読点、引用者）

明子は、漢文脈を手にしていたのである。どこで身につけたのであろうか。

英語の力不足を痛感していた明子は、卒業（一九〇六年春）と同時に、両親に無断で津田英学塾の試験を受けて入学した。そして、英学塾の帰りに、三島中洲の二松学舎で漢文の講義を聴き始めたのである。理由は、禅を始めてから漢文の力不足を感じたからである（『道』五一頁、『自伝』一七九〜一八〇頁）。たとえば『禅海一瀾』は「儒道と仏道の同じき点のみを対照して説いた」（宗演）[15]ものであるから、これを理解したいと思えば漢籍に深く入っていくほかない。結果として、禅は、漢文学習へ入る格好の牽引力になったのである。

明子が漢文と英語に手を伸ばそうとしているのは注目に値する。漢文と英語は、明治の初期に女学生が手にしかけて改めて取り上げられ、それ以来、「女子教育」で奪われ続けてきたものだからだ。漢文と英語それ自体が女性の〝解放〟に資するものなのかという問いはさて措き、漢文と外国語教育を男に与え、女に基本的に与えないことで、知におけるジェンダーの差異＝序列が作り出されていた。

漢文と外国語の習得は高等教育の前提であるから、女子は高等教育から自然に排除される仕組みになっている。中等教育（高等学校・大学校）を終了しても高等教育についていけない「女」（「劣った性」）が産出されるのである。また、女は漢文と外国語能力が低いのであるから、女の書く（＝書ける）文は、和文へ傾く。よくて雅文ということになる。雅文が書ければ社会的には一応の評価を得るが、他方で、漢文と外国語能力が知識人の指標であるとするならば、知識人とは定義上男である。つまり、一方の極にドイツ語・漢文の「超男」、他方の極に、外国語なし・漢文なし・和文又は雅文の「超女」というスペクトラムが想定できる。そして、「お茶の水」では、自伝にあるように英語が自由科目であり、明子は父の反対によって選択できず、その時間は裁縫をしていた。つまり、そうとは知らず「超女」付近にいたのである。言語能力をめぐるこうした壁を、自力で突破しようとしていたことになる。

さらに、明子は、女子大学の授業と男性サークルへの参加によって、書く内容、その素養という観点から見ても、文芸雑誌の編集をするのに必要な文章能力を身につけるにいたっている。まず、女子大学で、宗教、倫理・哲学などの本格的な教育を受けた。さらに、男子学生が読んでいる雑誌などに接する機会があった。なぜなら、彼等の集まる所にいたからである。両忘庵は、帝大（東京帝国大学）の学生が坐禅に集まる場であり、海禅寺は、東京高商（一橋大学の前身）の学生グループの接心が行われる場であった。文学は未踏の領域であったが[16]、閨秀文学会で馬場孤蝶・生田長江・森田草平という師を得て、外国文学を読み始めた。また、一葉・西鶴の愛読者である青山菊栄に刺激されて、日本の古典文学を系統的に読み始めた（『道』二〇五頁）。こうして、文章を書く能力（文体・素養）においても、「女子教育」（良妻賢母主義教育）の壁を突き破ったのである。

以上のように、明子は、漢文と英語の素養を持っており、『青鞜』での文体は、漢字を多用し、英語の素養を前提にした言文一致体（口語文）である[17]。

樋口一葉批判

しかも、注目すべきことに、『青鞜小説集　第一』（一九一三年二月。創刊号から一年余りの小説から集めたもの）は、採用された執筆者全員が言文一致体である。会話は鉤括弧か二重鉤括弧であり、今日まで続く文体にほぼなっている。野上彌生・小金井きみ・岩野清・森しげなど十八人の名が並んでいる。雅文を駆使する長谷川時雨、田村俊子は入っていない。

明子は前年秋、樋口一葉に対する激しい批判をしているから、この一葉批判と、すべてが口語文（雅文・美文調がない）という『青鞜小説集　第一』の編集姿勢は一体のものと考えられる。

樋口一葉は、明治二〇年代末に脚光を浴び、没後、明治三十年代にカノン化[18]が進み、さらに、一九一二年には、博文館から「一葉全集」が刊行された（『一葉全集前編　日記及文範』『一葉全集後編　小説及随筆』）。こうした状況で、明子は、「円窓より——女としての樋口一葉」（『青鞜』第二巻第十号、一九一二年十月）を書いて、一葉を痛烈に批判したのである。

明子は、一葉日記にある「誠にわれは女成けるものを、何事のおもひありとてそはなすへ《べ》き事かは」[(19)]という一節を最後に取り上げて、与謝野晶子の「山の動く日来る。」「一人称にてのみ物書かばや。われは女ぞ。」に対比して、次のように言う。

只今日晶子氏を得て新日本の我々が「我れは女ぞ」と誇らしげに高唱し得たのは矢張り一葉によつて代表された幾百年の圧迫の下になほも生きねばならなかつた過去の日本の女が「我は女なり」と嘆いた諦めの涙の後であることを忘れたくない。（青鞜Ⅱ⑩103）

さらに、「今日迄大多数の女はそれが作家なると、読者なるとを問はず殆ど総てが一葉崇拝者であつた」、「一葉のものを読んでゐると一葉といふ人が姉さんのやうに思はれてなつかしくてたまらない」とある女友達から聞いたこともある、と言い、「又男にとつても一葉の作品は今もなほアトラクティーブなものださうだ」として、その魅力の一つとして、「女らしい女の作家が女に限られたる感情を真実にそして色濃く描いたといふ点」をあげる。そして次のようにまとめる。

どこまでも過去の日本の女として、そして過去の日本の女の性情を描いた過去の国民文学として観るときそこに彼女の生涯と其作品とに動かすべからざる価値を見出されやう。（同105）

そのうえで、「併し私はこゝでは作家としての一葉よりも、女としての一葉の生涯を主として観察しやうと思ふ」と述べて、「雪の日」を例に、「一葉のつゝましい恋」について論評する。

以上のように、「大多数の女」は「一葉崇拝者」であるという認識に立ったうえで、つまり、それを承知の上で、だからこそ、一葉を何としても過去のものにしようとしている。「作家としての一葉」ではなく「女としての一葉」に焦点を当て、さらに、その「つゝましい恋」に焦点をしぼっていく。一葉への論評としていささか乱暴なこの文章で、繰り返されるメッセージは鮮明である。

矢張り彼女は「過去の日本の女」であった。（同128）

一葉は過去の女・旧い女、つまり、私たち=新しい女ではないのである。そして、（これは言わなかったけれど、）もはや、擬古文や美文の時代ではない、口語文で小説を書くべき秋が来たのである。同時に、私たちはもはや男たちに論評される側ではない。自分たちで評価し、合評もし[20]、男の書いたものも論評し[21]、世に問うのだ、ということである。女による文芸雑誌とは、何よりもまず、（念入りに配分された和文・古文からの）文体と小説の解放を自らの手でやりとげる場となる。「女の小説=雅文・美文」という枠を一掃するという点で、平塚明子は、文体と小説をめぐる岸田俊子への制約をたしかに乗り越えていくのである。

5 『青鞜』創刊——「山の動く日来る」、「元始女性は太陽であつた」

一九一一（明治四四）年九月一日、『青鞜』は創刊された。青鞜社の発起人は、中野初子・木内錠《てい》子《こ》・保持研子《やすもちよしこ》・平塚明子・物集和子《もずめ》の五人で、うち四人は日本女子大学の卒業生である。青鞜社は駒込林町の広大な物集邸内におかれ、発行の費用は平塚光沢が家計（明子の結婚用資金）から負担した。編輯兼発行人は中野初である。

創刊号は、「山の動く日来《きた》る」（「そゞろごと」）、「元始女性は太陽であつた」（発刊の辞）と宣言するものであった。

「山の動く日来る」

与謝野晶子は、明子が賛助員になることを依頼しに行った時、「女が男にとうてい及ばないこと、毎日各地から送ってくる歌稿の中でも、これはいいと思うものはたいてい男の作で、女はだめだというようなことを独り言のように、低い声で下を向いたままおっしゃるのでした」（『道』八九頁）。ところが、原稿を真っ先に届けてきたのは晶子だった。「山の動く日来る」で始まる詩文である。

山の動く日来《きた》る。／かく云へども人われを信ぜじ。／山は姑《しばら》く眠りしのみ。／その昔に於て／山は皆火に燃えて動きしものを。／されど、そは信ぜずともよし。／人よ、ああ、唯これを信ぜよ。／すべて眠りし女《をなご》今ぞ目覚めて動くなる。〔後略〕（青鞜①1）

「女はだめだ」と呻いていた晶子が「山の動く日来る」と宣言したのである。「そんなこと信じられない」いう自分自身を吹っ切ってみせたのだ。明子は深い衝撃を受けたに違いない。

「元始女性は太陽であつた」――女性よ、「真正の人」に目覚めよ

編集をすべて終えたある夜、明子は発刊の辞を一気に書き上げた。そして、「らいてう」（雷鳥）と署名した（『道』一〇三頁）。

「元始女性は太陽であつた――青鞜発刊に際して」（以下「元始」と略記）は、晶子の詩文（なかでも冒頭の二連）を受けとめたものになっている。「その昔」は「元始」となり、「燃えて動きし」は「太陽であった」となった。「山」を「女性」に置き換えれば、発想は同じである。これに、真正の人・太陽・天才、さらに、隠されてしまった太陽・潜める天才などの、明子特有の概念が合体している。

このモチーフは、始まりを告げ知らせ（「元始、女性は実に太陽であつた。真正の人であつた。／今、女性は月である。他に依つて生き、他の光によつて輝く、病人のやうな蒼白い顔の月である。／偖《さ》てこゝに「青鞜」は初声を上げた。」青鞜①37）、中盤で確認と方向付けをし（「元始、女性は実に太陽であつた。真正の人であつた。今、女性は月である。他に依つて生き、他の光によつて輝く病人のやうな蒼白い顔の月である。／私共は隠されて仕舞つた我が太陽を今や取戻さねばならぬ。」同41）、終盤を導く（「最早女性は月ではない。／其日、女性は矢張り元始の太陽である。真正の人である。」同51）。

さらに、晶子が省略した「女はだめだ」という意識も引きずり出した。生まれた『青鞜』が満足す

べきものだともおよそ思っていない。
併《しか》し、どうしやう女性みづからがみづからの上に更に新にした羞恥と汚辱の惨ましさを。／女性とは斯くも嘔吐に価するものだらうか、／ 否々、真正の人とは――（同37）〔中略〕
果して心の総てを尽したらうか。あゝ、誰か、誰か満足しやう。／私はこゝに更により多くの不満足を女性みづからの上に新にした。／女性とは斯くも力なきものだらうか、／ 否々、真正の人とは――（同38）

はたして「女はだめ」なのか。「男高女低」という現実があり、「女はだめだ」と当の女が思っている。そうした自分を変えること、まず可能性を信じることからしか変革は始まらない。別の言葉――明子の言葉――で言えば、女性が、自分の中に潜んでいる「真正の人」に目覚めるのだ。ここには、『臨済録』の「無位の真人」を提唱した釈宗活の声が響いている。

私は精神集中の只中に天才を求めやうと思ふ。／天才とは神秘そのものである。真正の人である。（同39）
青鞜社規則の第一条に他日女性の天才を生むを目的とすると云ふ意味のことが書いてある。／私共女性も亦一人残らず潜める天才だ。天才の可能性だ。可能性はやがて実際の事実と変ずるに相違ない。（同42）

女性の真の「自由解放」とは、「潜める天才を、偉大なる潜在能力を十二分に発揮させることに外ならぬ」。発展の障害となるものは、外部の圧迫、智識の不足もないわけではないが、その主たるものは――

矢張り我そのもの、天才の所有者、天才の宿れる宮なる我そのものである。（同49）／我れ我を遊離する時、潜める天才は発現する。／私共は我がうちなる潜める天才の為めに我を犠牲にせねばならぬ。所謂無我にならねばならぬ。（無我とは自己拡大の極地である。）

つまり、女性が、自分を覆っている殻を自分で破らなければならないということである。同時に、天才とジェンダーの関係も述べる。

天才は男性にあらず、女性にあらず。／男性と云ひ、女性と云ふ性的差別は精神集注の階段に於て中層乃至下層の我、死すべく、滅ぶべき仮現の我に属するもの、最上層の我、不死不滅の真我に於てはありやうもない。（同39）

天才（真正の人・真人）は男でもなければ女でもない、性別とは下層にある仮現の我に属するものにすぎない。

かくして、「誰にも真人がいる、だから見える（はずだ）」という論理が、「女にも誰にも潜在的に天才・真正の人がいる、だからなれる（はずだ）」に転化したのである。女の可能性を当の女が信じて、現状を変えていくマニフェストである。

私は総ての女性と共に潜める天才を確信したい。只唯一の可能性に信頼し、女性としてこの世に生れ来つた我等の幸を心から喜びたい。／私共の救主は只私共の内なる天才そのものだ。（同50）

手段としての「精神集注」とは、坐禅である。つまり、坐禅のすすめでもある。女性も坐禅で悟りを開けることと、女性も物が書けることが、「潜める天才」という言葉で合体している。悟りを開く＝物が書ける、である。「元始」を書いた過程自体がそうなのだ。

勇ましい言葉もある。

よし、私は半途にして斃るとも、よし、私は破船の水夫として海底に沈むとも、なほ麻痺せる双手を擧げて「女性よ、進め、進め。」と最後の息は叫ぶであらう。（同51）

ただし、誕生する文芸雑誌に最後まで責任をもつ覚悟はしていても、この時はまだ、幅広い課題を担う女性運動の旗揚げになるという自覚はない。

ところが、「山の動く日来る」「元始女性は太陽であった」を合言葉に、全国で女性たちが呼応し出した。「私自身は、ぜんぜん予期も、予想もしなかったことですが、同じ時代の若い女性の魂をゆり動かすことになったのでした」（『道』九四頁）。それは、かつて「岸田俊子」がひき起こした衝撃にも似ている。

では、明子自身は、文芸だけでなく全般的な「女性運動」が始まったといつとらえたのであろうか。与謝野晶子の変貌を見、発刊の辞を書いて、そして、その後の様々な女性の反応を見て次第に気づいていったのではないかと思われる。つまり、自己を表白した詩文（「元始」）を人に配る時、それを支える人がいる時、自らの問題と受けとめる女性（ズレや取り違えを含む）が全国から手紙をよこし、上京してくる時、名のある女性もまた自らの問題として支援する時――こうした相互交流の中からではないだろうか。その時、自分と「女性」がどこかで収斂・合流してくる。同時に、相互交流の場『青鞜』、その象徴としての「らいてう」という位置を、自身が引き受けることになる。帝都東京山の手育ちの高級官僚の娘が、地域差・階層差を思い知らされながら、女たちの様々な苦しみ・訴えを見ることになるのである。

6　友達――「我は人なり、女なり」

「元始女性は太陽であつた」には、じつは、自分の体験も折り込まれている。らいてうは、晶子の「その昔」を参照しつつ、同時に、自分の体験と重ね合わせながら、かつてあった理想状態を措定し、女性よ、失った太陽を取り戻そう、再生を、と呼びかけたのである。

『青鞜』創刊号には、田村とし子（俊子）の「生血《いきち》」が掲載されている。男との初めての性行為の後、女が――つまり自分が――感じた様々なことが描かれている。とし子は、性行為が巻き起こした戸惑い・隷属感・自己嫌悪を描き、秘私的な問題を白日の下にさらけ出したのである。続いて、明子も、『青鞜』という共同性・論争の輪の中へ、自分の問題、自分の苦しみを投げ込んでいく。最大の悩みはこれである。

……だが、私に友達があつたらうか。一人だつてほんとうの友達があつたらうか。只つた一人の人にさへ一度だつて、ほんとうの自分を語り得たことはなかつたではないか。始終大嘘を云つているやうな感じに苦しめられてゐたではないか。私は隠す気はさら〳〵ないが到底自分の真底を語るに堪へない人間に生れたのだ。（「高原の秋」、『青鞜』第三〇四号、一九一一年十・十一月号。青鞜④54）

同様の悩みについて、明子から草平へ出した手紙（一九〇八年三月十九日付）――二人で失踪する引き金になったもの――の残された下書き[22]に次のようにある。

私は冷酷な女です。氷のやうな胸です。パッションなんかありません。人と人との間に理解関係を許したのだって、既に〳〵自分を余程欺いてのことです。先生に解して頂き度いなどとどうせかなはぬ望みを起したために、却ってアンノウンの感じを切実にして堪へられなさを増す。

また、三月十九日付の手紙の「煤煙」バージョンには、「高原の秋」に似た箇所がある（「煤煙」三二）。

私の苦痛は私の口から誰に向つても言へない、無論言つた所で同情同感などして呉れる人がある筈もない。私には友達もない、家もない。一人で堪へて来た、最後迄闘ふつもりで生きてゐた。若し私に自分を非我の地位に置いて観察する習慣がなかつたら、疾《と》うに狂したか、今頃は何うなつてゐたか分からない。唯、私は一方にパッションに駆《か》られて動いてゐると同時に、他方には余裕のある我が見て居た。余りに怖しい迄勃発しさうになると知つた時は、大抵意力で制御して仕舞ふ。私は自分を制御

する上に始終坐禅の力を藉《か》りてゐる。〔中略〕

けれど〳〵、それももう駄目です。私は最後迄来て仕舞つた。最早私には何物も残されない、あるものは只恐怖と不安との連続である。静に自分の最後を味はつて死ぬと云つたけれど、それさへ今の状態では覚束ない。もう叶はぬ。私は先生の御手にかゝつて死ぬ――殺して頂く。[23]

さらにその前には次のような手紙もある（「煤煙」十八）。

真実の我姿を解せられずして愛せられる程苦しいものはない、真を申せば、私の世界には恋も愛も同情も皆無意義の文字に過ぎない。残れるものは只理解と云ふことだけ、人と人との関係は理解といふことだけ。〔中略〕理解の結果が如何ならうと、只理解それだけが唯一の幸福なのですから、〔中略〕私は迚もそんな事を口外する資格はないのです。私は迚も熱い酒を盛る器ぢやない。ダブル、キヤラクタアに悩まされてゐる身は戯れにもさういふ事は口外し難いのです。[24]

むろん、「煤煙」中の手紙は、草平側の記憶・記述・解釈・創作であるから差し引いて見る必要がある。だが、お互いの手紙を持ち寄って塩原の雪の上で燃やした時、草平が持参した手紙（＝明子が出した手紙）は明子が持参した手紙（＝草平が出した手紙）の半分のカサもなかった（『自伝』二三六頁）というから、残された明子の手紙が作品中で使われている――「いろいろな形で手を加えて」（同二七二頁）――のは確実である。しかも、自分の手紙がもはや手元にない明子が、「峠」で、「煤煙」中の手紙をほぼそのまま使う[25]ことすらある。したがって真偽の確定は困難であるが、こうした一連の文章から伺えるのは、およそ次のような内容ではないだろうか。

明子は、何かに燃えている人々の中にいて常に一人覚めていた、感情に流されることがなかった(少なくともそう意識していた)。だから、一人で最後まで闘う覚悟であった。「真実の我姿」をみせず、「ダブルキャラクター」に悩まされている身としては、特定の相手との間でも「恋」などとても口に出来るものではない。だが、「先生」との間で「理解して欲しい」という欲求が昂じてきて、抑えがたくなった。だが、やはり理解してもらえないとわかり、絶望感に苛まれている。禅の心理機制すら効かなくなった。もはや死ぬしかない、殺していただきたいという内容である。

明子のこうした姿勢の特徴をあげれば、まず第一に、周囲との落差である。熱くなっている人々の中で、常に、冷静・客観的・第三者的であり、「ついていけない」「つきあいきれない」と思っている。したがって、第二に、「わかってもらえる」はずもない。こちらからは見えるが、向こうからは見えないのだ。「つきあう」には、相手から見える自分をある程度演じるほかない。第三に、「ほんとうの自分」を知って欲しい、「解して頂き度い」という欲求が抑えがたくなる時があるが、「わかってもらえない」と気づいた時の落胆は大きい。

明子は、自分はこうした「人間に生れた」のだと思っている。感情が乏しい・「パッション」がない・文学が読めない・恋愛ができないのである。だが、もし社会的な見方が可能だとするならば、何らかの事情で共感・共振をあらかじめ断っているとも考えられる。たとえば、父の天皇崇拝(神勅と勅語を毎朝大声で奉読)、女学校での良妻賢母主義と修身教育、女子大学での「成瀬宗」などに違和感を持ちながら、「心を二重にする」ことで社会的に生き延びてきた結果なのではないだろうか。こうしたテクニックは、職についている男ならば、多少とも身につけている。だが、明子の場合、一人で手探りで対処するほかなかった。その時、禅の「真人」という呼びかけは救いであった。だが、周囲との溝は深まるばかりである。つまり、「心を二重にする」ことでどんな状況でも耐えられるようになるとともに、「ダブルキャラクター」に耐えなければならなくなるのだ。草平からの誘惑はその緊張の糸が切れるきっかけであった。そして、不可能と知った時、奈落へ転がり落ちた。「煤煙」を見る限りぐらぐらであるが、「元始」に次の箇所があるから、草平の勝手な作り事と片付けるわけにもいかない。

私は曾て此世に女性あることを知らなかつた。男性あることを知らなかつた。／〔中略〕／然るに過剰な精神力の自からに溢れた無法な行為の数々は遂に治しがたく、救ひがたき迄の疲労に陥れた。／人格の衰弱！　実にこれが私に女性と云ふものを始めて示した。と同時に男性と云ふものを。／かくて私は死と云ふ言葉をこの世に学んだ。／死！　死の恐怖！　曾て天地をあげて我とし生死の岸頭に遊びしもの、此時、ああ、死の面前に足のよろめくもの、滅ぶべきもの、女性と呼ぶもの。／曾て統一界に住みしもの、此時雑多界にあつて途切れ、途切れの息を胸でするもの、不純なるもの、女性と呼ぶもの。／〔中略〕／私は泣いた、苦々しくも泣いた、日夜に奏でゝ来た私の竪琴の糸の弛んだことを、調子の低くなつたことを。／〔中略〕／私は嘆いた、傷々しくも嘆いた。私の恍惚を、最後の希望を失つたことを。（青鞜①39）

では、どのようにして這い上がったのであろうか。坐禅に戻り、自分の力で再び「真人」を見いだしたのである。一九〇九年に入ると、明子は、神田の日本禅学堂に月一回来ていた（西宮）海清寺の住職・中原南天棒に参禅した。坐禅の再開は、「事件前の澄み透った三昧生活から堕ちた、自分の心境の濁りを大掃除するために」（『道』七三頁）である。[26] 暮れには、海清寺で行われた臘八《ろうはち》接心（陰暦十二月一日から八日朝まで昼夜寝ずにする接心）に参加した。

海清寺での臘八接心で、明子は唯一人「無字」の公案を透過した。同時に、気が緩んだのか強烈な飢えに襲われ、抜け出して尼ヶ崎（木村政子宅）まで行ってお粥を御馳走になった。戻ってくると、新たな安名「全明」が授けられた（『道』七五頁）。「真人」が見え、再生したのである。自己肯定ができたのだ。

つまり、「元始」とは歴史的始原（「その昔」）でありながら、同時に、見性後の自分を指している。草平、そしておそらく秀岳との恋愛[27]で疲れ果てる前の自分である。女性の歴史的従属と言える期間を、自分の破滅的期間と重ねている。女性が失われた太陽を取り戻すとは、自分が、見性を許された時のあの完全な自己を取り戻すことに他ならない。「元始」にはこうもある。

弱い、そして疲れた何ものとも正体の知れぬ、把束し難き恐怖と不安に絶えず戦慄する魂。頭脳《あたま》の底の動揺、銀線をへし折るやうな其響、寝醒時に襲つて来る黒い翅《つばさ》の死の強迫観念。けれど、けれど、一度自奮する時、潜める天才はまだ私を指導してくれる。まだ私を全く見棄はしない。そして何処から来るともなし私の総身に力が漲つてくる、私はたゞ／＼強き者となるのだ。私の心は大きくなり、深くなり、平になり、明るくなり、視野はその範囲を増し、個々のものを別々に見ることなしに全世

界が一目に映じてくる。（同46）

そして、やがて「高原の秋」で、おもむろに自分の悩みを名指したのである。さらに、ある時、公然と開き直った。悩み、苦しむことなんかない。むしろ、この心理機制は長所だ、だれもが二つの面を操作しながら、（社会）生活をしているではないか、と。やや唐突に「ノラ」に説教した「ノラさんに」がそれである（『青鞜』第二巻第一号、一九一二年一月「附録ノラ」）。一九一一年九月、『青鞜』創刊と同じ月、坪内逍遥率いる文芸協会が、イプセンの「人形の家」を、松井須磨子を主役に抜擢して上演した。「附録ノラ」は、その戯曲と劇に対する講評である。明子（署名「H」）は、「ノラ」に次のように言い渡す。

ノラさん、あなたは人間の誰れでも有《も》つてゐる二重の生活と云ふものをおもちにならなかつた。舞台の上でお芝居をする役者としての生活は有つてゐらつしやるけれど、傍観者として自分のことをも他《よそ》事《ごと》に見てゐる色も香もない静平な世界を有つてゐらつしやらなかつた。だからあんなことになつたのです。〔後略〕（青鞜II①133）

こう書けるのは、わかってくれる人がいるということを『青鞜』を通じて知ったからであろう。同時に、「女」に関して肯定的な発言がみられるようになる。同じ号の扉裏には、「神なる我は人なり、女なり。」（署名「らいてう」）という詩文がある。「円窓より」（『青鞜』同年四月）にも、自分が「女」であることを確認した文章がある。

私は天上天下唯一人の女の来らむことを望む。／けれど其時、女は最早女でもない。男でもない。／しかも女は女。なほも女。（青鞜Ⅱ④123）

ここでは、真人は男でもないし女でもない、と同時に、女は女だ、と言っている。この文章に続いて、「四年前のこの夜、この時（三月二十一日午後十時十五分）私はこの円窓の自分の部屋を捨てゝ死ぬべく抜け出たのだ」という一文を含んだ文章がある。この四年間を越えたことを確認する時が来たのだ。「性別は下層のことにすぎない、真正の人（最上層）には性別がない・男でも女でもない」という性別の拒否から、「私は真人である・男でも女でもない、同時に、私は女である」と言えるようになったのである。

明子にとって、「女」とは長い間負の指標であった。「私は、女でありながら、女が嫌いでした。自分が女の仲間にいるということに、我慢のできないときがよくありました。[28]」（『道』一〇〇頁）という。「女」とは、良妻賢母主義や「成瀬宗」の集団、さらに、男に翻弄された自分自身、つまり、見性を許されながら「女」に墜落してしまった自分である。

「元始」には「滅ぶべきもの、女性と呼ぶもの」、「不純なるもの、女性と呼ぶもの」とあり、そこから自力で這い上がった体験を語っていた。これは、現実の女たちのポジティブな共同性に身を置くことができたからであろう。[29]だが、今や、「女」をポジティブに語れるようになったのである。

そして、この時、平塚明子は、禅僧との共同性といういわばアジールに身を置いた岸田俊子を越えたのである。

良妻賢母主義体制に一人抗してきた明子は、女の中でフェミニズムの旗手になった。同時に、その過程は男たちをも巻き込んでいく。『青鞜』創刊号には、巻頭の「そゞろごと」に続いて、森しげ女(茂子)の「死の家」、つまり、森鷗外(林太郎)の妻の作品が掲載されている。「半日」(『スバル』一九〇九年三月)で夫婦の内情を暴いた鷗外が、激怒したしげに執筆を薦めたともされる。「半日」の語り手によると、「博士」は、「若し又精神の変調でないとすれば、心理上に此女をどう解釈が出来よう。孝といふやうな固まつた概念のある国に、夫に対して姑の事をあんな風に云つて何とも思はぬ女がどうして出来たのか。」と首をひねっている。鷗外は、単行本化された『煤煙』(一九一〇-一九一三年)に、序文(漱石)に続く、寸劇「影と形」(煤煙の序に代ふる対話)を書いてもいる。また、鷗外の妹・小金井きみ(喜美子)の「太鼓の音」(『青鞜』第二号掲載)も『青鞜小説集　第一』に収録されており、口語文である。

名のある女性たちが賛助員となって協力し、他方では、「山の動く日来る」「元始女性は太陽であつた」と東京から呼ぶ声に、無名の女性たちが上京して社員となった。そこには、漱石をはじめとする男性知識人が、単に好意的とは言えないまでも深く絡まり合っていた。さらに、同じ頃、演劇「人形の家」で、夫と子どもを捨てて家を飛び出す「ノラ」が「女優」(松井須磨子)という生身の女によって演じられた。かくして舞台装置が整い、「新しい女」『青鞜』、つまり、「女の問題」(近代日本のジェンダー秩序の問題化)は、スキャンダルを追い求めるメディアに取り囲まれながら、少なくとも文芸・演劇・評論の面で社会の前面に躍り出たのである。むろん、それはほんの始まりにすぎない。

第三部　漱石、新しい男へ

第九章　個人的な新聞小説——漱石の「意中の人」

1　「新しい女」と男を描く、言文一致の新聞小説

「煤煙事件」で注目されるのは、漱石・夏目金之助の介入である。窮地に陥った弟子を救うという動機からであるにせよ、この一件を小説にすることを早くから後押しし、ついに世に送り出したのは漱石にほかならない。

漱石は、那須からつれ戻された森田草平を自分の家にひきとったばかりでなく、平塚明子の父・定二郎に手紙を出して、「今度の事件を小説として書かせることを認めてほしい」と頼み込んだのである。さらに、草平の小説が『東京朝日』に掲載されるように骨を折り、しかも、その掲載を前に、「坑夫」（一九〇八年一月〜四月）に続いて同年のうちに「三四郎」（九月〜十二月）を連載して、主人公（男）を翻弄する謎の女（美禰子）を登場させてしまう。「三四郎」が暮れに終わると、元旦からは「煤

煙」が始まった。こうして、不可解な女とそれに困惑する男という関係が、「新しい女」と男の関係として新聞小説に定着するのである。

とはいえ、じつは漱石の小説のヒロインは、はじめから、「わからない」女であった。文脈上過剰に不可解な、美しい女である。その理由が読者に説明されることはなく、読者は、その不可解さを味わうようにいざなわれる。

まず、「草枕」（『新小説』一九〇六年九月）のヒロインは、出し抜けに若い僧の「頸《くび》つ玉へかぢりついた」那美さんである。「そんなに可愛いなら、仏様の前で、一所に寐ようつて、出し抜けに、泰安さんの頸《くび》つ玉へかぢりついたんでさあ」と、説明される。むろん、これは、「婆子焼庵《ばすしょうあん》」を下敷きにしているに違いないと想像をめぐらすことは自由である。すなわち、給仕をしていた若い娘が、長年世話をしていた老婆の指図で修行僧にいきなり抱きつくという禅の公案である。

朝日新聞社入社後第一作の「虞美人草」（一九〇七年六月～十月）にも、不可解な女・藤尾が登場する。「三四郎」の美禰子は言うまでもない。「われは我が愆《とが》を知る。我が罪は常に我が前にあり」とつぶやいて去る。

不可解な女は、次に、「彼岸過迄」（一九一二年一月～四月）の千代子として現れる。女たちは言動が不可解であるばかりでない。三角関係を纏《まと》っており、それが、主人公（男）を不安定にし、ついには、底抜けの不安に引きずり込む。「行人」（一九一二年十二月～四月、一九一三年九月～十一月）の嫂《あによめ》・お直である。

漱石の新聞小説には、このように内容に著しい特徴があるばかりでなく、文体にも特徴がある。「三四郎」以後は言文一致体である。

小説を書き始める際、漱石はまず、俗語（東京方言の言文一致体）の一人語りを選んだ。「吾輩は猫である」と「坊っちゃん」である。次の「草枕」では、漢詩・英詩を散りばめ、漢文脈を基礎にした文章を駆使し、さらに、「虞美人草」では、美文を練り上げた。

このように多様な文体を駆使した漱石ではあるが、「三四郎」以降の小説は、漢文と英語の素養を垣間見せるものの、言文一致体（口語文）である。つまり、東京方面の話し言葉による文章を作り出していくのである。

しかも、それは、多くの人々が毎日読む新聞小説という舞台において、であった。むしろ、漱石の新聞小説が、書かれ・読まれる過程自体が、言文一致――自分たちが話しているように文章を書く――が社会的に確立していく過程であったと言ってよい。漢詩文・漢籍に没入し[1]、英語をはじめ西洋語の素養を身につけた夏目金之助がこうした挑戦に乗り出したことは、日本の近代文・現代文の形成にとって偶然の巡り合わせ、僥倖と言ってよい。それは、漢学や英語を長い間学ばなくとも、ともかく参入は可能となる、その意味で、言語（書き言葉、文章・文体）の民主化・近代化の過程であった。

もちろん、女性もそこへ参入できる。漢文を基礎におき、外国語を散りばめた文章は、中等教育を受けた男性のものであり、中等教育で「国文」（和文）を割り当てられていた女性は、決定的に不利であった。文体と性別をめぐるこうした問題を最終的に突破していくのは『青鞜』周辺の女性たちであるが、漱石が新聞小説で言文一致体（近代文）の形成を大きく進めたことが、その条件となっている。つまり、漱石は女性たちの自己表現の場を切り開いたことになる。その意味で、『青鞜』周辺の言文一致体への踏み切りと、漱石をはじめとする新聞小説とは呼応関係にあると言ってよい。

以上のように、「三四郎」を出発点に、言文一致体という新しい革袋に入った新しい物語という二重の試みが始まった。やがて、新聞小説という広い裾野を持つ文芸的公共圏きってのヒロインは、『金色夜叉』（尾崎紅葉。『読売新聞』一八九七年一月〜一九〇二年五月）の「お宮」から、「美禰子」（「朋子」）「千代子」「お直」と次々と姿を変える「不可解な女」に交代する。かつて「お宮」に女たちが惹かれたとするならば、「不可解な女」をモデルに、女たちが「理解できない」行動に出るのも時間の問題だ。『青鞜』創刊で明子のもとへ駆けつけた入社希望者には、メディアの中の「真鍋朋子」に目を見張っていた女性も少なくない。(2)

2 「文鳥」から「心」へ ――「それから」の始まり

有夫姦という主題

夏目漱石は、自分の推薦で連載された「煤煙」（『東京朝日』一九〇九年一月〜五月）を、「それから」（同年六月〜十月）で、主人公「代助」の口を借りて手厳しく批判する。

要吉といふ人物にも、朋子といふ女にも、誠の愛で、已むなく社会の外に押し流されて行く様子が見えない。彼等を動かす内面の力は何であらうと考へると、代助は不審である。あゝいふ境遇に居て、あゝいふ事を断行し得る主人公は、恐らく不安ぢやあるまい。これを断行するに躊躇する自分の方にこそ寧ろ不安の分子があつて然るべき筈だ。(3)（全集⑥87）

ここまで批判する以上、自分の小説では、男と女が「誠の愛で、已むなく社会の外に押し流されて行く様子」、「彼等を動かす内面の力」、あるいは、また、「これを断行するに躊躇する自分の方にこそ寧ろ不安の分子があ」るという点について描かれているはずである。その観点から「それから」を読むと、たしかに、友人の妻との関係の変更を「断行するに躊躇する」様子が描かれている。

旅宿へ行つて、三千代さんに逢つて話しをしやうかと思つた。けれども、何だか行けなかつた。足を停めて思案しても、今の自分には、行くのが悪いと云ふ意味はちつとも見出せなかつた。けれども、気が咎めて行かれなかつた。勇気を出せば行かれると思つた。たゞ代助には是丈の勇気を出すのが苦痛であつた。（同60）

相手の女性に話をしに「行くのが悪いと云ふ意味はちつとも見出せ」ない、だが、「気が咎めて行かれな」い、「勇気を出すのが苦痛」である、という心的過程が描かれている。それは、友人・平岡の妻への恋情と、恋情の相互承認を前提とした上で、相手方の結婚の解体に乗り出すこと——既存の構造（法律関係、家族関係、友人関係等の社会関係）に手を懸けること——への不安と躊躇である。

こうした心理の底流には、「有夫姦」[4]（全集⑥86）という問題がある。有夫姦とは、通常、「夫有る女性が姦通すること」を意味するが、男性にとっては、「夫有る女性と姦通すること」を意味することになる。言い換えれば、（夫ある女性との）結婚を志向した恋愛が姦通と指弾されるという苦痛である。相手方の結婚は姦通罪で守られており、[5]この前年施行された改正刑法においても大きな変化はない。[6]自分は法や社会規範に手を懸けることになるのである。

彼は三千代と自分の関係を、天意によつて、——彼はそれを天意としか考えられなかつた。——醱酵させる事の社会的危険を承知してゐた。天意には叶ふが、人の掟に背く恋は、其恋の主の死によつて、始めて社会から認められるのが常であつた。彼は万一の悲劇を二人の間に描いて、覚えず慄然とした。（同249）

しかも、仲間の妻を奪う、友人を裏切るという問題でもある。「それから」には、「幸徳秋水と云ふ社会主義の人」への好意的な言及がある（九月十二日）。「細君を奪《と》つちまふぞ」（同244）という言葉を胸に抱いた代助が平岡と面会する場面で、「平岡はそれから、幸徳秋水と云ふ社会主義の人を、政府がどんなに恐れてゐるかと云ふ事を話した」（同239）と幸徳の名が突然出てくるのである。平民社で管野須賀子と同居していた幸徳秋水には、服役中の同志の妻を奪ったという疑惑がかけられていた。それを理由に同志が離反していく[7]有様は、漱石に強い印象を与えたと思われる。

「門」（一九一〇年三月～六月）では、友人の妻との結婚を敢えてした宗助とその細君・御米[8]の日常を描いてみせる。「彼等」は、資産も友達もなく、[9]子どもは育たず、[10]変化のない日常を夫婦差し向かい

で静かに暮らすのである。(11)

「意中の人」

こうした有夫姦、さらには三角関係（男・女・男）という主題は、この後、「彼岸過迄」（一九一二年一月〜四月）、「行人」（一九一二年十二月〜一九一三年四月、一九一三年九月〜十一月）、「こゝろ」（一九一四年三月〜八月）と続く。ここまで三角関係にこだわるのであるから、漱石には、姦通ないし有夫姦が問題になるような「意中の人」がいたのではないか、三角関係は現実（ないし過去）の反映なのではないかという見方は根強い。その「意中の人」、あるいは、「未練」の対象をめぐってさまざまな推測が試みられてきた。

漱石・金之助の「意中の人」の候補としては、従来、養母の連れ子・れん、嫂《あによめ》・登世、さらに、大塚楠緒《くすお》（楠緒子）等の名があがっている。(12)中でも、れん説、(13)登世説(14)は根強い。ともに、金之助が一つ屋根の下で暮らしたことのある女性である。

日根野れん（一八六六―一九〇八。連）は、金之助の養父塩原昌之助の再婚相手・かつ（加津。旗本出身）の連れ子である。金之助は、れんと、一八七四年十二月から一年余同居し、その後も往き来があった。昌之助には、れんと金之助を一緒にさせようという思惑があり、れんとの恋愛関係・結婚は禁じられてはおらず、むしろ、歓迎されていた（少なくともその時期があった）。だが、れんは結局、他の男と結婚した。

嫂・登世（一八六七―一八九一）は、芝愛宕権現〔祠官〕水田孝畜《たかます》の次女である。登世との関係は、夏目家の長男大助・次男直則が相次いで肺結核で没して（一八八七年三月、六月）、三男和三郎（直矩《なおただ》）が家督を相続し、登世が嫁入りした（一八八八年四月）ことに始まる。登世が悪阻《おそ》（つわり）で急逝する（一八九一年〔明治二四年〕七月）まで、金之助は、三年強、登世と同居・接触していた。嫂とはいえ、同い年で、金之助より二ヵ月年下である。

登世に関しては、没した直後、「社会の一分子たる人間としては誠に敬服すべき婦人」と称えた、金之助から友人・正岡子規（常規《つねのり》）宛の書簡（一八九一年八月三日付）がある。ただし、「嫂」が小説で重要な位置を占める（「それから」の梅子、さらに「行人」の直）ものの、登世との深い関係を示す資料はこれ以上みつかっていない。

他方、れん説は、文章上の根拠として、れんが病没した前後に書かれた、「文鳥」（及び、後年の「道草」）、「夢十夜」、「心」（「永日小品」）を挙げる。

そこで、れん説をとった場合、その根拠とされる一連の文章はどう読めるのかをあらためて検討したい。むろん、そもそも、小説《フィクション》と実生活を繋ぎ合わせるのが危うい作業であることは承知の上である。まず、友人の狩野亨吉《こうきち》宛書簡（一九〇六年十月二三日付）に、「ある女」への言及がある。

元来夢に就て僕はから思つてゐる。人はよく平生思つてるものを夢に見ると云ふが僕の考では割合から云ふと思はないものを見る方が多い。昔し僕がある女に惚れて其女の容貌を夢に見たい〳〵と思つて寐たが何晩かゝつても遂に一度も見なかつたのでもわかる。（全集㉒595）

つまり、ここでは、昔「ある女」に惚れた、その容貌を夢に見たいと念願して何晩も眠ったと述べている。この「ある女」が誰なのかが問題となるが、れんであるとすれば、そのかつての容貌を何としても夢で見たいと念じていた、ということになる。

れんは、一九〇八年（明治四一年）六月二日、病没した。

この少し前（五月十日前後）、漱石は、「文鳥」（『大阪朝日』六月十三日〜二一日）を書き上げた。そこには、「昔し美しい女を知つて居た」から始まる一節がある。

また、れんが没した後、「夢十夜」（東西両『朝日』七月二五日〜八月五日）が書かれている。その「第一夜」には、「死にます」、「百年待つてゐて下さい」という注目すべき句があり、やがて、自分の方へ向かって伸びてきた茎から咲いた白百合が、その「女」の再生とされる。

さらに、「心」（「永日小品」）（『大阪朝日』一九〇九年一月〜三月、『東京朝日』一月〜二月）には、「百年の昔から此処に立つて百年の後迄自分を従えて何処迄も行く顔」とある。

ここから、昔知っていた「美しい女」「文鳥」とは、れんであるという見方が有力である。

同時に、これに続く「夢十夜」「心」も、れんが想定されているという見方が根強い(15)。そこで、はたして、「文鳥」「夢十夜」「心」から、「意中の人」＝れんという答を出すことが妥当なのかを検討する。

「文鳥」

まず、「文鳥」では、鈴木三重吉に勧められて飼ってみた「文鳥」の様子から、昔知っていた「美しい女」の追憶に滑り込んでいく。

〔前略〕それでも文鳥は一向不平らしい顔もしなかつた。籠が明るい所へ出るや否や、いきなり眼をしばたゝいて、心持首をすくめて、自分の顔を見た。

昔し美しい女を知つて居た。此の女が机に凭れて何か考へてゐる所を、後から、そつと行つて、紫の帯上げの房になつた先を、長く垂らして、頸筋の細いあたりを、上から撫で廻したら、女はものう気に後を向いた。其の時女の眉は心持八の字に寄つて居た。夫で眼尻と口元には笑が萌して居た。同時に恰好の好い頸を肩迄すくめて居た。文鳥が自分を見た時、自分は不図《ふと》此の女の事を思ひ出した。此の女は今嫁に行つた。自分が紫の帯上でいたづらをしたのは縁談の極つた二三日後である。（全集⑫88）（五）

〔前略〕それでも煙草は一本ふかした。此の一本をふかして仕舞つたら、起きて籠から出して遣らうと思ひながら、口から出る煙の行方を見詰めて居た。すると此の煙の中に、首をすくめた、眼を細くした、しかも心持眉を寄せた昔の女の顔が一寸見えた。自分は床の上に起き直つた。（同89）（五）

次の朝は又怠けた。昔の女の顔もつい思ひ出さなかつた。〔中略〕文鳥はもう留り木の上を面白さうにあちら、こちらと飛び移つてゐる。さうして時々は首を伸して籠の外を下の方から覗いてゐる。其様子が中々無邪気である。昔紫の帯上でいたづらをした女は襟の長い、脊のすらりとした、一寸首を曲げて人を見る癖があつた。（同90）（六）

〔前略〕文鳥は絶えず眼をぱち〱させてゐた。
昔紫の帯上《おびあげ》でいたづらをした女が、座敷で仕事をしてゐた時、裏二階から懐中鏡《ふところかがみ》で女の顔へ春の光線を反射させて楽しんだ事がある。女は薄紅くなつた頬を上げて、繊《ほそ》い手を額の前に翳《かざ》しながら、不思議さうに瞬《まばたき》をした。此の女と此の文鳥とは恐らく同じ心持だらう。（同94）（七）

このように、文鳥から、昔知っていた「美しい女」を思い出す。それが、れんの死期が迫った時期であることから、これを聞き知った漱石が「文鳥」を書き上げたのであろうとみられている。(16)だが、「文鳥」がれんを描いているとすると、奇妙なことがある。「文鳥」を書いている時、れんの死は間近なのである。なぜ、一目会おうとしたり、あるいは、たよりを出して、見舞いや暇乞いをしようとはしないのだろうか。言い換えれば、小さい頃から一緒に育ったような、幼馴染みの女性であるとするならば、なぜ、ただ、文鳥を見て、昔知っていた「美しい女」を回想し、それに止めるのだろうか。

そこからすると、この文章は、れんに対する愛情の表現そのものというよりも、むしろ、れんに対する距離が表れているとみるべきではないだろうか。つまり、書き手の位置は、その女性の（かつての）「美」を鑑賞し、愛でるだけ。――対象（女性）は、初めから文鳥の延長上に描かれる。文鳥が「心持首をすくめて、自分の顔を見た」から、「恰好の好い頸を肩迄すくめて居た」様を、あるいは、

「文鳥は絶えず眼をぱち〳〵させてゐた」から、「不思議さうに瞬《まばたき》をした」様を思い出すのである。そして、最後に、「此の女と此の文鳥とは恐らく同じ心持だらう」と念を押す。

つまり、「文鳥」としてしか、描かない。——生きた人間としてではなく、文鳥として。れん自身には近づかないで、その死を前に「昔し美しい女を知つて居た」ことについて書いたのである。

なお、後年の「道草」（一九一五年六月〜九月）では、れんを「御縫さん」として追憶し、その美しさを簡潔にまとめている。

> 健三は心のうちで昔見た柴野と御縫さんの姿を並べて考へた。柴野は肩の張つた色の黒い人であつたが、眼鼻立からいふと寧ろ立派な部類に属すべき男に違なかつた。御縫さんは又すらりとした恰好の好い女で、顔は面長の色白といふ出来であつた。ことに美くしいのは睫毛の多い切長の其眼のやうに思はれた。（全集⑩65）（「道草」二二）[17]

ここまでは、「女」の美しさと風情を愛でるものである。「すらりと恰好の好い女」「恰好の好い頸」「ことに美しいのは睫毛の多い切長の其眼」である。文鳥のような女——ある女性が文鳥の比喩で描かれる。さらに言えば、文鳥として表象される。「女」は文鳥そのものであり、そこに封じ込められる。

「夢十夜」

「夢十夜」は、「美しい女」の死と再生をめぐる物語（第一夜）から始まる。

こんな夢を見た。

腕組をして枕元に坐つて居ると、仰向に寝た女が、静かな声でもう死にますと云ふ。女は長い髪を枕に敷いて、輪郭の柔らかな瓜実顔を其の中に横たへてゐる。〔中略〕死にますとも、と云ひながら、女はぱつちりと眼を開けた。大きな潤のある眼で、長い睫に包まれた中は、只一面に真黒であつた。其の真黒な眸の奥に、自分の姿が鮮に浮かんでゐる。（全集⑫99）

そして、女は、

「百年待つてゐて下さい」と思い切つた声で云つた。

「百年、私の墓の傍に坐つて待つてゐて下さい。屹度《きつと》逢ひに来ますから」

するとある時、「石の下から斜《はす》に自分の方へ向いて青い茎が伸びて来た。」、「すらりと、揺ぐ茎の頂に、心持首を傾けてゐた細長い一輪の蕾《つぼみ》が、ふつくらと瓣《はなびら》を開いた。」、「真白な百合」が応えるほど匂い、白い花瓣《はなびら》に接吻すると、暁の星がたった一つ瞬《また》き、「「百年はもう来てゐたんだな」と此の時始めて気が附いた。」というものである。

「すらりと、揺ぐ茎の頂に、心持首を傾けてゐた細長い一輪の蕾《つぼみ》」は、「脊のすらりとした、一寸首を曲げて人を見る癖」（「文鳥」）を思わせる。

もし、この女性がれんだとすれば、臨終の場面は、実際には近寄らずに、没後、夢として描いたということになる。つまり、死のうとする女に「百年待っていて下さい」と言われたと書き、そして、ある時ふと気づくと、自分の方へ向かって茎になって生えてきたと描いた。れんが没して、まだ一ヶ月（七月一日脱稿）。れんその人に対する追悼と言うには、あまりに早い「再生」である。しかも、奇妙に美的で、かつ、現実の人間から離れている。女は、あくまで見る対象である（「美しい女」）――関わらない、あるいは、関われない。

夢の最後（第十夜）は、「一人の女」の「着物の色がひどく気に入」り、「大変女の顔に感心してしまった」庄太郎が、「大事なパナマの帽子を脱《と》つて丁寧に挨拶をしたら」、「大変重い」果物の籠詰めを運んでいくことになったという話である。その先には次の場面がある。

女と一所に草の上を歩いて行くと、急に絶壁《きりぎし》の天辺へ出た、その時女が庄太郎に、此処《ここ》から飛び込んで御覧なさいと云つた。底を覗いて見ると、切岸《きりぎし》は見えるが底は見えない。庄太郎は又パナマの帽子を脱いで再三辞退した。すると女が、もし思い切つて飛び込まなければ、豚に舐められますが好う御座んすかと聞いた。（全集⑫129）

庄太郎は、「飛び込むのを見合せてゐた」ために、遙か向こうから押し寄せて来る「豚の鼻頭《はなづら》を七日六晩叩いた」末に、「とうとう精根が尽きて、手が蒟蒻の様に弱つて、仕舞に豚に舐められてしまつた。さうして絶壁《きりぎし》の上へ倒れた。」。これは、「飛び込んで御覧なさい」と挑戦され、それに躊躇したために受けた罰というわけであろうか(18)。

女、飛び込み（性行為を含意）を挑発、怯んだことで罰せられる――この光景は何度も繰り返される。[19]とすると、「文鳥」にある、次の箇所が気にかかる。

此の女が机に凭れて何か考へてゐる所を、後から、そつと行つて、紫の帯上げの房になつた先を、長く垂らして、頸筋の細いあたりを、上から撫で廻した（全集⑫88）

座敷で仕事をしてゐた時、裏二階から懐中鏡で女の顔へ春の光線を反射させて楽しんだ事がある。（同94）

性的な行為に限りなく近い。女性はそれを受け流しており、相互性がないわけでもない。浮世絵の――春画に似た――世界である。もし、昔知っていた美しい女がれんだとすれば、この文章からは、二人の間には性的なやりとりがあったことを示唆している。[20]しかも、その新居を訪ねてみれば、性の気配を隠しもしない（「道草」二二）。

健三は一度その新宅の門を潜《くゞ》つた記憶を有《も》つてゐた。其時柴野は隊から帰つて来た身体《からだ》を大きくして、長火鉢の猫板の上にある洋盃《コップ》から冷酒をぐい〳〵飲んだ。御縫さんは白い肌をあらはに、鏡台の前で鬢《びん》を撫でつけてゐた。彼はまた自分の分として取り配《わ》けられた握り鮨をしきりに皿の中から撮《つま》んで食べた。……（全集⑩65）

客として相手にされず、黙って自分用に取り分けられた握り鮨を食べていた、と読める。女によって定義された、自分の境界。我慢できない。抜け出したい。だが、そこには、封じられた性行為がある。

以上のように、「夢十夜」には、「美しい女」の死と再生（第一夜）、「美しい女」からの飛び込み（性行為）の挑発、怯んだことへの罰（第十夜）というモチーフがある。

「心」

「心」（「永日小品」）では、再び、小鳥が現れる。ただし、「まだ見た事のない鳥」である。

まだ見た事のない鳥だから、名前を知らう筈はないが、其色合が著るしく自分の心を動かした。〔中略〕自分は半ば無意識に右手《めて》を美しい鳥の方に出した。鳥は柔かな翼と、華奢な足と、漣《さざなみ》の打つ胸の凡てを挙げて、其の運命を自分に託するものゝの如く、向ふからわが手の中に、安らかに飛び移つた。自分は其の時丸味のある頭を上から眺めて、此の鳥は……と思つた。然し此の鳥は……の後はどうしても思ひ出せなかつた。たゞ心の底の方にその後が潜んでゐて、総体を薄く暈す様に見えた。此の心の底一面に煮染《にじ》んだものを、ある不可思議の力で、一所《ひとところ》に集めて判然《はっきり》と熟視したら、其の形は、――矢つ張り此の時、此の場に、自分の手のうちにある鳥と同じ色の同じ物であつたらうと思ふ。〔中略〕さうして此の鳥はどんな心持で自分を見てゐるだらうかと考へた。（全集⑫203）

「美しい鳥」は、「自分」が右手を差し出すと、「其の運命を自分に託するものゝの如く、向ふからわが手の中に、安らかに飛び移つた」。じつは、「文鳥」では、鳥が自分の方に来ることはない。自分の顔を見て鳴くこともなく、手の上で餌をやることは、およそ叶わぬ夢だった。

三重吉の説によると、馴れるに従つて、文鳥が人の顔を見て鳴く様になるんださうだ。〔中略〕のみならず三重吉の指の先から餌《え》を食《たべ》ると云ふ。自分もいつか指の先で餌をやつて見たいと思つた。（同90）（六）

天気の好い時は薄い日を硝子越《ガラスごし》に浴びて、しきりに鳴き立てゝゐた。然し三重吉の云つた様に、自分の顔を見てことさらに鳴く気色は更になかつた。

自分の指からぢかに餌を食ふ抔《など》と云ふ事は無論なかつた。（同92）（七）

このように、「文鳥」では、出会いは三重吉がもたらしたものであり、三重吉の指図どおりやってみたが、うまくいかなかった。ところが、「心」では、「頭巾を被つて、白い鬚を疎らに生やした下駄の歯入《はいれ》」（の「爺さん」）が、「例の冴え損なつた春の鼓をかんと打つと、頭の上に真白に咲いた梅の中から、一羽の小鳥が飛び出した」（全集⑫202）。鳥は、「不図《ふと》欄干に倚り掛つてゐる自分の方を見上げるや否や、ぱつと立つた」、すると、「もう奇麗な足で手摺の桟を踏まへてゐる」。つまり、この鳥は、真っ直ぐに自分の方へ飛んできたのである。注目すべき変化である。

しかも、「此の鳥は……」、自分の「心の底一面に煮染《にじ》んだもの」の形象化に他ならない。最後にある、「此の鳥はどんな心持で自分を見てゐるだらうか」は、「此の女と此の文鳥とは恐らく同じ心持だらう」（「文鳥」）から変化している。鳥が自分を見ているからこそ、自分への「心持」にまで考えを及ぼすことができるのである。

やがて散歩に出た。〔中略〕
すると何処《どこ》かで、宝鈴が落ちて廂瓦《ひさしがわら》に当る様な音がしたので、はつと思つて向ふを見ると、五六間先の小路《こうじ》の入口に一人の女が立つてゐた。何を着てゐたか、どんな髷に結つてゐたか、殆んど分らなかつた。ただ眼に映つたのは其の顔である。其の顔は、眼と云ひ、口と云ひ、鼻と云つて、離れ離れに叙述する事の六づかしい――否、眼と口と鼻と眉と額と一所になつて、たつた一つ自分の為に作り上げられた顔である。百年の昔から此処に立つて、眼も鼻も口もひとしく自分を待つてゐた顔である。百年の後迄自分を従へて何処迄も行く顔である。黙つて物を云ふ顔である。女は黙つて後を向いた。追附いて見ると、小路と思つたのは露次で、不断の自分なら躊躇する位に細くて薄暗い。けれども女は黙つて其の中へ這入つて行く。黙つてゐる。けれども自分に後を跟《つ》けて来いと云ふ。自分は身を穿《すぼ》める様にして、露次の中に這入つた。（全集⑫204）
〔中略〕すると露次は真黒な土蔵の壁で行き留つた。女は二尺程前に居た。と思ふと、急に自分の方を振り返つた。さうして急に右へ曲つた。其の時自分の頭は突然先刻《さつき》の鳥の心持に変化した。さうして女に尾《つ》いて、すぐ右へ曲つた。右へ曲ると、前よりも長い露次が、細く薄暗く、ずつと続いてゐる。自分は女の黙つて思惟する儘に、此の細く薄暗く、しかしずつと続いてゐる露次の中を鳥の様にどこ迄も跟いて行つた。（同205）

女は現れたのである。黙ったまま、しぐさで命ずる。自分は、女の導くままに、露次を、鳥の様にどこ迄も跟いて行く。この女性は、れんとは言えない。「文鳥」とは違う鳥と関連づけられている。

「ただ眼に映つたのは其の顔である。〔中略〕たつた一つ自分の為に作り上げられた顔である。百年の昔から此処《ここ》に立つて、眼も鼻も口もひとしく自分を待つてゐた顔である。百年の後迄自分を従へて何処《どこ》迄も行く顔である」（同204）。

自分の為の――人の為のではない――顔である。いうなれば、「美しい女」に、「心」が入ったのである。

最後にある、「自分は女の黙つて思惟する儘に、〔中略〕鳥の様にどこ迄も跟いて行つた」（あるいは「其の時自分の頭は突然先刻《さっき》の鳥の心持に変化した」）は何を意味するのだろうか。今度は、自分が、「先刻《さっき》の鳥」になる。運命を託してどこ迄も跟いて行く。道なき道、露次を進む。

今度、「女」は、自分を迷わせるのではなく、導いていく。無私になっていい。「たつた一つ自分の為に作り上げられた」女なのだから。――つまり、いわば、自己そのものである。自己そのものに忠実に。自分の欲望に忠実に――なかった「三角関係」を自前で作り出す。そこで生き、悩み、日々を暮らす。つまり、「三角関係」は、現実の反映というより、創造される。「それから」（続編）が始まる。

三千代は美くしい線を奇麗に重ねた鮮かな二重瞼を持つてゐる。眼の恰好は細長い方であるが、瞳を据ゑて凝《じつ》と物を見るときに、それが何かの具合で大変大きく見える。代助は是を黒眼の働らきと判断してゐた。三千代が細君にならない前、大助はよく、三千代の斯う云ふ眼遣《めづかい》を見た。さうして今でも善く覚えてゐる。三千代の顔を頭の中に浮べやうとすると、顔の輪廓が、まだ出来上らないうちに、

此黒い、湿《うる》んだ様に暈《ぼか》された眼が、ぽつと出て来る。（全集⑥62）

3　失われた女たち——母・千枝、そして、楠緒

楠緒

漱石の「意中の人」候補のもう一人・大塚楠緒（一八七五－一九一〇。戸籍名久寿雄《くすお》）である。楠緒は、東京の麴町区一番町で生まれ育った。父・正男は元土佐藩士で、鹿児島裁判所長、さらに、名古屋・宮城・東京控訴院長を歴任し、家には長らく不在であった。楠緒は十四歳で東京高等女学校に転入学（一八八九年）し、同校は翌年女子高等師範学校の付属校に組み込まれ、ここを首席で卒業する（一八九三年）。

金之助と交流があったが、一八九五年二月、すでに見合いをしていた小屋保治《こややすじ》と結納を交わした。金之助と楠緒の交流の程度は明らかではないが、河内一郎氏は、一八九四年七月二五日、金之助が伊香保温泉（群馬県）へ行って保治を呼び出した時、二人の男の間で何らかの決着がつき、それが、次のような金之助のその後の行動の誘引となったとみる(21)。

八月上旬、金之助は一人松島に旅行し、瑞巌寺《ずいがんじ》に詣でる。南天棒（中原全忠）の元で参禅するが、惨憺たる結果に終わる。正岡子規に、「去月松島に遊んで瑞巌寺に詣でし時南天棒の一棒を喫して年来の累を一掃せんと存候へども生来の凡骨到底見性の器にあらずと其丈は断念致し候」（子規宛書簡、九月四日付。全集㉒69）と書き送っている。参禅の公案は不明だが、後に「夢十夜」（第二夜）に描かれ

る「趙州無字」であるとみられる。(22)

東京へ戻ると、湘南海岸で台風の海に入って快哉《かいさい》を叫び、宿屋の主人を驚かせる。帰ると帝国大学の寄宿舎を出て、友人・菅虎雄の家（東京・小石川）に身を寄せる。

十月、小石川の法蔵院に下宿する。隣房に尼たちがいる、そのせいでうるさいと子規に書き送る。「猶尼僧の隣房に語るあり少々興覚申候御閑の節是非御来遊を乞ふ」（子規宛葉書、十月十六日付。同七一）、「隣房に尼数人あり少しも殊勝ならず女は何時までもうるさき動物なり／尼寺に有髪の僧を尋ね来よ」（子規宛書簡、同月三一日付。同七二）、と。ただし、河内氏の取材によれば、法蔵院がかつて尼寺であったことはなく、したがって、尼たちが寝泊まりするということはありえない(23)という。

つづいて、岡山で再婚していた嫂・小勝が肺結核で没した（十二月一日）。金之助は、二年前（一八九二年）の七月、小勝の再婚先を訪ねて、歓待されている。

菅虎雄の紹介によって、円覚寺の塔頭《たっちゅう》・帰源院に釈宗活を訪ねるのは、この年末である。もう一度、悟りを開こうとしたのであろう。だが、釈宗演の元での参禅は、これもまた、うまくいかなかった。公案は「父母未生《みしょう》以前の本来の面目」である。「門」によれば、「自分は今腹痛で悩んでゐる」のに、「其対症療法として、六づかしい数学の問題を出して、まあ是でも考へたら可《よ》からうと云はれたと一般であつた」（全集⑥577）。

一八九五年二月、小屋保治と大塚楠緒が結納を交わし、三月、二人は結婚した。同月、金之助は、同じく菅虎雄の紹介で、愛媛県尋常中学校（松山中学）に嘱託教員として赴任することを決断する。高等師範学校、兼任の東京専門学校の職を投げ打って、である。理由は今もって明らかではないが、

楠緒と保治の結婚のためであるという見方がある。(24)

たしかに、金之助の精神的危機と二人が結婚する過程は近接しているが、そこから楠緒が「意中の人」であると断定することは、むろん、できない。とはいえ、興味深いのは、その約十年後の楠緒の短編「客間」(『早稲田文学』一九〇六年三月号)である。「無事に生き存《なが》らへて居《い》る男と女」が、十年振りに、ある家の客間で鉢合わせになった場面を描くものである。

自分は彼《あ》の女を思つてゐる、私は彼《あ》の男《ひと》を思つてゐると、互に自覚は為《し》て居たもの丶、明《あか》し合ふ隙《ひま》のない間《ま》に、義理にせまられてやら、運命の糸に操つられてやらで、思ひ〳〵に人の妻となり良人《おっと》となつて、それぎり殆《ほと》んど十年、只の一度も顔を合《あわ》せなかつた二人である。

主人夫婦がちょっと席を外《はず》してしまったので、「さあ二人は二人限《ぎり》となつた、十年振である、どちらからも意中の人である」。男の頭に浮かぶのは、「昔の自分は、恋をするには余り臆病な、射られた矢疵《やきず》を隠し隠して悶えてばかりゐた鳩の様であつたので、終《つい》に人に奪はれてしまつたのである」等々である。「めぐり逢つたのが珍らしいやら苦しいやらで、男は悶え切つて」いたが、ついに、意を決して、「「実はあの時、貴方に申上《もうしあげ》たいことが……」」と言い、それを「女は聴きかけて、心《むね》を射ぬかれたやうに慄へた」。その瞬間、「間《あい》のからかみが、さらりと開いて」主人夫婦が「完爾《にこやか》に顔を出し」た。「間もなく別れ〳〵に二人は去」り、「それで、無事に男と女とは生き存《なが》らへて居るのである。」というものである。

あたかも、ともかく「無事に生き存《なが》らへて居る」ことが肝心だと言わんばかりである。

作者のこうした姿勢に、東京高等女学校廃校の渦中で育った痕跡をみても大過ないであろう。すなわち、楠緒は、「この頃は学者たちが。女には学問をさせないで。皆な無学文盲にしてしまつた方がよからうといふ説がありますとサ。」と三宅花圃が「藪の鶯」（一八八八年）で描き、「へんな現実性が非常に強かつた」とのちに宮本百合子が評する（本書一二八頁参照）渦中で教育されたのである。

ただし、もし、この「二人」が「初志」を貫こうとすれば、「無事に生き存《なが》らへ」ることはおそらくできない。刑法（一八八二年施行）には、「有夫の婦姦通したる者は、六月以上二年以下の重禁錮に処す。其相姦する者亦同じ」（第三五三条）とあり、また、「家族制度」を画定した民法（一八九八年公布・施行）には、すでにみたように、「子は父の家に入る」（第七三三条）、また、「姦通に因りて離婚又は刑の宣告を受けたる者は、相姦者と婚姻を為すことを得ず」（第七六八条）とあるからである。つまり、正義も保護される利益も、「二人」にはないのである。それどころか、罰を受け、子も親も資産も友達を失うことを覚悟しなければならない。[25]

文筆家としての楠緒は、佐佐木弘綱・信綱（竹柏《ちくはく》園）に入門し、歌人として育てられ、『心の華』（のちに『心の花』）に発表していた。一葉を目標に小説を書き始めるが、やがて、言文一致体（口語文）に乗り出す。[26]巣鴨で再建された明治女学校まで聴講に通い、『女学雑誌』にも寄稿している（第五〇四号、一九〇〇年一月二五日、長詩「暗夜」）。巌本善治の名が醜聞にまみれた時、楠緒の名も囁かれた。

他方、結婚生活一年で夫は外国（独仏伊）に出てしまい、その留学は四年余に及んだ。[27]その間、楠緒が果たすべき役割は、夫が不在の家を守り、子を育てることであった。つまり、夫不在の四年余も、なお、(刑法・民法で守られた)「良妻賢母」でなければならなかったのである。

だが、問題は、むしろ、ようやく戻ってきた夫との関係にあったようだ。「客間」と同じ年、楠緒の作品集『晴小袖』[28](一九〇六年正月)には、短編「密会」(『明星』一九〇四年一月)、「炎」(同一九〇五年五月)、「水たまり」(初出不詳)等に心のかよわない夫婦、嫉妬深い夫が描かれている。

やがて、楠緒の小説「空薫《そらだき》」が、漱石の紹介により、『東京朝日』に連載される(一九〇八年四月二七日～五月三一日)。翌一九〇九年一月からは漱石の「永日小品」が連載される(『大阪朝日』『東京朝日』)。さらに、『東京朝日』では、森田草平の「煤煙」が連載され(一月一日～五月十六日)、続いて、楠緒の「そら炷《だき》 続編」が連載される(五月十八日～六月十六日)。そして、この頃、漱石は、「それから」の執筆を開始するのである(五月三一日)。

こうした経緯からすると、漱石の執筆活動(なかでも「それから」以降のいわゆる三角関係の執筆)と楠緒の関係は深いのではないかと思われる。少なくとも、漱石は、楠緒の小説を読み、また、読み手として意識することができたのである。だが、同時にそれは、多くの人々が毎日目にするものであり、そこには、楠緒の夫も含まれる。

一九一〇年、流感から肺結核を悪化させ[29]三月に入院した楠緒は、一進一退の後、十一月九日、胃潰瘍から修善寺で危篤に陥った漱石が引き続き東京の胃腸病院に入院中、病没する。十三日、漱石は新聞でその死を知って驚く(「日記」)。

従来、楠緒に関しては、恵まれた環境で才能を開花させた「名流夫人」であり、さらには、夫の親友・漱石の紹介で『東京朝日』に連載を果たすという幸運を得たという語りが繰り返されている。だが、漱石がのちに「行人」で描いた嫂・直の一面――「有り触れたしつかりものゝ域を遙かに通り越してゐた」、「忍耐の権化」、「彼女の忍耐は、忍耐といふ意味を通り越して、殆んど彼女の自然に近い或物であつた。」（全集⑧327）――が、楠緒を描いたものだとすれば、社会の上層とはいえ、その生は決して恵まれたものとは言えない。

母・千枝

さて、思えば、金之助・漱石にとってこうしたこと――自分には理由のわからない拒絶と、それなりの獲得と不意の喪失――は、すでに母に関してあったことではないだろうか。

自伝的要素があるとみられる「坊つちやん」（『ホトトギス』一九〇六年四月）には、「おやぢは些《ちつ》ともおれを可愛がつて呉れなかつた。母は兄許《ばか》り贔屓《ひいき》にして居た。」、さらに、「母が病気で死ぬ二三日前台所で宙返りをしてへつついの角で肋骨《あばらぼね》を撲《う》つて大《おおい》に痛かつた。母が大層怒つて、御前の様なものゝ顔は見たくないと云ふから、親類へ泊りに行つて居た。するととう〳〵死んだと云ふ報知《しらせ》が来た。さう早く死ぬとは思わなかつた。そんな大病なら、もう少し大人しくすればよかつたと思つて帰つて来た」（全集②251）とある。つまり、これによれば、母は――心配してくれるどころか――「御前の様なものゝ顔は見たくない」と言い放ったまま、死んでしまったのである。

なお、金之助は、一八七六〔明治九〕年春頃、塩原姓のまま実家に引き取られた。千枝（一八二七－一八八一。ちゑ）は、明治十四年一月、金之助が満十四歳になる頃、病没する。金之助は、「同じ東京に居りながら、つい臨終の席には侍らなかつた」（「思ひ出す事など」〔一九一〇年十月〜一九一一年四月〕二八。全集⑫439）と言う。この母とは五年近く共に暮らしたことになる。

後年、母について書いたほぼ唯一の文章「硝子戸《ガラスど》の中《うち》」（三七、三八、二九。一九一五年一月〜二月）で、「宅中《うちじゅう》で一番私を可愛《かあい》がつて呉《く》れたものは母だといふ強い親しみの心」（全集⑫612）があると言う。[30]同時に、「〔前略〕際《きわ》どい私の記憶の断片」がわずかにあるだけで、「其外《そのほか》の事になると、私の母はすべて私に取つて夢である」とも言う。

すなわち、母・千枝は、四谷大番町で生まれて、父の所へ嫁にくるまで御殿奉公をしていたと聞いているが、それも、「ただ淡い薫《かおり》を残して消えた香のやうなもので、殆んど取り留めようのない事実である」。「私は錦絵に描いた御殿女中の羽織つてゐるやうな華美《はで》な総模様の着物を宅《うち》の蔵の中で見た事がある」、だが、「私の知つている母は、常に大きな眼鏡を掛けて裁縫《しごと》をしていた」、「始終紺無地の絽《ろ》の帷子《かたびら》を着て、幅の狭い黒繻子《くろじゅす》の帯を締めていた」、「常に大きな老眼鏡を掛けた御婆さんであつた」。

いったい、母は、自分を可愛がってくれたのか、くれなかったのか。そもそも、何故、自分だけ、生まれるとすぐ里子、戻されると今度は養子に出されたのか――こうした問いを突き詰めていけば、両親が年取ってから生まれた恥かきっ子、両親に疎まれた子、母親に嫌われた子、さらに、もしや、母の子ではなかったのではないか、という問い（答え）が出てくるのは避けられない。病没してしまった後、蔵の中で「美くしい裲襠《かいどり》」[31]を見つけ、自分の目で見ることの叶わなかった、母の「水々しい姿」・「それを打ち掛けた姿」を思い描きながら、やがて、母は、自分にとっていったい何者であったのかと考え込むことも、あるいは、あったのかもしれない。

「硝子戸《ガラスど》の中」には、「私を生んだ時、母はこんな年歯《とし》をして懐妊するのは面目ないと云つたとかいふ話」が今でも折々は繰り返されており、「単に其為《そのため》ばかりでもあるまいが、私の両親は私が生れ落ちると間もなく」里子に出してしまったこと（二九）、その後、家に戻っても、祖父母と信じて「御爺さん、御婆さん」と呼ぶのを誰も止めなかったこと（下女がこっそり親だと教えてくれた）（同）、「私はついぞ母の里へ伴《つ》れて行かれた覚《おぼえ》がない」こと（三七）が書かれている。「母の里」とは、四谷大番町の質商「鍵屋」（福田庄兵衛）であるから、何かあると気づいたことであろう。

つまり、母は——はたして母であったのかという疑惑を残して去っていったのである。ちなみに、漱石の作品中、こうした問題を扱っているのは、「彼岸過迄」（一九一二年一月〜四月）末尾の「松本の話」である。松本は、自分には僻《ひが》みがあると認めたうえで「僕はただどうしてこうなったかその訳が知りたいのです。〔中略〕唯僕だけが知らないのです。」と訴える市蔵（姉の息子）に、「本当の母子《おやこ》ではない」（全集⑦320）という回答を与える。市蔵の「母」は、小間使が夫の「種を宿した時」、その小間使も生まれた子も公正に——つまり、（一般的に言えば）自分の利害と欲望を抑えて——とり扱った女性として描かれる。同時に、松本は、「市蔵の太陽は彼の生れた日から既に曇っていた」と形容する。

金之助の場合、わずかに残された母の面影も、分裂していた。自分の目で見た姿——「生死事大無《しょうじじだいむ》常迅速云々《じょうじんそくうんうん》と書いた石摺《いしずり》の張交《はりまぜ》にしてある襖《ふすま》」を背景にして、「始終紺無地の絽《ろ》の帷子《かたびら》を着て、幅の狭い黒繻子《くろじゅす》の帯を締めて」、「常に大きな眼鏡を掛けて裁縫《しごと》をしてゐた」御婆さん（しかも、「それを掛けた儘《まま》、すこし顋《あご》を襟元へ引き付けながら、私を凝《じっ》と見る事が屢々《しばしば》あつた」）——と、「美くしい裲襠《かいどり》」から思い描いた、「それを打ち掛けた姿」・「水々しい姿」（若い女）に。やがて、前者が、禅僧・和尚、後者が「美しい女」（影《イメジ》）に繋がり、人で言えば、登世に前者を、れんに後者をみる。この分裂を超えて、心の平安を得るには、禅師（清子）に会いに行くほかなかったのではないだろうか。

言い換えれば、母は謎だった。謎の女とは、まず何よりも、母だった。だから、本人に「会つて訊く」、「未練の片を付けて来る」。それは、江戸から明治にかけての——江戸から東京にかけての——（一人の）女性という体験を、本人に語らせることになる。つまり、千枝の側から世界を見ることになるのである。

思えば、母・千枝、嫂・登世、嫂・小勝、れん、そして、楠緒——漱石・金之助がおそらく慕った女性たちは、「あっと言う間に」手の届かない存在になってしまった。結婚であり、病没である。しかも、病没の一部について、夫に責任があると示唆されている。たとえば、「道草」では、お縫さんの夫の柴野は、「相変らずの大酒で家計があまり裕《ゆたか》でない」。また、嫂・登世は悪阻《おそ》（つわり）で急逝したが、「道草」では、「二度目の妻が病気の時、彼は大して心配の様子もなく能く出歩いた」、「人はそれを気に入らない妻に対する仕打とも解釈した」とされている。他方、「明暗」の清子は、夫が性病に罹っていたと暗示され、流産した体を癒すために温泉場に来ているという設定である。

以上のように、漱石・夏目金之助は——自分の親密圏・感情が社会の規制を強く受けて歪んでいると自覚して——「良妻」「賢母」として人生を送った女性（たち）が胸にしまい込んだ声を訊き出さずにはいられない位置にいたのではないだろうか。

第十章　ぶつかり合う夫婦と、過去からの来訪者——「道草」にみる妻の意味

「道草」（一九一五〔大正四〕年六月～九月。全集⑩所収）では、それまでの漱石の小説の中に棲息していた「美しい・わからない女」——主人公（男）は引き寄せられるが、突っぱねられる——にかわって、夫に対してしっかりと自分を主張する「細君」が登場する。

従来、漱石の妻・鏡子には「悪妻」という言葉や揶揄がつきまとってきた。だが、じつは、主人公と（全く別の人間として）屹立する細君との関係は、小説を創り出す上できわめて生産的な装置である。言い換えれば、漱石は、妻・鏡子という存在と真向かい、対峙することで、後期漱石へと変化していく。その出発点「道草」では、妻と夫の自我の応酬・「心理戦」が綿密に描かれ、同時に、「細君」の分析・描写を通じて、一人の女性の自我のあり様・心理（心の動き）が克明に描かれる。「存外新らしい細君」と、ぶつかり合う夫婦の登場である。

「道草」は、漱石がそれまで書いてきた新聞小説とは趣を異にする。三角関係はない。恋愛もない。あるのは、争いの絶えない、夫婦の日常である。

そこに、主人公・健三のかつての養父・島田をはじめ、様々な人々が登場する。夫婦の世帯は「駒込の奥」であるが、健三の姉夫婦、兄という親類は、かつて夏目の家屋敷があった牛込区の近辺で暮らしている。つまり、モデルは現実の自分たち、すなわち、自分と妻、そして、身内である。

健三から見れば、そのほとんどは相当年長であり、長い間、健三の眼中になかった人々である。なかでも、島田は「二十年余も会はない人」（十六）である。[1]

島田のモデル・塩原昌之助は、夏目家の当主・直克（金之助の父）が後見人となって世話した人間である。直克の仲人で、夏目家に奉公していた榎本やすと結婚した。そして、直克五〇歳にして望まれずに生まれた子・金之助は――「硝子戸《ガラスど》の中《うち》」によれば、生まれ落ちると間もなく古道具屋へ里子に出され、笊《ざる》の中に入れられて夜店に曝されていたのを、たまたま通りかかった姉が可哀想だとでも思って、「懐《ふところ》へ入れて宅《うち》へ連れて来た」（二九）のを、さらに――この夫婦の養子に遣られたのである。

「道草」に登場する身内――元養父・島田、その妻《さい》・御常、また、「十六違ふ」（五）腹違いの姉、兄などは、「過去」からやってくる人々である。一つには、健三の幼年期・「過去」に密接な関係がある人々という意味で。同時に、多かれ少なかれ、「過去」の人である――その全盛期が、「江戸」（世界）がまだ崩壊していない時期にあった――という意味で。つまり、二重の意味で、主人公の眼前に「過去」から現れた人々なのである。

本章では、「道草」に見える、こうした「過去」の人々の姿を明らかにし、同時に、健三・細君という夫婦の関係を俎上に載せる。そして、小説全体を通して、主人公（と作者）が、こうした「過去」の人々との格闘を通じて、何を得たのか、どう変わったのかを検討する。

1 お縫さんと柴野

「道草」のストーリーを繋いでいくのは、お縫さんという女性である。お縫さんのモデルは日根野《ひねの》れんである。

日清戦争を経て、お縫さんは、夫・柴野の金鵄勲章の年金を母・お藤さん（島田の後妻）に仕送りしている。それを羨んだ島田が、自分にも、と、健三に金を強請《せび》りに来たのが、(2)そもそもの始まりである。ところが、病を患っていたお縫さんは死去する。お藤さんへの送金が止まることを心配した島田は、さらに執拗に健三を強請る（九〇）。健三は、ついに金を工面することを決心し（九六）、結局、年明けに、「島田に遣るべき金の事を考へて」、「又洋筆《ペン》を執つて原稿紙に向つた」（一〇一）。そして、書き上がったものを金に換えて、島田に遣ったというのが、この小説の大筋である。

お縫さんのモデル・れんの死は、一九〇八年六月である。(3)ということは、この小説は、漱石がイギリス留学から帰国した一九〇三年(4)・一九〇四年（明治三七年）頃を主な舞台に、れんの没した一九〇八年（明治四一年）・一九〇九年頃(5)を合わせているのである。

このように、小説は事実そのものではない。

ただし、おそらく、様々な出来事について、小説家・漱石が考えめぐらして、より判然《はっきり》とさせたという意味で、自分にとっての「事実」を創り上げたという言い方はできるかもしれない。たとえば、「吾輩は猫である」執筆による作家としての出発（一九〇五年一月）が、お縫さんの死とそれによる島田の強請りという、事実とは異なる因果関係の中におかれ、「彼は血に飢ゑた。しかも他《ひと》を屠《ほふ》る事が出来ないので已むを得ず自分の血を啜つて満足した。」（一〇二）という壮絶な過程として描かれているのである。

さて、この島田をはじめ、「過去」から現れてくる「うんざりするような」登場人物の中で、唯一人、健三の心を和らげるのが、お縫さんである。お縫さんは、「人類に対する慈愛の心を、硬くなりかけた彼から唆《そそ》り得る」[6]。つまり、お縫さんは、健三に「人類」を想起させる理想として、大切にとっておかれているのである。

柴野は、お縫さんの嫁ぎ先、「島田の後妻の娘が嫁に行つた先の軍人の姓」（十二）である。お縫さんが理想化されているのに対して、その夫・柴野に対する作者の眼は厳しい。

柴野は、まず、利権にまみれた軍人として描かれる。

ある日、吉田という恰幅の好い男が、島田の代理としてやって来た。吉田は、「決して堅気の商人《あきんど》とは受け取れなかつた」。「「成程」といふべき所を、わざと「なある」と引張つたり、「御尤も」の代りに、さも感服したらしい調子で、「いかさま」と答へたりした」（十二）。

彼はもと高崎にいて、兵営に出入りして、糧秣《かいば》を納める商売をしていたと自己紹介し、将校方の内でも「柴野の旦那には特別御贔屓《ごひいき》になつた」と言う。そして、二人はしばらくその柴野といふ士官に就いて話し合つた。彼が今高崎にゐない事や、もつと遠くの西の方へ転任してから幾年目になるといふ事や、相変らずの大酒で家計があまり裕《ゆたか》でないといふ事や、――すべて是等は、健三に取つて耳新らしい報知《たより》に違なかつたが、同時に大した興味を惹く話題にもならなかつた。此夫婦に対して何等の悪感も抱いてゐない健三は、たゞ左右《そう》かと思つて平気に聞いてゐる丈であつた。（全集⑩36）

また、次に吉田に連れられて現れた島田が、その後、「旅行」に行ってきて――「娘の所で来て呉れつて頼まれたから行つて来た」――再びやって来た時にも話題になる（二二）。

御縫さんの嫁いた柴野といふ男には健三も其昔会つた覚があつた。柴野の今の任地先も此間吉田から聞いて知つてゐた。それは師団か旅団のある中国辺の或都会であつた。（同65）

さらに、島田から、お縫さんが「到底《とても》助かる見込はない」こと、さらに、お藤さんへの送金が止まるのではないかという心配が告げられた際にも、細君に柴野のことを話す[7]（同184、六一）。

このように、柴野は、「相変らずの大酒で家計があまり裕《ゆたか》でない」（十二）、「酒食《さけくら》ひで喧嘩早くつて、それで何時迄経つても出世が出来なくつて、仕方がない」（六一）と言及されている。

実際の柴野、つまり、平岡周造（一八六〇－一九〇九）は、旗本・平岡又左衛門の次男である[8]。屋敷は四谷大番町で、かつ（加津。旗本・白井信成の次女）の実家のすぐ近所であった[9]（「御府内場末往還其他沿革図書」、石川悌二『夏目漱石』、六一頁）。

そのためか、れんはそもそも周造の許嫁《いいなずけ》であった。細君は訊く。

「だつて御縫さんが今嫁《かたづ》いてる先は元からの許嫁《いいなずけ》なんでせう」

「許嫁でも場合によつたら断る気だつたんだろうよ」（同69、二三）

確かに、「御維新」（「瓦解」）で旗本身分が崩壊するとともに、許嫁という、家と家との約束事を守る基盤自体が崩壊した。かつが子連れで昌之助と再婚した後は、この美しいれんをどう使うかは、昌之助の手にも委ねられたのである。

だが、れんは、結局、平岡周造と結婚する[10]（一八八五・八六年頃）。すでに、れんは、日根野家（分家）の家督の相続者、戸主にされていた。あるいは、母・かつには、日根野家と平岡家の縁組という戦略を（御維新を経ても、やはり）採ろうという目論見があったのかもしれない。

れんは、夫について赴任地を周り、赴任地で三児を遺して早世する。旗本の、世が世ならお姫様が、夫の転属に伴って移り変わる異国の地で上手く生活できたのかは、疑わしい[11]。

一方、周造の方は、旗本の次男坊が陸軍に入ったわけである。はたして、軍隊に適応できたのであろうか。大酒飲みだとしたら、あるいは、はけ口のない鬱憤を酒で紛らわしていたのかもしれない。

柴野が好意的に描かれていないことは明らかである。いずれにせよ、作者・金之助は周造に一度しか会ったことがない（二一）のであるから、ここに書かれていることは、伝聞と作者の想像による。柴野がお縫さんの早世に責任があると作者は感じていたのであろう[12]。

2 細君

さて、その「細君」である。細君に名前はない。

細君は様々に描かれているが、なかでも興味深いのが、夫婦の丁々発止のやり取りである。

そもそも、「道草」の叙述は、たんに、登場人物の一般的な意味での叙述だけでなく、ところどころ、筆者の批判的論評・批評が付けられている。たとえば、早くも冒頭付近に次のようにある。

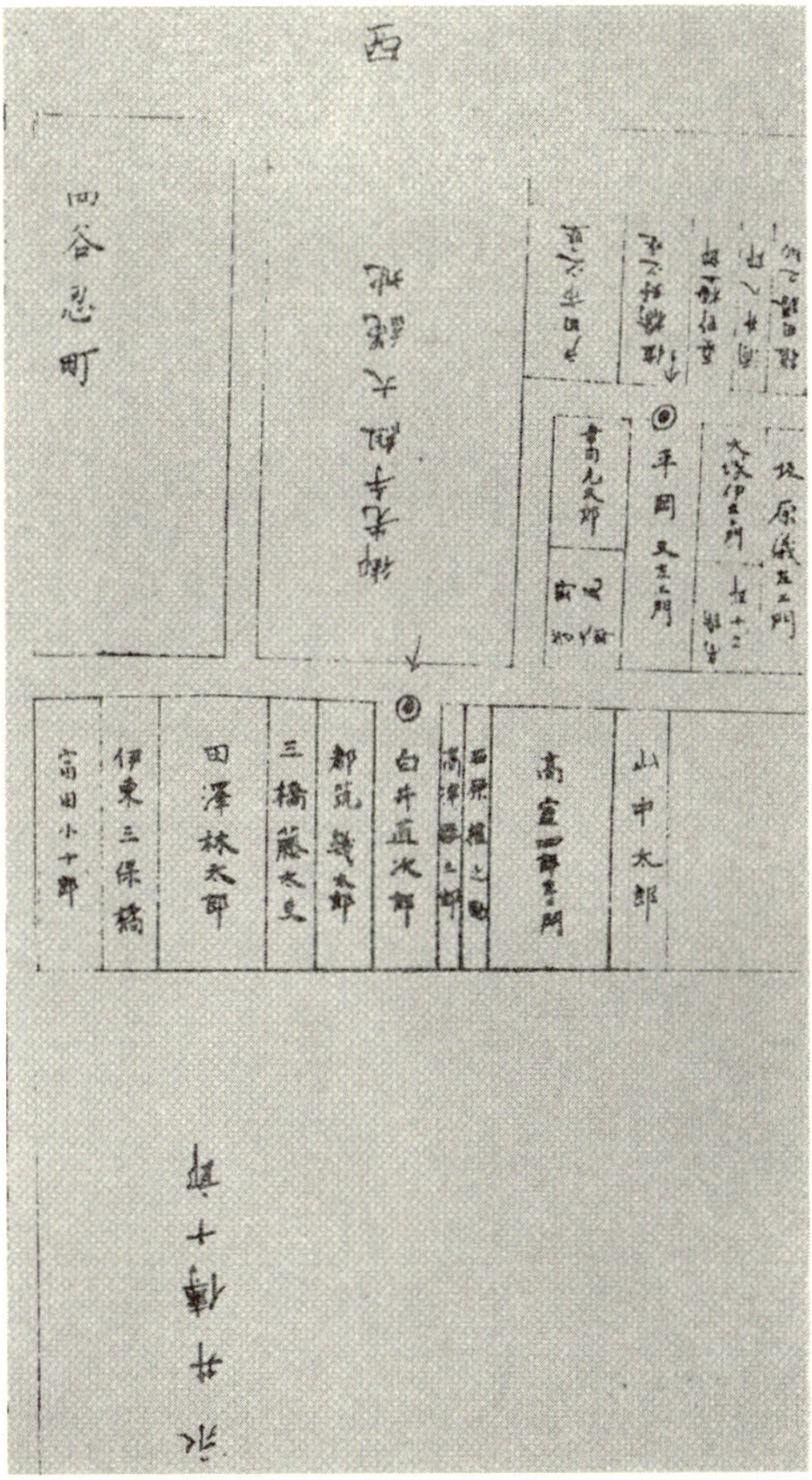

『御府内場末還其他沿革図書』(四谷大番町辺)
(石川悌二『夏目漱石—その実像と虚像』P. 61 より)

彼の身体《からだ》には新らしく後《あと》に見捨てた遠い国の臭《におい》がまだ付着してゐた。彼はそれを忌《い》んだ。一日も早く其臭を振ひ落さなければならないと思つた。さうして其臭のうちに潜んでゐる彼の誇りと満足には却《かえ》つて気が付かなかつた。（全集⑩3）

つまり、健三に関する記述、本人の主観、さらに、健三の気づいていない、筆者による批評が付くのである。そして、この形式により、別の視角・見方が担保されているのである。

こうした別の見方の担保が最もはっきり現れるのが、健三と細君がぶつかり合う場面である。互いが互いに反応し、ある種の論戦になる。お互いに腹の中まで読み合いながら、争闘する。沈黙も、寡黙な細君の強力な武器である。

これは、いったいどういう関係なのだろうか。快適な夫婦関係とはお世辞にも言えない。が、一つの物事——物事に対する認識自体が近づいている——に対して、別々の、正反対と言ってもよい人間が、真っ向から解釈を闘わせている。つまり、主人公に、正反対の人間とその物の見方をぶつけているのである。

ただし、二人はお互いの心の中がかなり正確に読めるから、互いが互いの尻尾を摑もうとして、「同じ輪の上をぐる〳〵廻」るという膠着状態に陥ることもある。

たとえば、細君の弟をめぐって、「御前は役に立ちさへすれば、人間はそれで好いと思つてゐるんだらう」、「だつて役に立たなくつちや何にもならないぢやありませんか」（九二）と争った挙げ句、さらに、お互い（のやり方）について論評して、そこでまた争う。(13)

二人は又同じ輪の上をぐる〳〵廻り始めた。（同284）

これは、両方の論理《ロジック》が正反対のまま膠着する例であるが、他にも、同様の表現――「彼等は斯くして円い輪の上をぐる〳〵廻つて歩いた」（同216）――がある。これは、両方の非難の論理が同じになって膠着する場面である。

「筋道の通つた頭を有《も》つてゐない彼女には存外新らしい点があつた」（同215）と評される細君の考えを作者はこうまとめる。

「単に夫といふ名前が付いてゐるからと云ふ丈の意味で、其人を尊敬しなくてはならないと強《し》ひられても自分には出来ない。もし尊敬を受けたければ、受けられる丈の実質を有《も》つた人間になつて自分の前に出て来るが好い。夫といふ肩書などは無くつても構はないから」（同215、七一）

細君のモデルが鏡子（一八七七－一九六三）であるとすれば、細君は、十歳年下で、学歴は小学校卒、つまり、女学校での「良妻賢母」教育を受けていない。

これに対して、「不思議にも学問をした健三の方は此点に於て却つて旧式で」、「あらゆる意味から見て、妻は夫に従属すべきものだ」と考えており、「夫と独立した自己の存在を主張しやうとする細君を見ると健三はすぐ不快を感じ」、「動《やや》ともすると「女の癖に」といふ気になつた。それが一段と劇しくなると忽ち「何を生意気な」といふ言葉に変化した」。

が、「いくら女だつて、さう踏み付にされて堪まるものか」という、「細君の顔に出る是丈の表情を明かに読ん」で、「女だから馬鹿にするのではない。馬鹿だから馬鹿にするのだ、尊敬されたければ尊敬される丈の人格を拵へるがい〻」という論理を持ち出す。その結果、二人の論理は同じものになる。

健三の論理《ロジック》は何時の間にか、細君が彼に向つて投げる論理と同じ物になつてしまつた。

彼等は斯くして円い輪の上をぐる〳〵廻つて歩いた。さうしていくら疲れても気が付かなかつた。（同216）

両者は、「人間」（「尊敬を受けたければ、受けられる丈の実質を有《も》つた人間」）という、あるいは、「人格」（「尊敬される丈の人格」）という価値をぶつけ合う。その意味で、細君と健三の論理《ロジック》──つまり、論理自体は──は、基本的には同じなのである。近代人（明治の人）のそれである。その同じ論理を使って、妻と夫はぶつかり合う。

以上のように、健三と細君は、「争闘する対」である。（沈黙も含めて）考えを闘わせる。「夫唱婦随」を想定している（学問をした）夫は、常に、細君の自我に直面し、挫折させられる。同時に、細君は、貴重な、別の見方・他者の意見の提供者である。場合によっては、「もう一つの自我」にもなる。(14) そして、時には、両者を止揚した、新たな見方に到ることとさえある。少なくとも小説家としての金之助は、こうした夫婦関係を全面的に享受しているのである。

「道草」の「存外新らしい」細君、さらに、「自分の眼で自分の夫を択《えら》ぶ事が出来た」から「幸福」だと言う「明暗」（全集⑪240、七二）のお延は、家族制度と良妻賢母主義に反逆する『青鞜』と「新しい女」の登場に対する、男に愛され・争われる三角関係下の女性を越える、金之助からの応答である。

この「争闘する対」の前に、「過去」から様々な人々が現れてくる。

3　細君との争闘に見る島田・御常

まずは、島田である。健三は、「昔其人に手を引かれて歩いた」（十五）。島田の代理として、まず吉田が訪ねてきた時、細君は、島田と交際《つきあ》うことに暗に反対する（十四）。だが、健三が押し切る。(15)

結局、島田はちょいちょい顔を出すようになった。この島田の扱いをめぐって、夫婦は丁々発止のやり取りを繰り広げる（五六）。健三は、「そりや何の関係もないお前から見れば左うさ。然し己は御前とは違うんだ」と反論する。(16)

「己は御前とは違うんだ」とは、健三にとって、幼年期の父親らしい存在といえば、この人間しかおらず、島田は、自分の幼年期の記憶——その人に対して「自分の有つてゐた其頃の心」（十五）、「当時のわが心持」を含む——を取り戻す手がかりを与える、唯一の、その意味ではかけがえのない存在だということである。

他方、幼い健三に自分が母親であると刷り込もうとしていた御常（島田の妻《さい》）に関しては、こう始まる（六二）。

細君は何時《いつ》もの通り書斎に坐つてゐる彼の前に出て、「あの波多野つて御婆さんがとう〳〵遣つて来ましたよ」と云つた。彼は驚ろくよりも寧ろ迷惑さうな顔をした。細君には其態度が愚図々々してゐる臆病もののやうに見えた。(同187)

会ってみると、「彼女は全く変化してゐた」(六二)。だが、「実際十六七になつた時の健三は彼女と接触した自分以外のもので、果してその性格を見抜いたものが何人あるだらうかと、一時疑つて見た位、彼女の口は旨かつた」(六四)のである。「遠慮、忘却、性質の変化、それ等のものを前に並べて考へて見ても、健三には少しも合点が行かなかつた。/「そんな淡泊《あっさり》した女ぢやない」/彼は腹の中で斯う云はなければ何うしても承知が出来なかつた。」(六四)。

御常を見送った後で、二人は、はたして、執拗なのは御常なのかそれとも健三自身なのかをめぐって争うのである[17](同196、六五)。

4　兄、姉、その夫

以上のような「存外新らしい」細君との争闘の一方で、元の養父母である島田・御常にとどまらず、気の滅入るような、「過去の人」との交際《つきあい》が続く。

そもそも、「彼には一人の腹違の姉と一人の兄があるぎりであつた。」、「親類と云つた所で此二軒より外に持たない」(三)のである。兄の家は、市ケ谷薬師寺前である。「姉の宅は四ツ谷の津《つ》の守坂《かみざか》の横」で、「彼女の夫といふのは健三の従兄《いとこ》にあたる」。比田である。

つまり、兄、腹違いの姉、その夫で従兄の比田、この三人が健三の親類である。

兄のモデルは、夏目家を継いだ三男・和三郎（直矩《なおただ》。一八五九－一九三一）である。兄については、「派手好で勉強嫌ひ」、「凡ての時間は其頃の彼に取つて食ふ事と遊ぶ事ばかりに費されてゐた」とまで描く。(18) この兄が夏目家の当主となると、家屋敷をすぐ売り払い、その上、娘を病気から救おうと道具類まで悉く売り払ってしまった。(19) ただし、これは、「三度目の妻《さい》」との間の娘であった。


兄は最初の妻《さい》を離別した。次の妻に死なれた。其二度目の妻が病気の時、彼は大して心配の様子もなく能く出歩いた。病症が悪阻《つわり》だから大丈夫といふ安心もあるらしく見えたが、容体が険悪になつて後も、彼は依然として其態度を改める様子がなかつたので、人はそれを気に入らない妻に対する仕打とも解釈した。健三も或は左右だらうと思つた。（同108、三六）

つまり、「二度目の妻」、すなわち、嫂《あによめ》・登世には冷たかったのに、と非難しているのである。そして、兄が、（袴《はかま》も持っておらず）借りていった健三の袴を返しに来た時は、「過去の人」と感じた。(20)

健三の腹違いの姉と、その夫で従兄の比田のモデルは、房とその夫・高田庄吉である。(21) 金之助を、夜店から「懐へ入れて宅へ連れて来た」のはこの房である。健三は、兄と二人で、比田と姉の家を訪ねた後、こう感じた。


健三は自分の背後にこんな世界の控えてゐる事を遂に忘れることが出来なくなつた。此世界は平生の彼にとつて遠い過去のものであつた。然しいざといふ場合には、突然現在に変化しなければならない性質を帯びてゐた。（同85、二九）

姉は、縫い針の道・手習い（文字）・遊芸のどれも身につけられなかった、同時に、人一倍勝ち気で、お喋りな女性として描かれている。

「是が己《おれ》の姉なんだからなあ」

彼女と話をした後の健三の胸には何時でも斯ういふ述懐が起つた。(22)（同11、四）

こうした江戸の躾けを受けた姉や兄に対して、自分は、明治の「教育」の子である。新しい時代、現在の人間である。だが、自分はどこから出てきたのか。「過去」からである。崩れつつある江戸の真ん中、牛込の町名主・夏目の家からなのである。

5 蘇る「過去」——母に出会うまで

強請《せびり》・強請《ゆすり》にやって来た元養父、「存外新らしい」細君との争闘、「過去の人」（親類）との交際《つきあい》——愉快とはいえない物語ではあるが、健三（と作者）は、細君とぶつかりながらこの物語をくぐり抜けることで宝物に手を掛ける。自分の幼年時代である。

そもそも、細君が、兄の家を訪ねて来て、「御兄さんに島田の来た事を話したら驚いて居らつしやいましたよ。」と言った時（十九）、健三の幼年時代の記憶は混濁していた。

いくつの年からいくつの年迄、彼が全然島田の手で養育されたのか。健三にも判然《はっきり》分らなかった。

「三つから七つ迄ですって。御兄さんが左右《そう》御仰いましたよ」

「左右かしら」

健三は夢のやうに消えた自分の昔を回顧した。彼の頭の中には眼鏡で見るやうな細かい絵が沢山出た。けれど其絵には何れを見ても日付がついてゐなかった。（同56、十九）

だが、早くも、吉田と会見しただけで、「健三の胸には、不図《ふと》斯うした幼児の記憶が続々湧いて来る事があつた。」（同45、十五）。「健三は昔其人に手を引かれて歩いた」（同43）、「彼はまた其人に連れられて、よく船に乗つた」（同44）ことなのである。金之助の浅草時代の記憶である。

そして、「過去の人」である「自分の兄を気の毒がりつゝも、彼は何時の間にか、其兄と同じく過去の人となつた。」（三八）

彼は自分の生命を両断しやうと試みた。すると綺麗に切り棄てられべき筈の過去が、却つて自分を追掛けて来た。彼の眼は行手を望んだ。然し彼の足は後へ歩きがちであつた。

さうして其行き詰りには、大きな四角な家が建つてゐた。家には幅の広い梯子段のついた二階があつた。其二階の上も下も、健三の眼には同じやうに見えた。廊下で囲まれた中庭もまた真四角であつた。（同114）

これは、昌之助が、廃業して空き家になっていた新宿の妓楼「伊豆橋」へ転居した頃（金之助が四歳の頃）の記憶である。

「自分は其時分誰と共に住んでゐたのだらう」

彼には何等の記憶もなかつた。彼の頭は丸で白紙のやうなものであつた。けれども理解力の索引に訴へて考へれば、何うしても島田夫婦と共に暮したと云はねばならなかつた。（同116、三八）

つまり、「島田夫婦と共に暮した」ことこそ、健三の最も思い出したくない「過去」であった。しかも、健三の幼年期そのものである。換言すれば、小説の初めに次のように宣言されていた島田・御常夫婦に、ついに切り込んだのである。

彼は此長い手紙を書いた女と、此帽子を被らない男とを一所に並べて考へるのが大嫌だつた。それは彼の不幸な過去を遠くから呼び起す媒介《なかだち》となるからであつた。（同7、二）

そして、ついに「実家の父」の姿を鮮やかに思い出す。島田に、「お縫もとう〳〵亡くなつてね。」と告げられ（八九）、さらに、それればかりでなく、金鵄勲章の年金が来なくなるから「兎に角斯うなつちや、お前を措いてもう外に世話をして貰ふ人は誰れもありやしない。だから、何うかして呉れなくちや困る」と迫られて、「もう一文も上げません」とついに通告し、それに対して島田が、帰り際「もう参上《あが》りませんから」という台詞を遺した（九〇）時、「同時に今迄眠つてゐた記憶も呼び覚まされずには済まなかつた。彼は始めて新しい世界に臨む人の鋭どい眼をもつて、実家へ引き取られた遠い昔を鮮明《あざや》かに眺めた」（九二）のである。

実家の父に取つての健三は、小さな一個の邪魔物であつた。何しに斯んな出来損ひが舞ひ込んで来たかといふ顔付をした父は、殆んど子としての待遇を彼に与へなかつた。今迄と打つて変つた父の此態度が、生《うみ》の父に対する健三の愛情を、根こぎにして枯らしつくした。（同279）

おそらくこの部分が、「道草」で漱石が書かなければならなかったことである。金之助は、やすと昌之助が不仲になったため、一八七四〔明治七〕年春頃、やすと共に夏目家に引き取られた。これは、この時のことであろう。

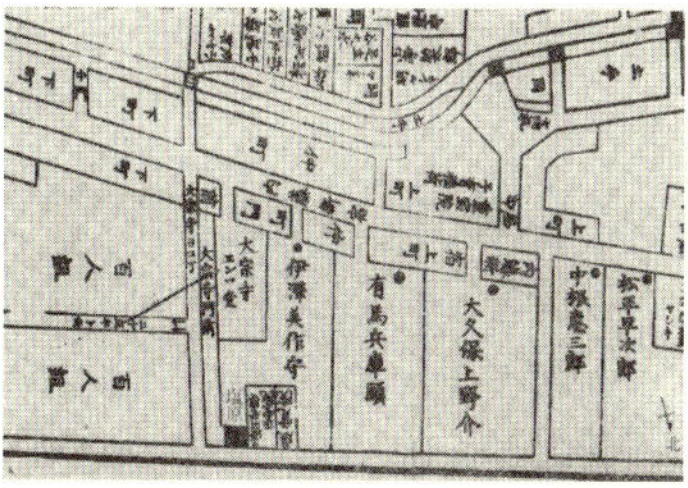

四谷太宗寺ヨコ丁と塩原宅
（石川悌二『夏目漱石』P. 24 より）

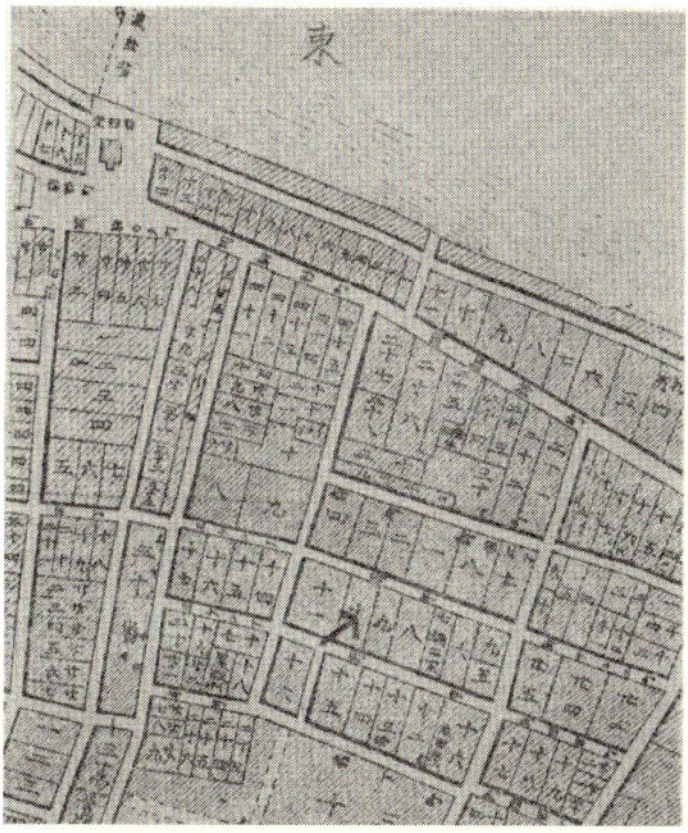

浅草寿町十番地（明治7、8年区分東京大区小区分図）
（石川悌二『夏目漱石』P. 34 より）

間もなく、金之助はやすと共にその実家（榎本家、小石川）へ引き取られる。さらに、同年十二月、離婚を決めたやすが金之助を昌之助に返し、他方、昌之助が日根野かつと再婚したため、金之助（七歳）は、かつの連れ子・れん（八歳）と共に、浅草寿町に住むことになる。[23] 金之助が（塩原姓のまま）再び実家へ引き取られたのは、その一年余り後のことであった。

「健三は海にも住めなかつた。山にも居られなかつた。両方から突き返されて、両方の間をまご〳〵してゐた。」、「実父から見ても養父から見ても、彼は人間ではなかつた。寧ろ物品であった。」（九一）と、漱石がまとめる所以である。

以上のように、島田や御常は、「彼の不幸な過去を遠くから呼び起す」（二）ものであった。にもかかわらず、彼等、さらに、姉・兄など「過去の人」と接触する度に、健三の記憶が蘇り、当人に不明であった、幼年期が少しずつ姿を現してくる。「硝子戸の中」にある回想――古道具屋から戻ったが「じき又ある家へ養子に遣られた。それは慥《たしか》私の四つの歳であったように思う。私は物心のつく八九歳まで其所で成長した」（二九）――から見れば、遙か遠くまで来たのである。

換言すれば、「道草」（執筆）を通じて、健三（作者）は、細君とぶつかり合いながら、「過去」――自分の幼年期、崩壊しつつある「江戸」――を直視した。そのことにより、幼年期という、自分のアイデンティティの肝要部分を獲得する（取り戻す）契機をつかみ、母に出会うまでの自分の旅を確認した。同時に、旅の道連れである細君は、[24] ようやく、健三にとって欠くことのできない人間（盟友）となったのである。それは、また、自分も一人の人間であると主張して夫と争う妻、ぶつかり合う夫婦の新聞小説への登場であった。[25]

第十一章　「新しい妻」と「美しい女」——決着としての「明暗」

1　『青鞜』の告発と「新しい妻」の登場

漱石が「道草」で妻・鏡子と真向かい、その存在と格闘することを通じて、女性を一方の主体とした夫婦間の〝心理戦〟を描くことに成功したとするならば、次の「明暗」（一九一六〔大正五〕年五月～十二月。全集⑪所収）はどのように考えられるのであろうか。

そこには、「津田」、その妻・お延《のぶ》（延子）、さらに、妹・お秀（秀子）、そして、社会主義者・小林等がおり、それぞれの視界（世界）が立てられ、その間の〝心理戦〟、つまり、社会的文脈をそれぞれ背負った主体間の、多重な交渉が展開されている。この点で、「明暗」は「道草」の発展である。

全体の大筋を成しているお延・津田・清子の関係は、お延から見れば、三角関係の疑いがある。注目されるのは、三角関係が、これまでの男から見たそれ（男・女・男）から、女から見たそれ（女・

男・女）に変わっていることである。つまり、関心が、女の姦通や結婚している女との姦通（有夫姦）から、結婚している男の姦通（あるいは、他の女性への献身）に移っているのである。自分への貞節を求めているのは妻であり、求められているのは夫である。

漱石の新聞小説におけるこうした主題の転換は、妻・鏡子との関係が意味あるものになってきたことの反映であるとともに、時事的な、人々に開かれたものである。言い換えれば、『青鞜』と「新しい女」たちの訴えに応えるものである。

じつは、姦通には、「有夫姦」の対語として、「婦有る男性が姦通すること」を意味する「有婦姦」という言葉があるが、これは刑法で犯罪とされておらず、「明暗」以前には漱石の関心の対象にもなっていない。姦通罪の目的は、姦通一般の禁止ではなく、夫の性的な法益の保護であり、他方、夫の不貞や遊廓通いは当然のこと、さらには「男の甲斐性」とみなされてきたのである。

だが、『青鞜』は、まず、妻のみに課された姦通罪に叛旗を翻した。荒木郁《いく》（一八九〇–一九四三）の短編「手紙」である（『青鞜』第二巻第四号、一九一二年四月）。

「手紙」は、心のふれ合わない結婚生活をしている女が、震える手で、別れた恋人に思い切って書いた手紙という趣向である。

夫はいつもにこ〳〵して私に必要なものを与へてくれます。（中略）けれど私は一度も心を貰つたことはありません。又、夫も私の心を触《さわ》らうともしません。唯々私の笑顔と甘へたやうな振り（これも実

は男の空想が造り出すのです）だけを見ればそれでよいのです。〔後略〕（青鞜Ⅱ④103）

そして、男へ次のように呼びかける。

私はこれ迄書いてほつとしました。私の家庭はこの通り、けれど夫婦の関係といふものはこれでも無事に済んでゆくのです。私も貞婦の一人なのです。けれども私自身はそんな言葉は頂きたくない。それよりも、人間なら人間らしく真面目な恋に確《しつか》り抱かれてゐたい。例へそれが恐ろしい罪悪の名の下《もと》に支配される行為でも……ふるへて偽りの日を送るよりも、形式はどうであらうと心と心とをふれ合ふことの出来る生活に這入《はい》りたい。

私達は会つてもよいのです。来月の始《はじめ》からは丁度夫も不在《るす》です。秀夫さん。あの部屋にゆきませう。〔後略〕（同105）

つまり、荒木郁は、姦通罪という脅かしに真っ向から反逆したのである。同時に、これは、夫に他の女性がいても嫉妬を感じることすらできない中でも自分は貞操を尽くすという、大塚楠緒の悲痛な訴え（「水たまり」）を超えるものである。

〔前略〕嫉妬といふ苦しい興味は愛情といふ宝がなければ購《あがな》はれない、その愛情が私には枯れてしまつてゐる。けれども、今の良人《おつと》は確《たしか》に終生を託する人と思ひ詰めてゐる、生涯誓つて貞操を尽さう、女の道を違へまいと思つて居る、たゞ斯《か》う時々に気の鬱《ふさ》ぐ、それをしも不道徳不貞操といふのなら、

私は決して活きてゐやうとは思はない。(1)

「手紙」の掲載によって『青鞜』に初めての発禁処分が下った。にもかかわらず、さらに、平塚らいてうが「世の婦人達に」(『青鞜』第三巻第四号、一九一三年四月)で、現行の民法・刑法下での結婚制度を敢然と批判した。

私共はたとへ結婚そのものに反対しないまでも、今日の結婚といふ観念、並に現行の結婚制度には全然服することが出来ないのでございます。今日の社会制度では結婚といふことは一生涯に亘《わた》る権力服従の関係ではないでせうか。妻は未丁年者か、不具者と同様に扱はれてはゐないでせうか、妻には財産の所有権もなければ其子《その》に対する法律上の権利も有《も》つてゐないのではないでせうか。夫の姦通は罪なくして、妻の姦通は罪とせられてゐるのではないでせうか。私共はこんな無法な、不条理な制度に服して迄《まで》も結婚しやうとは思いません。妻とならうとは思ひません。(Ⅲ④162〜163)

らいてうは、警視庁(高等検閲係)に出頭を命じられ、さらに、この作を収めて出版した『円窓より』(東雲堂《しののめ》、一九一三年五月)は発売禁止にされた。(2)

「家族制度」をめぐるこうした激しいやり取りを経て、「夫の姦通は罪なくして、妻の姦通は罪とせられてゐる」という『青鞜』の告発は、民法や刑法を改革する力にしだいになっていく。一九二七年、大審院が、「夫にも貞操の義務がある」との判決を出し、裁判官は、「近来自覚した婦人が多くなり女権の確立が叫ばれ、したがって男子の貞操義務も今日にいたって認めなければならない」ことを理由として語った。(3) 同年末には、臨時法制審議会が「民法改正要綱」を答申し、離婚原因に「夫ガ著シク不行跡ナルトキ」を加えた。すでに日本基督教婦人矯風会は、夫の不貞や遊廓通いも姦通罪として処罰する刑法改正を主張し（一八八九年）、妻のみならず夫も罰する夫婦両罰の請願を続けていたが、(4)「夫の貞操義務」を社会が認めるところまでようやく近づいてきたのである。(5)

むろん、こうした動きの途上で、「たゞ自分で斯うと思ひ込んだ人を愛するのよ。さうして是非その人に自分を愛させるのよ」（全集⑪241、七二）と力説し、夫に自分への貞節を求めるお延が、新聞紙上に登場した「新しい妻」であることは言うまでもない。

2 「美しい女」にして禅師（女）——決着としての「明暗」

捨て子のトラウマ

同時に、「明暗」にはもう一つ別の主題がある。「清子」との関係である。清子は、津田が「あつと云つて後を向いたら、もう結婚していたんです」と描かれ、この「未練」の片をつけるために、津田は清子の逗留する温泉地へ赴くのである。

津田と関、清子の間には三角関係（男・女・男）が組み込まれている。これは、「こゝろ」まで書き続けられた主題を引き継ぐものである。だが、じつは、三者には三角関係というほどの関係はない。津田の恋愛感情・欲望は他の二人によって承認されておらず、他方、清子はただ関を取り、関は津田の存在を意識することもないのである。

言い換えれば、津田に関しては、これまでの主人公のように、「美しい女」を競争相手から奪おうかどうしようか悩む・奪ってみても苦しむという――「それから」と「門」、「行人」と「こゝろ」のような――心的過程の描写はない。三角関係とそれに伴う相互の――男（①）と男（②）、男（②）と女、男（①）と女の間の――感情のやりとり（嫉妬など）は捨象されているのである。

問いは端的にこう立てられる。「貴方《あなた》は何故清子さんと結婚なさらなかつたんです」、「ぢや、質問を易《か》えませう。――清子さんは何故貴方と結婚なさらなかつたんです」（吉川夫人。全集⑪487）。これに対する答は、「何故だか些《ちつ》とも解らないんです。」、「あつと云つて後を向いたら、もう結婚してゐたんです」（同488）である。(6)（ただ、振り捨てられた。(7) なぜなのだ、訳を訊きたい。(8) 結婚するはずだった、双方、そのつもりだったのではないかと言いたい。(9)）

つまり、問題は一つにしぼられる。なぜ、自分は捨てられたのか、である。言い換えれば、取り組むべきは捨て子の妄念（あるいはその元であるトラウマ）である。(10)

とすると、まず、父親である。たしかに、「夢十夜」（第三夜）に「子捨て」があった。その上、ようやく出会えた母・千枝も、「御前の様なもの」という言葉を残して消えてしまった。（父、母、そして、女。またも見捨てられたこの自分。なぜだ。）

答を求めてうろつきまわった。捜し回っているのは「悟り」である。清子は禅の師（禅師）である。「この夢のやうなもの」（一七一）とは妄念である。自分は犬だった。いやしい、「鼻」（「天鼻通」）と言われることは必定だった。――「まるで犬みたいですね。」、「成程貴方の鼻は能く利きますね。猟犬より慥《たし》かですよ」（旅館の下女。全集⑪663、一八二）、「成程貴方は天眼通ではなくって天鼻通ね。実際能く利くのね」（清子。同684、一八七）。

「美しい女」

漱石は、文筆で「美しい女」を描き出す。

「文鳥」「道草」では、美しさが具体的に指定されている――「すらりとした恰好の好い女で、顔は面長の色白という出来であつた。ことに美くしいのは睫毛の多い切長の其眼」（「道草」、全集⑩65）、「恰好の好い頸」（「文鳥」）である。

「草枕」では、「すらりと動く、脊の高い女姿」（全集③32）、「色の白い、髪の濃い、襟足の長い女」（同37）、「銀杏返《がえし》」（同41）、「振袖姿のすらりとした女」（同80）、「しとやかに行き、しとやかに帰る振袖の影」（同81）、「腰から下にぱつと色づく、裾模様」（同）、「漾《ただよ》はす黒髪を雲とながして、あらん限りの脊丈を、すらりと伸《の》した女の姿」（同89）と繰り返される。

その「那美さん」（那古井の嬢さま）は、美しい裾模様の振袖姿でしとやかに往き来し[11]、「お嫁入りの時の姿」は、裾模様の振袖に高島田だったという[12]。他方では、「ミレーのかいた、オフエリヤの面影」（同二三）、「オフエリアの合掌して水の上を流れて行く姿」（同）と重ねられる。おそらく、「草枕」には、れんに連なるものがたっぷり描かれている[13]。

また、登世の前に同居していたもう一人の嫂・小勝（一八六三－一八九四）も、すらりとした、面長・色白と形容される女性である。小勝との関係は、岡山で小勝（士族・片岡機《はずみ》の長女）と一緒になった次男直則が、一八八四年十月東京に戻り、夏目家で同居したことに始まる。病で下宿から戻った金之助は、数ヶ月間一緒に暮らしたとみられる。さらに、大塚楠緒《くすお》も、同様に描かれる女性である。小勝は、学問もでき習字が上手、地唄・三味線が得意[14]、楠緒も、「才色兼備」であった。すなわち、漱石の〝審美眼〟（基準）にかなう、すらりとした、風情ある美しさ――いうなれば、江戸的であるとともに、中国的であり、そして、英国的でもある――を提供できる女性たちであったのである。

一連の作品には、こうした、身近にいた、「すらりと動く、脊の高い」、「色の白い、髪の濃い」（「草枕」）、「細面《ほそおもて》に眉毛《まみえ》の判然《はっきり》映る」[15]（「それから」）――そしてできれば、「切長」（「道草」）の、「鮮かな二重瞼」（「それから」）の、「大きな潤のある眼」、「真黒な眸」[16]（「夢十夜」）を持った――女たち、そして、その基準に一部抵触する妻・鏡子の影像《イメジ》が散りばめられている。

禅師（女）

他方、自分に「悟り」（救い）を与えてくれそうな女性として登場したのは、まず、嫂・登世である。「登世」を描くとき、早くも、女は禅師の形をしている。子規宛書簡（八月三日付）には、「生れながらにして悟道の老僧の如き見識を有したるかと怪しまれ候」とある[17]。つまり、そうした眼差しで登世を見つめていた。れんの表象が「美しい女」であるとするならば、登世の表象は、禅師である。一方は、「文鳥」、他方は、「悟道の老僧」。――どちらも、生きた女性を一つの型に流し込む強力な参照枠組である[18]。

さらに、のちの「行人」で、嫂・直は、こう描かれる。

嫂は何処から何《ど》う押しても押しやうのない女であつた。此方《こっち》が積極的に進むとまるで暖簾《のれん》の様に抵抗《たわい》がなかつた。仕方なしに此方が引き込むと、突然変な所へ強い力を見せた。其力の中《うち》には到底《とて》も寄り付けさうにない恐ろしいものもあつた。又は是なら相手に出来るから進まうかと思つて、まだ進みかねてゐる中《うち》に、弗《ふっ》と消えて仕舞ふものもあつた。（全集⑧188）

つまり、「悟道の老僧」と打ちだしている。また、次のように「彼女」を描く。

自分は此の間に一人の嫂を色々に視た。――彼女は男子さへ超越する事の出来ないあるものを嫁に来た其日から既に超越してゐた。或は彼女には始めから超越すべき牆《かき》も壁もなかつた。始めから囚はれない自由な女であつた。彼女の今迄の行動は何物にも拘泥しない天真の発現に過ぎなかつた。

或時は又彼女が凡てを胸のうちに畳み込んで、容易に己を露出しない所謂しつかりもの丶如く自分の眼に映じた。さうした意味から見ると、彼女は有り触れたしつかりもの丶域を遙かに通り越してゐた。あの落付、あの品位、あの寡黙、誰が評しても彼女はしつかりし過ぎたものに違ひなかつた。驚くべく図々しいものでもあつた。

或《ある》刹那には彼女は忍耐の権化の如く、自分の前に立つた。さうして其忍耐には苦痛の痕迹さへ認められない気高さが潜んでゐた。彼女は眉をひそめる代りに微笑した。泣き伏す代りに端然と坐つた。恰も其坐つてゐる席の下からわが足の腐れるのを待つかの如くに。要するに彼女の忍耐は、忍耐といふ意味を通り越して、殆んど彼女の自然に近い或物であつた。（同327）

一人の嫂を「色々に視た」としつつも、①「既に超越してゐた」は言うまでもなく、②「しっかりし過ぎたもの」、③「忍耐の権化」という形容は、普通でないあるものを示唆している。一言で言えば、「悟道の老僧」の女性版である。

おそらく、登世が自分を救ってくれると思っていた。だが、登世は、あっと言う間に消えてしまった。自分の悟りは、宿題として持ち越しになった。自分で解決しなければならなくなったのである。「行人」での「悟道の老僧」（女）の企てを経て、再度、挑戦したのが「明暗」（清子）である。

禅師・清子との対面

津田は温泉場へ清子に会いに行く。

清子から「美しい女」を連想させるものは最小限に抑えられている。たとえば、津田が朝、湯壺に浸かっていると、「足を運ぶ女の裾《すそ》が硝子戸の上部の方に少し現はれた。さうしてすぐ消えた」、「たゞうつくしい模様の翻《ひる》がへる様」が見えた（全集⑪649、一七九）と描かれる。また、面会に行った時の清子は、「銀杏返し」（同660、一八二）ではなく、「通例の庇《ひさし》」（同682、一八七）であった。

しかも、清子は、津田が吉川夫人に持たされて運んできた「大きな果物籃《かご》を両手でぶら提げたまゝ、縁側の隅から出てきた」（同667、一八三）。「大きな果物籃」は、「夢十夜」（第十夜）で庄太郎が運んでいった「大変重い」果物の籠詰めを思い起こさせる。これは、「美しい女」の影像《イメジ》を追い求めながら、実際に、ついにそれとして出会ったのが禅師であることをおそらく意味する。とすると、「美しい女」

からの飛び込み（性行為）の挑発、怯んだことへの罰という妄念（あるいはトラウマ）が俎上に載せられたであろう。(19)

このように、面影を追い求めた「美しい女」は、禅師として目の前に現われるのである。

ただし、対面の前夜に、両者の遭遇（一七六）が起こる。遭遇の場面は、津田が迷路のような家で「部屋へ帰れずに迷児《まご》つい」た挙げ句、鏡の前でしばらく立ち止まっていたところへ、誰かが階子段《はしご》を下りる気配がするところから始まる。津田は不意打ちを食らった。清子は棒立ちになる（一七七）。「驚ろきの時、不可思議の時、疑ひの時」、「硬くなつた儘棒立に立つた」。ようやく清子がとった行動は、「凡てが警戒であつた。注意であつた。さうして絶縁であつた。(20)」（同640）――瞬時の清子に関してこれだけのことが描かれている。

だが、この場に漲る緊迫感は、翌日はない。あらためて申し入れて実現した対面の場で、津田は、「昔の儘の女主人公に再び会ふ事が出来たといふ満足」（同674、一八五）を得ることができた。(21)そして、「昨夕《ゆうべ》は失礼しました」と突然言ってみる。すると、清子は「私こそ」とすらすらと返事をするのである（同675、一八六）。

さらに、津田は、「故意」を疑われている（「だけど貴方《あなた》は大分彼所《あすこ》に立つてゐらしつたらしいのね」）ことに驚いて、「僕が待ち伏せをしてゐたとでも思つてるんですか、冗談ぢやない。」と偶然を主張する。が、「たゞ貴方はさういふ事をなさる方なのよ」、「でも私の見た貴方はさういふ方なんだから仕方がないわ」と返されて、「成程」と、「腕を拱いて下を向いた」。ここで津田は、言い訳もできるし、一方、清子（相手の女性）の視界も知らされ、そこから見える世界を正面から見ることになるのである。このように、「全く忘れてゐない彼女、想像の眼先にちら〳〵する彼女、わざ〳〵東京から後を跟《つ》けて来た彼女、はどんな影響を彼の上に起すのだらう」（同619、一七二）という問いに対する答は、相手からの警戒・注意・絶縁という無残な結果に終わるのであるが、それを、あらためて清子（禅師）との問答に載せることができるのである。

つまり、清子とは、面影を追い求めた女性――「其人の影を一図に追懸《おっかけ》てゐる」（同619）、「失はれた女の影を追ふ彼の心」（同）、「全く忘れてゐない彼女、想像の眼先にちら〳〵する彼女」（同172）――でありながら、同時に、悟りをもたらしてくれると頼んだ嫂・登世の再来であった。

一八九四年夏と年末の、金之助の二回の参禅は不調に終わった。

想像をたくましくすれば、参禅の場の相手が、南天棒、宗演ではなく、禅師・清子であればよかったのである。出会いたかったのは、しかるべき禅師であったのだ。「門」で宜道《ぎどう》（宗活）に親しんでいる（「嬉しくもあった」）のも、このことに関係すると思われる。ちなみに、宜道は、「まるで女の様な感じ」「しとやか」「床しい」と形容されている。

「門」にはまた、「敲《たた》いても駄目だ。独りで開けて入れ」という声が聞こえたとある。「彼はどうしたらこの門の閂を開ける事が出来るかを考えた。そうしてその手段と方法を明らかに頭の中で拵《こしら》えた。けれどもそれを実地に開ける力は、少しも養成する事が出来なかった」ともある。その後、ついに参禅の場を自前で創り上げたのが、清子との面会の場面であったのではないだろうか。つまり、清子は、いうなれば、自分のための禅師なのである。

このように、禅師・女性であることから、清子の持つ身体性・所作、さらに、そこでのやりとりを通じて、呼び起こされる「美しい女」の記憶、積み残された「未練」を俎上に載せることができる。同時に、それらを、禅師との問答を通じて、未練を断つ方向にふり向けることができるのである。つまり、「美しい女」——失われた女たち——に関わる妄念を禅師（清子）との問答に載せる仕掛けを拵えたのである。

そして最後に、相愛関係を求める妻と、追い続けた「美しい女」（影《イメジ》）との間で、何らかの決着がはかられたであろう。(22)

湘煙、らいてう、漱石――この一見関係の乏しい三人の共通点は、それぞれの時代の規範、なかでも、ジェンダー・セクシュアリティ規範との格闘である。

岸田俊子は、文明開化の京都で、その漢詩文の力が注目を浴び、「俊秀の子女」として官費で京都府中学へ送られた。さらに、国会開設の勅諭直後の大阪道頓堀での政談演説会で、「婦女ノ道」を演説する「湘烟女史岸田俊子（二十年）」として登場した。その後、演説会の花形として、四国や九州まで行脚する。同時に、俊子自身は、女子教育こそ、日本が本当の意味で文明の国になる鍵であるという信念を持ち、後には、童女も交えた岸田社中を率いて女子教育を訴えて回る。だが、滋賀県大津での演説「函入娘」に、集会条例違反・官吏侮辱罪の嫌疑がかけられ、未決監に投獄された。裁判では簡潔に弁論するが、集会条例違反で有罪となる。

その後、東京に移り、自由党の古参・中島信行と結婚する。この結婚に関しては様々に噂され、後にはさらに、「転向」が取り沙汰された。だが、フェリス女学校時代の教え子・山田もと子への思い入れ（第四章注(24)）からすれば、集会条例違反が有罪となり、未決監で病に倒れた俊子の先行きを心配する母を傍らに、親子二人の落ち着き先を見つけることが先決だったのではないだろうか。他方、信行の方は、妻・初穂（陸奥宗光の妹）を失い、男児三人をかかえていた。そして、周囲には計算があった。俊子は、もと子に、「「あの時はね、初めから、陸奥、後藤、星、板垣などの同志が皆同穴の狐だつたのサ」と云つて哄笑した」（本書十八頁）という。こうした「結婚」が、星亨による『自由燈』の創刊と、その目玉である「志ゆん女」の「同胞姉妹に告ぐ」連載の背景にはあるのである。

以後、俊子は、保安条例の対象であり、初代衆議院議長ともなった信行と行動を共にする。他方で、女学校で主に漢学を教え、また、巌本善治の『女学雑誌』等に寄稿する。

一八八七年四月、時の総理大臣伊藤博文が、鹿鳴館の名花・戸田伯爵夫人極子《きわ》を、首相官邸での仮装舞踏会の際に襲ったとの噂で騒然となる。俊子は、真相究明と（もし事実ならば）伊藤に責任をとらせるため奔走した。『女学雑誌』では、評論「婦人歎《たん》」（同年五月）等の論陣をはる。俊子につづいて、巌本善治が社説「姦淫の空気」を発表すると、『女学雑誌』に一ヶ月の発行停止処分が下った（七三頁）。

他方では、俊子に弟子入りした富井於菟まで、大阪事件（一八八五年）に途中まで関わっていた。

俊子は、小説「山間の名花」（一八八九年）で、久し振りに訪ねてきた女弟子たちに応えて、「粗暴過《か》劇《げき》の荒男《あらおとこ》を学びて識者の嘲りを招かない様に注意して下さい」、「十年や廿年に望み通りになる訳にもゆかない。漸次《しだい》に進むより仕方がないと諦めたのよけれども旧志を棄て安楽のみを偸《ぬす》むという訳でもない。たゞ口にいはないと挙動に呈《あら》はさないとの差《ちが》ひこそあれ、矢張昔しの芳子よ。」と、主人公の口を借りて心中を語るのである（一五〇頁）。

『都の花』に連載したこの「山間の名花」は、文体から言えば、漢文脈を元に文章の改革をはかったものである。だが、『以良都女《いらつめ》』（山田美妙）の「批評」（中傷）にさらされる。八年後には短編「一沈一浮」を『文芸倶楽部』に発表したが、文芸批評誌『めさまし草』の異様な酷評にさらされる。『めさまし草』には、雅文で書く樋口一葉への絶賛と、中島湘煙への異様な反発がみられるのである。ただし、一葉自身は、和文脈と漢文脈の違いはあれ、従来の書き言葉（文語）を改革して文章を作ろうとしたという点で、湘煙と相通ずるところがあるのであるが（第五章注(43)）。

以後俊子が小説を発表することはない。俊子は、夫と共にイタリアまで行くが肺結核が悪化し、日本に戻る。大磯に移って、信行が没した後は、禅に専念する。そして、「藪入《やぶいり》に鳥渡《ちょっと》そこまでひとり旅」という辞世の句を最後に、他界するのである。

俊子の病没の報道はごくわずかである。この頃、巌本善治の明治女学校と『女学雑誌』の凋落は著しい。これにより改革の一大拠点が消滅し、俊子のめざした漸進的改革すらおぼつかなくなる。たしかに、高等女学校令の公布（一八九九年二月）をもって、公立の高等女学校が作られていく。だが、カリキュラムは、男子と比べて「修身、国語、裁縫」に重きを置き、「外国語、漢文」が男子よりはるかに少ないものであった（一五七頁）。同時に、女子の高等教育は想定されておらず、中等教育はそのための準備でもない。

『女学雑誌』の凋落と入れ替わるように、福島四郎が『婦女新聞』を創刊し（一九〇〇年五月）、女子教育を重点的に取り上げた。そして、ついに、良妻賢母主義批判を掲げる。そもそも、女子を教育することが——男子の場合同様に——国力を増大させ、国運を開く道にほかならないという主張は、男性の女子教育家を中心に根強い。このように教育の専門家の間では異論が多々あるにもかかわらず、良妻賢母主義の女子教育が、家族制度を画定した民法と連動して、国の力で推し進められていく。

俊子が没して十年後、『青鞜』が創刊された。

『青鞜』を率いた平塚明子は、この時、すでに、事実上の有名人であった。明子の再登場が——というより、「朋子」（「煤煙」）の再登場が——少なからぬ人々の間で待ち望まれていた。

一九一〇年夏、坪内逍遙が、「近世劇に見えたる新しき女」という題で西洋演劇に登場した新しい女性について講演した。イプセン（「人形の家」）のノラ、ズーダーマン（「故郷」）のマグダ、ショー（「ウォーレン夫人の職業」）のヴィヴィーなどである（一七四頁）。講演は、神戸、大阪、京都でも行われ、『大阪朝日』が八回連載で、『大阪毎日』が十二回連載で報じた。

一九一一年四月末、『東京朝日』では森田草平の「自叙伝」が始まった。明子の姿が、再び、衆目にさらされたのである。草平は、「あの女のために、あの女の考えて居る通りな、あの女の本当の役を書いて呉れたものは、未だ一人も無いのであらう。」「未《ま》だ一幕あるべき女だ。これ限《ぎ》りに成る女ぢやない」と書いた。役、幕——明確に、演劇の比喩で語られている。ついで、「皓天生《こうてんせい》」による「新しき女」の連載が始まった。皓天は、欧米における「婦人運動」「フエミニズム」について紹介した。これらは、主に男性知識人による「新しき女」の待望論であり、より直接的には、「女優」の本格登場に向かう上げ潮である。

こうした動きに後押しされて、同時に、その危険性もおそらく察知しながら、平塚明子と友人たちは、女性による文芸誌『青鞜』の創刊へ乗り出していく。一九一一年九月、坪内逍遙率いる文芸協会がイプセンの「人形の家」を上演したその月、『青鞜』は「初声《うぶごえ》を上げた」。『青鞜』は、まず劇評に挑戦する（一九一二年一月号の「附録ノラ」、同年六月号の「附録マグダ」など）。

だが、女性が文章で表現するとなると、取り組まねばならない難問が横たわっていた。漢学・英学（又はドイツ語学）を前提とする男子中等教育と、和文（「国文」）を軸とし、裁縫・作法等を仕込む女子中等教育との落差であり、同時に、「文体」（文章・書き言葉のスタイル）という問題である（一八五頁）。つまり、『青鞜』では岸田俊子の名は知られていなかったにもかかわらず、俊子が退場した時点で残された問題に新しい女たちが直面したのである。

文体は、言文一致体に挑戦した。同時に、らいてうは、樋口一葉を、過去の女・旧い女、つまり、私たち「新しい女」ではないと切り捨てた（一八八～一九〇頁）。

さらに、女性たちは良妻賢母主義を公然と批判しだした。教育分野でならともかく、新聞紙上では、良妻賢母主義批判はされてこなかったのである。「大逆」事件前後であるから、良妻賢母主義批判が管野須賀子ら社会主義者に対する大弾圧と繋がることを警戒していたという面もある。

女性たちは、自分の手でそれをやるほかなかったし、実際、それをやり出した。まず、荒木郁《いく》が短編「手紙」（一九一二年四月号）で姦通罪（有夫姦）に反旗を翻した。『青鞜』にはじめての発売禁止処分が下る（出版法第十九条違反）。にもかかわらず、次にはらいてうが、「世の婦人達に」（一九一三年四月号）で、現行の民法・刑法下での結婚制度を公然と批判した。「〔前略〕夫の姦通は罪なくして、妻の姦通は罪とせられてゐるのではないでせうか。私共はこんな無法な、不条理な制度に服して迄《まで》も結婚しやうとは思いません。妻とならうとは思ひません。」と。らいてうは高等検閲係に呼び出され、この作を収めて出版した『円窓より』は発禁になった。つまり、初声《うぶごえ》を上げた赤ん坊『青鞜』は、ついに、「男女の別」という国是・良妻賢母主義という国の教育方針・家族制度（民法）・姦通罪（刑法）と激突したのである。

他方、夏目漱石は、連載中の新聞小説「それから」（一九〇九年六月〜十月）で、大弾圧下の「幸徳秋水と云ふ社会主義の人」の姿を突如として好意的に紹介した。その理由の一つに、平民社で管野須賀子と同居していた秋水に服役中の同志の妻を奪ったという疑惑がかけられて、周囲が離反していく（二一二頁）ことがあったのではないだろうか。漱石は、次の「門」（一九一〇年三月〜六月）では、友人の妻との結婚を敢えてした宗助とその細君・御米の静かな日常を描いてみせる。三角関係、より具体的には有夫姦と責められる状況——罪人とされるばかりでなく、人間社会から排除される——に、特別の関心を持っていたのである。

その漱石は、「道草」では、細君という相棒とともに、「過去」（自分の過去・過去の時代）へ入っていく。つまり、「存外新しい細君」を登場させ、さらに、次の「明暗」では、自分への貞節を求める妻を登場させるのである。

つまり、「道草」「明暗」は、漱石自身の生の転換を示すとともに、「新しい女」たちの呼びかけに呼応したものと言ってよい。すなわち、自分も人間だという目をして物言う妻、相愛関係を求める「新しい妻」の社会への登場である。

注

はじめに

（1）なお、「フォーセット夫人」とは、大英帝国で女性参政権運動の先頭に立ったミリセント・ギャレット・フォーセット（Millicent Garrett Fawcett, 1847-1929）のことである。

（2）演説会は隔週の予定だったが、六月末からは土曜日毎に開催され、時には三千人以上の聴衆を集めた。俊子は、「白襟三枚襲《がさ》ねに島田髪の出立ち」で、「最ともしとやかに壇上に現は」れた（『報知新聞』一八九九年四月十九日「夫人の素顔　中島湘煙女史㈠」ともいう。

第一章

（1）のちの『東京曙新聞』。

（2）慶応義塾（富田正文）編『福沢諭吉全集』（岩波書店、一九六九〜七一年）第二〇巻、七九頁。また、拙著『国民道徳とジェンダー——福沢諭吉・井上哲次郎・和辻哲郎』（東京大学出版会、二〇〇七年）七五頁を参照されたい。

（3）また、九月には、芝増上寺で開校した開拓使仮学校に「女学校」が設けられた。

（4）宮武外骨『明治演説史』（有限社、一九二六年）三八頁「女子演説の元祖　東京女子師範学校教員」による。

（5）「凡学校ニ於テハ男女教場ヲ同シクスルコトヲ得ス」（但し小学校は例外を認める）。

（6）『吉田昇著作集』三〔女性・子ども・学校〕（三省堂、一九八一年）所収。同書十頁。

（7）吉田氏の同論文も、「男子の学校に共学する女子」「男子の中学校に在学していた女子学生」「男子の中学校に学ぶ女子」と、同じ頁（十頁）で繰り返している。

（8）同時に、東京師範学校付属高等女学校が廃校とされた。

（9）青山なを『明治女学校の研究』（慶応通信、一九七〇年）、五四六～五四九頁。

（10）青山なを氏は、文部省布達「女学校入門之心得」（一八七一年十二月）をもって始まった「東京女学校」の歴史が、一八九〇年四月、東京高等師範学校女子師範科が分離独立して女子高等師範学校となり、東京高等女学校がこの女高師（女子高等師範学校）の付属校となった時、終わったとみる（同上、五三八頁）。とすると、二〇年におよぶ抗争があったことになる（なお、東京女学校は、一八七七年二月に廃校とされている）。

（11）明治初年には、呉服商・小松屋となる。なお、生年について争いがある点については後述する。

（12）俊子の京都時代については、絲屋寿雄『女性解放の先駆者たち——中島俊子と福田英子』（清水書院、一九七五年）十六～十九頁、また、横澤清子『自由民権家　中島信行と岸田俊子——自由への闘い』（明石書店、二〇〇六年）二四五～二五三頁（および、同書巻末の「年譜」）に詳しい。

（13）『京都府教育史』（京都府教育会、一九四〇年）上によれば、中学は一八七〇年十二月に開校し、「当時小学校の定期検査に抜群の成績を得た者は、之を官費生として中学に入学せしめた。四年三月には岸田俊女が官費で中学修業を仰付けられ」（三三四頁）た。

（14）前掲『福沢諭吉全集』第二〇巻、七八頁。

（15）前掲『京都府教育史』上、二八四頁。日本教育史文献集成（第一書房、一九八三年）。

（16）「俊子はもと春女《しゅんじょ》と呼んでゐたのですが、此賞状を受けて以来春を俊《しゅん》に改め俊《とし》子としたのだと申します」。相馬黒光『明治初期の三女性——中島湘煙・若松賤子・清水紫琴』（厚生閣、一九四〇年）、二三頁。

（17）『女学世界』（一九〇二年三月五日・四月五日）。

（18）なお、後年の『報知新聞』（一八九九年四月十九日）は、「同党〔立憲政党——引用者注〕の人々女史の並々ならぬ才学を見抜き、政談演説を遣つたら妙ならんとの思付にて之を勧誘したるに、女史一度びは辞したれど強ひての勧めに承諾し」たという。

(19)『植木枝盛集』第七巻（岩波書店、一九九〇年）、二四五頁。

(20) 植木の日記（一八七八年四月二八日）には、午後三時半に高知を出港して、翌日十一時に神戸に着き、午後二時に大坂に到着したとある。

(21)「所謂世間ノ文明開化ハ、即是レ人間男女ノ両性ガ其色欲ヲ逞フシ相交合シテ真ニ愉快ヲ得ル秋ニ於テ孜々汲々作成セル所ノミ」。ただし、千日前で「男女同権論」を演説した日には、つづいて、「菊栄妓を召す。」とある。

(22) 竹田芳則「立憲政党の展開と近畿の自由民権運動」、『ヒストリア』第一〇七号（一九八五年）、五〇頁。

(23) また、『日本立憲政党新聞』に小室信介が連載した新聞小説「新編大和錦、勤王為経・民権為緯」には、「天晴れ一個の女丈夫なり」とうたわれる「岸村お俊」が登場する。

(24) ただし、一八八五年八月に婚姻届を出したことが、中島信行の除籍謄本で明らかになった。

(25) 後藤象二郎とみられる。

(26) 前掲『明治初期の三女性』、五八頁。また、信行の体の具合により性関係はなかったが、母が心配するのを恐れて「たうたう母にさへ何も話さなかつたのだと述懐した」という。「山田もと子」（元子。一八九二年本科卒業）については、「日記」に極めて好意的・同情的な言及がある（選集③74、同160）から、もと子からの話の信憑性は高いと考えられる。

(27) 鈴木裕子編・解説『岸田俊子評論集』（『湘煙選集』1（不二出版、一九八五年））。鈴木裕子編・解説『岸田俊子文学集』（『湘煙選集』2（同、一九八五年））。大木基子・西川裕子編『湘煙日記』（『湘煙選集』3（同、一九八六年））。鈴木裕子編・解説『岸田俊子研究文献目録』（『湘煙選集』4（同、一九八六年））。以下、引用にあたっては、『湘煙選集』のたとえば第一巻を「選集①」と略記し、その後に頁を記す。

(28) なお、俊子の書簡は約五〇通残されている。西川裕子・大木基子「岸田俊子に関する新資料（四）」（『社会科学論集』五三号、一九八七年、高知短期大学）。その一部について、大木による解説がある。大木基子「家族をつなぐ手紙」、荒井とみよ・永渕朋枝編『女の手紙』（双文社出版、二〇〇四年）、二一五〜四二頁。

(29) 一九八四年九月二九日〜一九八五年四月三〇日。のちに西川裕子『花の妹——岸田俊子伝』（新潮社、一九八六年）

として刊行された。

(30) 鈴木裕子「解説——岸田俊子〈中島湘煙〉研究のために」(選集④21～33頁)。

(31) 西川氏が、信行の孫である中島精一氏に信行の除籍謄本の取りよせを依頼したところ、「妻 俊」とあり、しかも、万延元年十二月四日出生と記載されていた。さらに、この年齢に符合する宮中出仕申し付けの書類(一八七九年九月十九日付)があることを大木氏が指摘した。「京都府下平民岸田茂兵衛娘岸田俊子十八年九月を宮内省十五等出仕申付候事」とあるものである。西川祐子「岸田俊子新資料について」(「本郷だより」〔選集③附録〕三頁)。また、前掲『花の妹』、三二頁を参照。

(32) 自知三十九年非。忽唱巴歌出旧扉。従是新行誰結伴。一声鵑叫不如帰。(自から知る、三十九年の非。巴歌を唱いて旧扉を出づるなかれ。是よりの新行、誰か伴を結ばん。一声鵑は叫ぶ、帰るにしかずと。)

(33) 一八九一年九月十三日～十月三日、十一月二七日～十二月三一日、一八九二年九月二二日～十一月三日、一八九四年一月一日～五月十七日、一九〇〇年十二月十一日～一九〇一年一月三一日、一九〇一年三月十九日～五月二〇日。俊子の兄、連三郎の孫にあたる岸田義一氏(大磯在住)が所蔵。

(34) 一八九六年九月二七日～十二月三〇日。

(35) 俊子の母方の従妹の娘にあたる故水野春枝氏(吹田市在住)。タカの晩年に生活を共にしたことがある。

(36) 「岸田俊子新資料について」、五頁。また、前掲『花の妹』、九三～九四頁を参照。

(37) Sievers, Sharon, *Flowers in Salt : The Beginning of Feminist Consciousness in Modern Japan*, Stanford: Standard University Press, 1983.

(38) 写真の先頭におかれているのは、まぎれもなく岸田俊子である。同書の「序」も俊子の演説から始まる。俊子に関する記述は、本文一九五頁中十六頁(pp.33-48)、つまり、一割近くを占める。

(39) Copeland, Rebecca, L., and Melek Ortabasi (ed.), *The Modern Murakaki : Writing by Women of Meiji Japan*, New York: Columbia University Press, 2006, p.70.
Daughters in Boxes (translated by Rebecca L. Copeland and Aiko Okamoto MacPhail) の注記。なお、同書に収録されている「函入娘」は、演説筆記(「傍聴筆記」)から採られている。

(40) 『函入娘・婚姻之不完全』(駸々堂本。後述)中の「函入娘」には、「垣」の字はない。

（41）Mackie, Vera, *Feminism in Modern Japan*, 2003, Cambridge: Cambridge University Press, p.15, p.20.

（42）Anderson, Marnie, *A Place in Public: Women's Rights in Meiji Japan*, 2010, Harvard University Asia Center, pp.110-116. Patessio, Mara, *Women and Public Life in Early Meiji Japan: The Development of the Feminist Movement*, 2011, Ann Arbor: the Center for Japanese Studies, p.159.

（43）近年の日本語文献でも、たとえば、高田知波・中川成美・中山和子校注『新日本古典文学大系　明治編二三　女性作家集』（岩波書店、二〇〇二年）では、冒頭が、中島湘煙の「同胞姉妹に告ぐ」（高田知波校注・解説）である。渡邊澄子責任編集『〔新編〕日本女性文学全集』第一巻（菁柿堂、二〇〇七年）でも、中島湘煙の項の冒頭が「同胞姉妹に告ぐ」である。

　また、筆者自身、拙稿「演説する女たち」（『未來』〔未來社〕で連載）、なかでも、「その4――国家による女の定義『婦人ハ内ヲ治メ外ヲ務メス』」（『未來』第四〇三号、二〇〇〇年四月）で、「同胞姉妹に告ぐ」は、「従来、岸田の独創として扱われてきているが、実際には、スペンサーの *Social Statics* やフォーセットからの援用・応用がかなり見られる」ことを具体的に指摘した。

第二章

（1）鈴木裕子編・解説『日本女性運動資料集成』第一巻、思想・政治Ⅰ（不二出版、一九九六年）、六七頁。句読点、引用者。

（2）どのように説いたのかは明らかではないが、『函入娘』によれば、「三従」を、父母・夫・子に従うのではなく、「子たるの道」・「妻たるの道」・「親たるの道」に従う（つまり、人に従うのではなく、道に従うのだ）と読み替えている。菅野則子「岸田俊子と「女大学」」、帝京大学文学部史学科『帝京史学』第二五号（二〇一〇年二月）八〇〜八二頁を参照。

（3）前掲『花の妹』、一六五頁による。

（4）拙稿「演説する女たち　その1」（『未來』第三九六号、未來社、一九九九年九月）を参照されたい。

（5）「聴衆既に倦《めぐ》まんとして攻撃せんとする挙動はあれど論旨未だ半途《なかば》に至らざる時にはまづ左に掲《かか》ぐるが如き言《ことば》を以て一時聴衆に満足を与へ置くべきが得策といふべし／諸君よ諸君に対し特に妾《わたくし》が希望する事がありますが夫は他事でもありません〔中略〕尚ほ暫時は妾に其貴重な時間を借用いたし度《たい》のでございます」。

（6）「将に局を結ばんとするに際しては眷恋欽慕《けんれんきんぼ》に堪えざらしむるの言語を用ひ感情を起さしめ悠々と退場すべし」。

（7）「世間の函入というのは、多くはこの三者にすぎませんが、すべてその害は少なからずその益は多くないのでありまず」。前掲『女性解放の先駆者たち』、四〇頁。

（8）拙著『御一新とジェンダー――荻生徂徠から教育勅語まで』（東京大学出版会、二〇〇五年）の岸田俊子の項（二九九頁～三〇三頁）で、『函入娘・婚姻之不完全』の著者を従来どおり岸田俊子とした。今回、説を改めたい。

（9）ただし、すでに見たように、スィヴァス（*Flowers in Salt*）は、新聞上の俊子の演説（傍聴筆記）を元にしている。

（10）前掲『明治初期の三女性』、一二六～一二七頁。

（11）「だがこの時期に俊子は演説をもとにした『函入娘・婚姻の不完全』を出版しており、裁判後の療養中に「世ノ婦女子ニ論ス」を発表している」。大木基子『自由民権運動と女性』（ドメス出版、二〇〇三年）、一一二頁。

（12）北田幸恵『書く女たち――江戸から明治のメディア・文学・ジェンダーを読む』（學藝書林、二〇〇七年）、四〇～四九頁。四五頁。

（13）関礼子『語る女たちの時代――一葉と明治女性表現』（新曜社、一九九七年）、三七～四九頁。

第三章

（1）前掲『語る女たちの時代』、五〇～七七頁。

（2）前掲『自由民権運動と女性』、一一五～一二二頁。

（3）前掲『自由民権家　中島信行と岸田俊子』、二七四～二七五頁。

（4）前掲『書く女たち』、五三～五九頁。

（5）鈴木裕子「解説――岸田俊子（中島湘煙）研究のために」

（6）「婦女子」が『自由燈』に注目していた一例として、幸徳秋水の妻・師岡《もろおか》千代子（一八七五－一九六〇）の『風々雨々――幸徳秋水と周囲の人々』（隆文堂、一九四七年）の次のような言葉が挙げられる（九一頁）。「その頃『自由の燈』と云ふ新聞紙があつた。これも私の愛読したもの丶の一つであつたが、その『自由の燈』はしば／＼禁止処分の厄に逢つて居たので、配達されない日のあることなどは、別に然う珍らしいことでもなかつた。時にはそれが五日も六日も続くやうな事があつた。その頃私達は銀座裏の新肴町に住んで居たので、幾日も続けて配達されない時には、姉と一緒に近くの社まで容子を聞きに行つたものである」『幸徳秋水全集』（明治文献、一九六八～一九七三）別巻一、一一七頁。

（7）本間久雄『明治文学作家論』（早稲田大学出版部、一九五一年）〔近代作家研究叢書九〇〕「中島湘煙――女権主義者として」、一五〇～一七一頁。

（8）未決監に入れられた十月十二日から、病に倒れて責付《せきふ》（拘留の執行停止）とされた十月十九日までの記録。

（9）前掲『語る女たちの時代』。

（10）拙稿「演説する女たち　その4――国家による女の定義「婦人ハ内ヲ治メ外ヲ務メス」」（『未來』第四〇三号、未來社、二〇〇〇年四月）において、「同胞姉妹に告ぐ」の著者を従来どおり岸田俊子とした。同様に、拙著『御一新とジェンダー』、岸田俊子の項（二九九～三〇三頁）において、「同胞姉妹に告ぐ」の著者を岸田俊子とした。今回、説を改めたい。

（11）前掲「演説する女たち　その4」。

（12）拙稿「演説する女たち　その2――明治日本と「フォーセット夫人」」（『未來』第三九九号、未來社、一九九九年十二月）。前掲『御一新とジェンダー』、二九八～二九九頁。

（13）前掲『御一新とジェンダー』、三〇五～三〇六頁。

（14）中国語でのように「男女平権」という言葉は一般化しなかった。

第四章

（1）なお、『函入娘』（駸々堂本）には、十七、八歳を婚期とすれば、十歳から七、八年の歳月があり、一家が不自由をしない程度の機織りや裁縫（機杼縫繡）は半年から一年学べば足りる（から、教育にあてるべきである）というくだりがある。

（2）前掲『明治女学校の研究』（慶応通信、一九七〇年）、二〇一頁。

（3）前掲『御一新とジェンダー』、一九一～二〇三頁を参照。『世事見聞録』（一八一六年）は、江戸という都会に住む武家の女が役者等にうつつを抜かし、家が傾く・武家が傾くと非難している（前掲書一四四頁）。『主従日用条目』「女房の役目」（一八四五年）は、世間一般に関して、「世上の女房の中には」と同様の非難をしている（前掲書一九二頁）。このように江戸（都会）を主な舞台に、女（とくに妻）が務めを果たさず・遊び歩くことで、武家の家が傾く・武家一般が傾く・世間一般の家が傾くという非難が盛んになった（実際には、武家が傾くのは、経済・政治構造の複合的変化が主要因だが、それを目の前にいる女のせいにしたとも言える）。同時に、「女教」の必要性が叫ばれ、『女大学』等にかわる新たな「女教」のテクスト（女訓）が模索された。こうした課題の解決が御一新後に持ち越され、「女教」「女子教育」が本格化したと言える。

（4）前掲『御一新とジェンダー』二三～二四頁、三三一頁を参照。徳川家支配下（江戸時代）には、通常想定される男性中心主義以上の何ものかの原則があるという趣旨で「超男性中心主義」という言葉を用いた。具体的に論じたのは、徳川将軍家大奥である。徳川家支配が確立して以降、室（将軍の妻）であり世継ぎの生母である女性の姿がない。つまり、自分の産んだ子が将軍になった室の例がなく、それゆえ、将軍生母で先代将軍の妻である強力な女性（たとえば、北条「政子」）の例がない。生母は妾であり、身分が低く、外戚となるだけの背景を持たず、将軍が生母を自分より上の者として崇めることがない。中国と比較すれば、皇帝生母で前代皇帝の妻である強力な女性が存在しないという意味で、皇太后権力（「(後)室＝母」権力）、皇太后統治（太后称制）の可能性がない。これは直接には将軍家に関することであるが、武家全般、さらには世の中全般の慣行・風潮に影響すると考えられる。

ただし、日本では中国と異なり、「家」が発達し固定化するにつれ、大きな家の先代の妻・生母ないし養母への「孝」

がある程度尊重される。なかでも、将軍家の姫君様（将軍の娘）が、将軍権力を背景に「降嫁」して、やがて生母ないし養母となり、夫より長生きして、子や孫や曾孫にあたる大名に強大な権力を行使した例がある（拙著『大江戸の姫さま――ペットからお輿入れまで』〔角川学芸出版、二〇〇五年〕八二～八五頁）。すなわち、後家の権力である。前述の原則が貫かれていない・奥で崩れている・（将軍家の利益優先で）二元体制になっていると言えるであろう。

（5）鈴木裕子編・解説『日本女性運動資料集成』第一巻、思想・政治Ⅰ（不二出版、一九九六年）、六〇～六二頁。

（6）白川宣力『川上音二郎・貞奴――新聞にみる人物像』（雄松堂出版、一九八五年）、四七～四八頁。

（7）鈴木裕子「解説」（選集①22）。

（8）中村徳（子）は、のちに坂崎紫瀾と結婚した。

（9）岩倉具視次女。ちなみに、孫の徳川元子の随筆『遠いうた――七十五年覚え書』（一九八三年、講談社）に、鹿鳴館で伊藤博文が祖母を一室に誘い狼藉に及ぼうとしたので大迷惑したとある（一二五頁）。

（10）「芸妓にても娼妓にても苟も私に公けに売婬を以て業とする者は、之を人間社会の外に擯斥して人と歯するを許すべからず」。前掲慶応義塾（富田正文）編『福沢諭吉全集』第五巻、五七六頁。また、前掲『御一新とジェンダー』、二七四頁を参照されたい。

（11）なお、つづいて「余は云はん日本の姉妹なりと」（『女学雑誌』第一六〇号、一八八九年五月四日。選集①135）で、国家と女性の関係を論じている。「何迄《どこまで》も諸氏が初めに思立れし国家に対して可愛らしき親切者となり吾々をして逸足でなく徐々に好乾坤に進ましむるの案内者保護者と為られんことを望む」としている。つまり、女性に国家を優しく護る保護者たれ、と言っているのである。これは、女性を「習俗（mœurs）の純潔な守護者」と称えたジャン・ジャック・ルソー（『人間不平等起源論』「ジュネーヴ共和国にささげる」）、「習俗を成すのは女性である」と女性に習俗形成を割り振ったアレクシス・ド・トクヴィル（『アメリカのデモクラシー』）を想起させる。ともに、政治への女性の参入には反対である。また、初期アメリカにおける、（のちに「共和国の母」と呼ばれる）女性の考え方にも繋がるものである（前掲『国民道徳とジェンダー』七〇～七二頁を参照）。同年七月五日に東京婦人矯風会によって提出された一夫一婦制確立を求める建白書に、俊子は署名しているから、矯風会の思想とも関連があると考えられる。

（12）ついで、中島信行（立憲自由党）が、第一回帝国議会（一八九〇年十一月二五日召集）で議長に選出され、俊は信行を支えて多忙を極めることになる。それに先立ち、東京駿河台へ転居した。

（13）『女学雑誌』第一四九号（一八八九年二月十六日）「新報」欄。前掲『明治初期の三女性』、九三〜九四頁。

（14）同前、九七〜九九頁。

（15）「世間に往々伝へる所謂ミッション・スクールに対する非難、即ちミッション・スクールの男女教育の方針は自国のことを等閑に付して、専ら外国的感念に浸染したる男女を養成するのだといふ非難」とも述べている。

（16）「故形兵之極、至於無形。無形則深間不能窺、智者不能謀。（故に兵を形《あらわ》すの極は、形無きに至る。形無ければ則ち深間も窺う能はず、智者も謀る能はず。）」（『孫子』虚実篇）。

「夫兵形象水。〔中略〕故兵無常勢、水無常形。能因敵変化而取勝者、謂之神。（夫れ兵の形は水に象《かたど》る。〔中略〕故に兵に常勢無く、水には常形無し。能《よ》く敵に因《よ》り変化して勝ちを取る者、之を神《しん》と謂ふ。）」（『孫子』同）。山井湧『孫子・呉子』（全釈漢文大系第二二巻）（集英社、一九七五年）、一〇七〜一一〇頁。

（17）「天下莫柔弱於水。而攻堅強者。莫之能勝。以其無以易之。弱之勝強。柔之勝剛。天下莫不知。莫能行。（天下に水より柔弱なるは莫《な》し。而うして堅強を攻むる者、之に能く勝《まさ》る莫きは、其の以って之を易うる無きを以ってなり。弱の強に勝ち、柔の剛に勝つは、天下、知らざるは莫きも、能く行う莫し。）」（『老子』第七八章）。「柔弱勝剛強。（柔弱は剛強に勝つ。）」（同第三六章）。福永光司『老子』（新訂中国古典選第六巻）（朝日新聞社、一九六八年）、三八八〜三八九頁、二〇三頁。

（18）演説「柔柳堅松亦同精神矣」は、『熊本新聞』（一八八二年十一月二日）によれば、「現今我国婦女子《おなご》の気力なきことを論破し、女子は男子と同等の権利を有することを明らかにし、遂に従来《まへより》婦女子に教へ来りし徳義に関する古語の解釈を誤まれるを説きて、女子は柔柳の態ありて堅松の如き精神なかるべからざるを説」いたという（読点は引用者）。

（19）こうした風潮と関連して政府高官のひき起こした事件に、黒田清隆による妻斬殺事件（一八七八年）、総理大臣伊藤博文による首相官邸での強姦未遂事件（一八八七年）がある。前者は不問に付された。

（20）斉の宣王は孟子に問うた。「湯・桀を放ち、武王・紂を伐てること、諸有りや」、「臣にして其の君を弑す、可ならんや。」と。孟子は、それはすでに王ではなく「一夫」にすぎない、王でなくなった者を罰して殺しただけであると答えた。前掲『国民道徳とジェンダー』、一三八頁。小林勝人訳注『孟子』上（岩波書店、一九六八年）、九〇頁。

（21）伊藤博文の事件への対応の他にも、日記（一八九一年十月一日）には、岩神昂（立志社社員）の景山英（英子）評に関して次のようにある。「氏がいろ〳〵の話し中景山英女の事を称し、女は常に面に粉し唇を朱にし衣を錦にしなか〳〵男がすく女なりと。我はこれを聞く座に堪ざりし」（選集③41）。

（22）「良家庭を作るに汲々たる間は未《いまだ》真の良家庭とはいふべからずとはいへ初は之を作るに意を凝らざるを得ざるなり」（選集③172）。日記（一八九六年十二月十七日）。

（23）いわゆる甲申事変（一八八四年）に際してうたったとされる漢詩「偶成」は、「清奴可膺師有名（清奴膺《こら》すべく師名あり）。清奴不懲奈国是（清奴懲《こら》さずんば国是を奈《いかに》せむ）。」と始まる。石川栄司・藤生てい編『湘烟日記』（育成会、一九〇三年）、二〇六〜二〇七頁。鈴木裕子「解説――岸田俊子〈中島湘煙〉研究のために」を参照（選集④36〜37）。

（24）たとえば、日記では、「布英利須《フェリス》女学校」教頭の校費生・山田元子（もと子）に対する教頭による過酷な処置（校費生は本科卒業後三年間フェリス女学校で教える義務があるが、さらに、高等科二年間を終えてから、その義務を果たすように求めたもの）を批判した文章の中に、「碧眼漢の性癖として、富者を貴み貧者を賤み、公座の中大《うちおおい》に其等差を示す。」（選集③74）とある（一八九二年十月一日）。西洋人の傾向を金銭中心と観察する、その参照項には『孟子』（たとえば梁恵王篇下「鰥寡孤独」）があるであろう。

なお、俊子はここで、元子はすでに二三歳であるとして、早く結婚先（落ち着き先）を見つけたいという元子の母の願い、及び、二人の境遇に奇妙なほど同情している。さらに、四年後に元子が訪ねてきた際には、三〇歳に近づくにもかかわらず結婚できない元子の気持ちを推し量っている（日記、一八九六年九月二二日。同160）。ここからすると、信行との結婚も、俊子の先行きを心配する母を傍らに、親子二人の落ち着き先を見つけることが先決だったのではないだろうか。

他方、元子によれば、俊子は、信行の体の具合により性関係はなかったが、母が心配するのを恐れて「たうたう母にさへ何も話さなかつたのだと述懐した」、という。前掲『明治初期の三女性』、五八頁。

（25）**〈補論――「嗚呼 悲哉《かなしいかな》」考（湘煙と鉄舟の交流の可能性）〉**

岸田俊子（湘煙）に「嗚呼悲哉」という随筆がある（『女学雑誌』第二九〇号、一八九一年十一月七日。選集①183〜186）。それは、子供の頃の回想――京都での翁と我との交遊――で始まる。

翁あり我其相識りしはいつのことより始りしを覚ず。当時我は翁が実の年齢《とし》より更に老年なりと感じたるが如し。翁も我が年の幼きより更に小児に感ぜしが如し。翁が家我が家と相隔る十丁余、我読書之課了れば、出て翁を訪ふを以て何よりの楽と為せり。翁も如何に忙しくともよろこびて我をむかへ坐せしむ。

二人には、花、さらに、茶という共通の楽しみがあった。

花瓶には何か挿みてありしが、其はさみ方我気に入《いら》ざれば、翁が茶を煎じるの間に立て挿み直す。翁は是を見て、花は御身の手に触て始て雅を生ずとて喜ぶ。茶は気に入しやと翁の問ふに、今一洗湯《ママ》を冷ましてと我は答ふ。翁も我も茶を好む事甚し。

そして、さて今日は何をして遊ぼうかという話になると、一緒に漢詩を作る、あるいは、俊が蘭の画を描き、そこに自分が讃を添えるのはどうかと翁は言う。

それより春窓坐雨の題にて、分韵《ぶんいん》せんか。御身得意の蘭を描けよ、自分には蘭の名吟あるから。

翁の家は「十畳八畳幾個《いくつ》となく」あり、人々は翁を「御前様」と呼ぶ。だが、俊子は、翁を「彼方《あなた》と呼《よぶ》」。

人皆此翁に対して御前様と呼ぶ。我は彼方《あなた》と呼《よぶ》を常と為す。

翁は、「春遊」という題の俊の五言絶句をことに賞める。

翁我に向ひ、此間春遊の題に、御身が蝶飛知有花の五絶は内からこしらへて来様だ杯戯《などたわむ》る。

だが、俊子が明日の「孟子の輪講」が気懸かりだというと、では今ここで講じて御覧と翁が応え、俊子は本箱へと走る。

今日は屹度私はよく出来ない、明日孟子の輪講が心に掛て。それでは御身今こゝにて講じて御覧。彼方聴て頂戴と身を躍らして本函の処に至り、彼方はいかん此間私が来て経書歴史詩文集の区別をしておきしものを、私がこれに費せし一日に空くせしよと叫びたれば〔後略〕

俊子が、此間「経書歴史詩文集の区別」をしておいたのにと怒ると、「そう〳〵忘て居つた、孟子と中庸は人に貸《かし》た。」と翁は応える。

こうした場面が続いた後、後半は、「この春翁病篤しと聞く、此とき翁も我も共に東京に在り。我車を駆て病を視る。」という場面になるのである。

この文章に解説はない。

署名は「花の妹」で、俊子の文章中異例である。他には、論考「当時の壮士」（『女学雑誌』第二〇三号、一八九〇年三月八日。選集①所収）の署名が「花妹」とある。これは、「当時の壮士」の「暴言暴行」に対して、「フランクリーに放言すれば」と警告するものである。また、「獄ノ奇談」（一八八三年）冒頭に掲げられている漢詩——「誤落人間二十歳（誤って人間に落ちて二十歳）」で始まるもの——に、「凝香花妹月姉岸〔田〕湘烟獄中作」とある（選集③21）。つまり、「花の妹」「花妹」とは、壮士の「暴言暴行」に正面から警告する時、あるいは、獄に投げ込まれた時という、いうなれば、すっと体を張る時に使われている。

「嗚呼悲哉」が実生活に基づくものだとすれば、俊子は、年少の頃すでに、漢詩を作り、蘭の画を描き、孟子を講じることができた。その際、共に楽しむ仲間がいた。その間柄は、はるかに年少の俊が相手を「彼方《あなた》」と呼ぶという、対等なつき合いである。この「彼方」とは、いったい誰なのだろうか。

「御前様」という敬称からすると、近隣に屋敷を持っていた趣味人、ないしは、どこかの老公ではないかと、まずは考えられる（ちなみに、西川裕子氏は、『花の妹』で元御典医の老人としている）。だが、この人物は、どうやら、東奔西走し、後半では、東京の屋敷で臨終を迎えようとしている。となると、京都の町中でひっそり暮らす趣味人や老公ではない。

もしや、これは山岡鉄舟（一八三六－一八八八。鉄太郎）ではないだろうか、というのが、私の推測である。鉄舟の名は、一八七九年九月、俊が文事御用掛として宮中に上る際、槇村正直（京都府知事）と並んで俊子を推挙する人物として現れる。では、鉄舟は、なぜ、推挙したのだろうか。京都の「俊英の子女」（福沢諭吉）の誉れ高いとはいえ、熟知しない人間を宮中に推挙するとは考えにくい。

実際、俊子の日記（後述）によれば、俊子と鉄舟は懇意であった。とすると、では、どのようにして両者は懇意になったのであろうか。

岸田俊子の家は、古着商である。羽仁もと子の「故中島湘煙女史の生涯」（『女学世界』第二巻第三号、第五号。一九〇二年三月五日、四月五日）には、「女史の家にはまた時々京都の武家の風流家が集まる事がありました、一日例の通りの顔振でお茶の品評を催しました」（下）とある。その席に「六歳頃」の俊が入って来て父の側に坐り、「私にもお茶の御風味を」と言い、「五種のお茶を誤りなく味《あじわ》つて流石の雅客を驚かした」という。

幕末、京都の古着屋に、茶をたしなむ「武家の風流家」が集まっていたとしてもそれほど不思議ではないかもしれない。あるいはまた、その中に鉄舟が混じっていたとしても。

さて、俊子が、この文にあるように、「彼方」と漢詩を作り、画を描いた時期がいつ頃なのかであるが、「故中島湘煙女史の生涯」には、「十二三才にして詩を賦《ふ》し歌を詠じ」（下）とある。これをたよりに考えれば、「十二才」とは、「岸田俊女十二歳」（『新聞雑誌』第五号）の頃、すなわち、一八七一（明治四）年である。

では、この頃、鉄舟が京都に滞在していた可能性があるのだろうか。

鉄舟は、天保七（一八三六）年六月十日、旗本・小野高福《たかよし》（六百石）の四男として江戸に生まれた。浅草の御蔵奉行であった高福が、一八四五年、飛騨郡代となり高山へ移ったため、鉄舟は約七年間（九歳～十六歳）高山で育つ。父母の相次ぐ死により、江戸に戻る。幕府の講武所に入り、槍術の山岡静山に学んだ。静山の死により、その妹・英子と結婚して山岡家を継ぐ。

一八六三（文久三）年、鉄舟は、浪士組取締として、家茂に従って上洛することになる。その後、江戸に戻り、以後は、京都と江戸の間を往き来して活動する。一八六八年、鳥羽伏見の戦い（一月）を経て、三月、将軍慶喜の恭順謹慎の意を大総督まで伝える命を受け、官軍の間を抜けて、駿府の西郷隆盛に直談判をしに行ったことで知られる。

一八六九年六月、版籍奉還の後、静岡藩藩政輔翼に任ぜられ、一八七一年の十一月に茨城県参事、十二月末に伊万里県権令に任ぜられる。

さらに、一八七二年六月、天皇の侍従になる。西郷隆盛の頼みという。鉄舟は、その後、巡幸関連の仕事や、宮内省関係の役職に就きつつ、一八七八年十二月、皇后宮亮を兼任する。一八八一年五月、宮内少輔となり、一八八二年六月宮内省御用掛となって、致仕する（葛生能久『高士　山岡鉄舟』、葛生能久編『伝記叢書　二四二　高士　山岡鉄舟』を参照）。

ここからすると、一八七一年頃、鉄舟が、京都に何らかの屋敷を維持していたことは考えられなくはない。鉄舟三六歳の頃である。

湘煙の日記に鉄舟の名があるのは、次の二箇所である。

一八九四年二月二五日、「錦織剛清《にしごりたけきよ》」の公判法廷が開かれ、新聞は大疑獄と報じた。錦織がかつて山岡鉄舟の門を叩いた時、山岡が「主君を救ふの志」「死するの志」を問うたという話を俊がして、「此辺較《やや》趣味あり」云々と言うと、「我の語るや君笑て「然り、然れども山岡の眼、其人を愆《あや》まりしに非ずや」。」と応えた、というものである（選集③106）。もう一つは、同年五月一日、「空想に煩はされて不眠病を致すの性」に苦しむ時、かつて山岡と不眠について問答になったことを思い出す、というものである。

我齢《よわい》十六、屢《しばしば》山岡鉄舟に面す。当時我母公と東京四谷に住し山岡の家を隔る僅かに一丁、同家女《むすめ》あり齢我と斉し。互に相来往するを以て其父母に面する事も屢《たびたび》なり。〔後略〕（同124）

ここからは、鉄舟と湘煙・その母タカ（竹香）との関係が、浅からぬことが伺える。数え十六歳とすれば、一八七五（明治八）年である。

山岡鉄舟は、一八八八年七月十九日、没した。この頃、湘煙は、保安条例（一八八七年十二月末）により信行が皇居から三里以内の地から三年間の追放にあい、横浜に移っていた。

「嗚呼悲哉」では、京都での交遊の後は、次のように簡潔にまとめられている。

我其後東西に漂泊す、翁も居所定まらず、我西帰すれば、翁は東行、我東行すれば、翁は西寓、会せざる十年余。この春翁病篤しと聞く、此とき翁も我も共に東京に在り。我車を駆て病を視る。

「此とき翁も我も共に東京に在り」が言葉どおりであるとすれば、湘煙と鉄舟のこととは言えない。だが、もし、横浜も含めて（西京でなく）「東京」であるとすれば、「我車を駆て」という距離感は、妥当と言えるだろう。

さて、屋敷に着くと、翁は眠っていた。

花鳥を描きし金屏風を繞らし、紅白純子《どんす》の蒲団に見へぬばかりに埋れて、今すや〳〵と眠に就《つき》しときなれば、静かに其覚《さむ》るを待てり。頃焉《しばらくあって》翁眼を開き、我を視て驚き、どうして来た、いつ来たと舌もつれて咳に咽びたり。

俊が、「彼方死《しぬ》る覚悟が宜し」と言うと、翁は、「御身が芥子《けし》頭の時が思ひ出される」と微笑した。

医者は如何に申すと問へば、翁は声低めて、医者は陰《かく》していふは《ママ》ぬが、私しはダメと思ふよ。彼方死る覚悟が宜し。医者がかくすにも人による。私しは彼方が今の容貌ではとてもよくなるとは思ひませぬ。死ると極てよくなれば此上もなき事。死るとお極めなさい。翁は微笑して、御身が今の言葉に、御身が芥子頭の時が思ひ出されると。

そして、俊が、枕元に新聞紙が積んであるのを不思議に思い、「彼方これ程大患に新聞御覧なさるのですか」と問えば、「人に読まして置て其朱点のあるところのみ見る」と答える。不思議に思って「我開き見れば、其朱点は悉々我が家に関せし事のみ。翁が我を愛し、併て我が一族に及ぶの情は、何を以てかこれに酬いん。我涙落さじと口つぐみたり。」、「翁はいと満足の体にて、私は今日の御身を見て死るはよろこばしき限りなり」と言う。

この翁が鉄舟であると断定することはできないが、「彼方《あなた》」が、湘煙にとって決定的な人物であることは疑いない。なお、「嗚呼悲哉」の掲載は、『女学雑誌』第二九〇号（一八九一年十一月七日）である。鉄舟であるとすれば、事情を知られないために、発表を三年余延ばしたのではないかと考えられる。

第五章

（1）Mori Arinori, "Introduction", *Education in Japan: a series of letters / addressed by prominent Americans to Arinori Mori* (New York: Appleton, 1873). 大久保利謙監修『新修　森有礼全集』第五巻（文泉堂書店、一九九九年）、一三三〜一八七頁（なかでも一八五〜一八七頁）。

（2）山田美妙「姫かがみ」（『以良都女』第一号、一八八七年七月）の「緒言」冒頭にある言葉（「言文一致は文明の証標と或る人も言つた通り是ほど宜《よ》い事は無い」）。ちなみに、坪内逍遙は、「支那および西洋の諸国にては言文おほむね一途」との認識を示していた。『小説神髄』（一八八六年、松月堂）、小説法則総論、文体論。坪内雄蔵『逍遙選集』別冊第三（春陽堂、一九二七年）、八一頁。

（3）なお、「婦人の会合」（同第六八号、一八八七年七月二三日）のみ、「余《われ》都ての会を知るものにあらざれば」とルビがふってある。漢文の通常の読みは「余《よ》」であるから、他の読みは通常どおり「余《よ》」であると考えられる。「余ノ説ク処ノ遺訓」(「女子教育策ノ一端」)、「余が甚た疑ふ可きの点」(「当今の小説」)、「余が今姉妹に説かんと欲する処のもの」(「婦人歎」)等は、そもそも「われ」では読めない。

(4) 前三者は一八九〇年中であるから、この時期の特徴でもあると考えられる。この他に、「おかし様」あてに書かれた『小公子』の評」(同第三〇〇号、一八九二年一月十六日)がある。

(5) なお、俊子のものとされる「同胞姉妹に告ぐ」は、和文体・和語を用い、「妾」と自称する。俊子は、『女学雑誌』の論考で「妾」を使用するごくわずかな場合も、和文体・和語と組み合わせることはない。このように、論考で、漢文訓読体を用い「余」と自称する俊子が、論考という同じ形式で、和文体・和語を用い「妾」と自称するとは考えられないから、「同胞姉妹に告ぐ」は、文体から見ても俊子のものとは言えない。

(6) アン・ウォルソール『たをやめと明治維新』(菅原和子ほか訳、ぺりかん社、二〇〇五年)、二三四〜二三九頁。Walthall, Anne, *The Weak Body of a Useless Woman: Matsuo Taseko and the Meiji Restoration* (University of Chicago Press, 1998), pp. 228-232.

(7) 若松賤子も、『小公子』の翻訳で独自の言文一致体を採用している。たとえば、冒頭は「セドリツクには、誰も云ふて聞かせる人が有ませんかつたから、何も知らないでゐたのでした。」である。この点について俊子は触れていない。『小公子』は、一八九〇年八月より『女学雑誌』で連載され、女学雑誌社から刊行された(一八九一年十月)。

(8) 馬丁は、「今晩はとシチンの帯かなんかぶらさげた腰ッぺたを。いつの間にかチヤボのけつのやうにおつ立てやがつて。」と、女を形容する。

(9) 野辺地清江『女性解放思想の源流――巌本善治と「女学雑誌」』(校倉書房、一九八四年)二〇〜二一頁を参照。

(10) さらに、翌年十月号では、「同盟女学校共同器関」と銘打たれて、「女学生仝盟女学校は左の如し」として、以下の十八校が名を連ねている(前掲『小公子』の裏表紙に掲載された、『女学生』一八九一年十月号の広告より)。明治女学校・女子学院・新栄女学校・女子神学校・フェリス和英女学校・頌栄女学校・跡見女学校・立教女学校・成立舎女学部・女子独立学校・海岸女学校・長栄女塾・東洋英和女学校・青山英和女学校・金城女学校・高田女学校・名古屋清流女学校・広島英和女学校(創刊号と比較すると、桜井女学校・共立女学校が消えて、女子学院・立教女学校・金城女学校・高田女学校・名古屋清流女学校・広島英和女学校が入っている)。なお、広告ではこの他に共立女学校・共立神学校・女子学校の女学生の文章もこの号に掲載されているから、投稿はこの十八校に限られたわけではない。

（11）和田繁二郎『明治前期女流作品論――樋口一葉とその前後』（桜楓社、一九八九年）、七四〜八一頁。

（12）なお、『岸田俊子文学集』（選集②）では、「善悪の岐」「山間の名花」「一沈一浮」の他、「花子のなげき」ではなく、「伯爵の令嬢」が収録されている。

（13）振り仮名は、『女学雑誌』が「岐《ふたみち》」、単行本が「岐《ちまた》」。

（14）当の「記者」自身、のちに「酷評」したと認めている（「前の善悪の岐に就ては記者も敢て酷評して」、『以良都女』第二四号）。

（15）大意は次のとおりである。

鹿鳴館とおぼしき（「下々」とは「別天地」の）館での園遊会で、お優やお蔦《つた》たちが、（「踏舞嫌ひの西洋服嫌ひ」である）「高園の奥様芳子さん」を遠くに認めて声をかける。芳子は、「男女の交際は踏舞がなけりや出来ない」というのは「少し大人と子どもとの関係の様」ではないか、「日本服を改良するなら日本と支那と西洋を混和した様な事にしないで、純然たる西洋服が宜しいでしょう。」と考えを述べる（以上第一回）。役人鳥巣保の豪華な家では、下女たちが芸者あがりの奥様お優の噂をし、お優とその母は公債証の名義をお優に書き換える相談をしている。そこへ高園幹一が訪ねてくる。さらにお蔦が訪ねてくる（第二回）。鳥巣保とお優が話をしていると、書生四人が訪ねてくる。うち物部俊馬が、「月給だけの目的にて国民の目的のないお役人」は坐を譲るべきだと滔々と論じていると、お優が呼んだ警吏が現れて、「官吏を侮慢するもの」と言い渡して引致していく（第三回）。法律家木下暗とお蔦は、洋風にしたてた借家で食事中である。「民権新聞」にある「壮士の災難」という、物部らが警察署から未決監へ送られた記事を読んで、木下は、親密な関係にある鳥巣の家へと向かう（第四回）。鳥巣が高園の家を訪ねると、細君（芳子）が自ら出てきて応対する。鳥巣が高園に、壮士を教唆していると迫るが、高園は相手にしない。鳥巣が帰ると、男六人が訪ねてきて、今日の有様は慨嘆の至りではないかと高園に迫る。高園は、慨嘆は隠居の茶飲み話にはよいが、望みある青年は空論に馳せるのではなく実益に就くべきだと諭す（第五回）。お蔦が芳子を訪ねてきたので、芳子は自分の書斎へ通す。お蔦は、師範学校を卒業して、「温和柔順の挙動なく、英語は解すれども婦人の文かく事は拙く」という人である。木下との結婚に父兄は不同意だったが、結局押し切ったと噂される。お蔦は、夫の不平を言う。芳子は、「夫婦は一体」、「互に満足を感じるは唯愛の嚢《ふくろ》を寛《ゆるく》して其中に都ての物を含蓄するのが一番」、「男と女の替りのないといふ事は私しには分かりませんけれども、女が男に閉口せんならんといふ事はありませんとも。」等、自説を述べる（第六回）。高園幹一の妻芳子は、「少小より其挙動所好自ら尋常女児に異なる処多く、好《このん》で書を読み〔以下略〕」、「文壇筆を振て鬚髯の男子を圧せり。」また、「若他人の己れに向て無礼の挙動あるときは面《ま》の当り之を責る等あるを以て、或者は芳子を以て不遜なりと擯《しりぞ》くる者も多し。」また、「当時は芳子のをつとたる高園幹一は曾てより芳子が人と為りを確むるを以て世評に上下せられずして、愈其愛を強固にせり。芳子も己れを知る者は唯幹一あるのみと思惟するに、至りしとぞ。」（第七回）。ある日、幹一が、国事のために「帰期定めない」旅行に出ることを芳子に告げると、芳子は、幹一の「国家の重きと愛情の断ち難きとの間に狭まるその胸中」を察して、幹一を見送る（第八回）。芳子が家で独りでいると、昔の女弟子が五六人うち揃って訪ねてくる。うち一人が思いきって、「先生」はかつては「仲々世の丈夫も及ばぬ女丈夫なり」と言われていたが、「高園様とご配偶遊ばしてからは誰一人よく申す者はなくなりましてねェ」と切り出した。芳子は「矢張昔しの芳子よ。」と納得させるとともに、女弟子たちがしようとしていることを聞いて、「私は御身等が精神を挫じくのではないが、どうぞ婦人の徳に恥ない奥優《おくゆ》かしき挙動を望むのよ。粗暴過劇《かげき》の荒男《あらおとこ》を学びて識者の嘲りを招かない様に注意して下さい」と諭す（第九回）。女弟子たちのことを案じていると幹一が帰ってくる。幹一は「まだ人民が度が低くゝて困るのだ。」と嘆く。神田神保町辺では、未決監から出てきた物部と友人たちが話している。物部へ差し入れしたり、病の重い友人を病院へ入れるように手配したのは、どうやら高園芳子であったようだ。物部は、郷里へ帰って高園が巡ってくるのを友人たちとともに待つことにした（第十回）。

（16）第九号（一八八九年二月十七日）に第一・二回が掲載され、第十号（三月三日）に第三回、第十一号（三月十七日）に第四・五回、第十二号（四月七日）に第六・七回が、二号おいて、第十五号（五月十九日）に第八〜十回が掲載された。

（17）塩田良平『明治女流作家』（青梧堂、一九四二年）、「遂にこの作品は中絶したのであつた。」（九五頁）。前掲『女性解放の先駆者たち』、「未完」（八八頁）。前掲『書く女たち』、「未完」（八七頁）。同様のものに、平田由美『女性表現の明治史』（岩波書店、一九九九年）、「作品じたいが中絶に近いかたちで終わっている」（一〇二頁）。

（18）また、自分の体験談という形で自説を展開している「世ノ婦女子ニ論ス」は、説話から論説への過渡的形態（ないしは混合形態）といえるであろう。

(19)『小説神髄』、小説総論、小説の裨益。前掲『逍遙選集』別冊第三、六五頁。

(20)本間久雄『明治文学作家論』（早稲田大学出版部、一九五一年）〔近代作家研究叢書九〇〕、一六六頁。

(21)前掲『女性解放の先駆者たち』、八九頁。

(22)前掲『明治文学作家論』、八五頁。

(23)同前、一六六頁。

(24)中川小十郎、正木政吉による論文。中川小十郎「『いらつめ』と言文一致（上）」（『立命館文学』一九三四年六月）、七六九頁。前掲『女性表現の明治史』三一頁を参照。

(25)「山間の名花」にあった、人の名前とカギ括弧はなくなっている。

(26)森林太郎『鷗外全集』第二四巻（岩波書店、一九七三年）、二三八〜二三九頁。

(27)戸川秋骨と平田禿木が『めさまし草』を一葉宅まで持ってきて見せた際に、「今文だんの神よといふ鷗外が言葉として」と解説している。「一葉日記」、一八九六年五月二日。

(28)ちなみに、小説とその文体に関して、後年、森鷗外は短編中で次のように書いている。「一体小説はかういふものをかういふ風に書くべきであるといふのは、ひどく囚はれた思想ではあるまいか。僕は僕の夜の思想を以て、小説といふものは何をどんな風に書いても好いものだといふ断案を下す」（「追儺《ついな》」、『東亜之光』一九〇九年五月）。結局のところ、「余は如何なるものを以て真の小説と確定す可きや知らざるのみならず、却て一定の法則なからんことを望むものなり」（中島俊子「婦人の文章」、『女学雑誌』一八八八年九月）に落ち着いたわけである。

(29)『小説神髄』は、「（甲）稗史《よみほん》體は、地の文を綴るには雅言七八分の雅俗折衷の文を用ひ、詞を綴るには雅言五六分の雅俗折衷を用ふ」、「（乙）艸冊子《くさざうし》體は雅俗折衷文の一種にして、その稗史《よみほん》體と異なる所以は、單に俗言を用ふることの多きと、漢語を用ふることの少きとにあり。」としたうえで、艸冊子體が小説の文体としていくにふさわしいとしている。『小説神髄』、小説法則総論、文体論、（第三）雅俗折衷文体。前掲『逍遙選集』別冊第三、九四、一〇六頁。

(30)なお、内容も、たとえば女性の描き方を見ると、「金襖《きんぶすま》立派なる御殿の中、眼もあやなる美しき衣装着たる御姫様床の間に向つて何やらせらるゝ其鬢付《びんつき》襟足のしほらしさ、後からかぶりついてやりたき程、もう二十年若くば唯は置ぬ品物め」という、女性を性行為の対象として値踏みする姿勢を前面に出したものに回帰している。

（31）加藤瓢乎と「らしうせよ」については、前掲『女性表現の明治史』二二一～二二三頁を参照。
（32）加藤瓢乎と「小説家親睦会」については、同前二九～三〇頁を参照。
（33）また、俊子が、「優に優を加へ」る文、すなわち雅文と、「剛に剛を添へ」る文の二派に偏りがちである（「『女学生』に題す」）と書いていることからすると、「女」たちが雅文で交わす『読売新聞』紙上での「言文一致」論争自体、漢文脈を切り捨てながら先取り的に仕掛けられたものである可能性も否定できない。
（34）「人が成長の後《のち》世の中に出で、何事を為すに付ても決して己《じぶん》の思ふ儘になるものはありません。」
（35）「夫《それ》だから小児を育てるに付ては幼少の時から我意我慢の起らぬ様己の意志《こゝろ》は屡々儘にならないことがあるといふことを教へ込まねばなりません。」
（36）「小児の気随気儘なることは幼少より抑制しなければなりません。」
（37）なお、この過程——文体として「剛」「優」二面をもつ「同盟女学校共同器関」（『女学生』）が解体していく過程——は、一八九二年六月に『女学雑誌』が赤表紙と白表紙（文芸）に分かれ、同年末『女学生』が廃刊となり、その主筆星野天知が『文学界』を創刊する（一八九三年一月）過程と関係する。一葉の「たけくらべ」（一八九五年一月～一八九六年一月）は、「雪の日」（一八九三年三月）から「大つごもり」までに続いて、『文学界』が世に送り出したものにほかならない。
（38）たとえば、「一沈一浮」の前段階とみられる小話が一八九六年十二月二二日にある（選集③179～181）。
（39）ユルゲン・ハバマス『公共性の構造転換』（未來社、一九七三年、細谷貞雄訳、第二版、未來社、一九九四年、細谷貞雄ほか訳）。Habermas Jürgen, *Strukturwandel der Öffentlichkeit. Untersuchungen zu einer Kategorie der bürgerlichen Gesellschaft.* Luchterhand, Neuwied 1962（Neuauflage: Suhrkamp, Frankfurt am Main 1990）.
（40）ナンシー・フレーザーは、ユルゲン・ハバマスの「公共圏」論に対して、オープン・アクセスがうたわれる「公共圏」が、実際には主流派以外の人々の排除を前提としていたと指摘した。そして、複数の競合する対抗的公共圏をつくることが鍵であると論じた。（Fraser, Nancy, "Rethinking the Public Sphere," *Habermas and the Public Sphere*, MIT Press, 1992. *Justice Interruptus: Critical Reflection on the "Postsocialist" Condition*, Routledge, 1997 に再録）
（41）漢詩・漢文に基づく女性が不在の「小説」世界は、強い妻・強い母（将軍生母で先代将軍の妻）の不在が常態の徳川将軍家大奥に比すことができるかもしれない。第四章注（4）を参照。ちなみに、双方とも『源氏物語』が流通している。和歌・和文の伝統に立ち、『源氏物語』を特権的位置に置く時、身近に対等な女性が不在となる男の物語を紡ぐことが可能である。

（42）陶淵明の帰去来の辞の全文（掛け軸）が京都市下京区の（旧）修徳小学校に残されている（漢文。「明治五年壬申暢月十三歳岸田湘煙女史」）〔選集④口絵写真〕。高知市にも帰去来の辞を揮毫した大きな屏風が残されている（「明治辛巳の冬、竹村主人の為に山媚水明楼に於て書す　湘煙」）〔同〕。また、「獄ノ奇談」冒頭に掲げられている漢詩（「凝香花妹月姉岸〔田〕湘烟獄中作」）の最初の句「誤落人間二十歳（誤って人間に落ちて二十歳）」は、陶淵明の「誤落塵網中、一去三十年（誤って塵網の中に落ちて、一たび去ること三十年）」（帰園田居五首　其一）を元にしていると考えられる。

（43）〈補論――「何かは今更の世評沙汰」（一葉）〉

本章でみてきたように、文芸評論誌『めさまし草』には、樋口一葉の絶賛――と、中島湘煙への異様な反発――がみられる。ただし、一葉自身が、『めさまし草』の面々による、自分の厚遇をどうとらえていたかは、また、別の問題である（なお、以下、塩田良平・和田芳恵・樋口悦編『樋口一葉全集』〔筑摩書房、一九七四年～一九九四年〕の、たとえば、第三巻上を「一葉全集③上」と略記し、その後に頁数を記す。読みやすさを考慮して空欄で区切った箇所がある）。日記によれば、一八九六（明治二九）年は、斎藤緑雨が年明けから接近してきて（一葉全集③上463、五月末（五月二四日）になって来訪、その数日後には三木竹二が来訪、さらに、三木は露伴を伴って再訪（七月二〇日）し、『めさまし草』への寄稿・加入と、合作の相談をした、そして、これを聞き出した緑雨が、何としても止めようとした（同月二二日）のである。

他方、同じ六月には、神奈川県在住の青年・小原与三郎が、文学を志して、導いて欲しいという趣旨の手紙をよこした。感激した一葉は、三週間余で三通もの返事を書いている（六月二八日、七月十日、同月十九日）。一通目には、「文学に御こゝろよせのよし　いと〳〵嬉しき御こと」（一葉全集④下929）とある。二通目には、「この世の富貴栄華なと《(ど)》いふ事はおもひもかけす《(ず)》との御おほせ　さてこそ御大事業はならせ給ふへ《(べ)》くと心嬉しく候　くされし魚のはらはたを痩せ犬か《(が)》らは《(ば)》ひ合い候やうなる世のさま随分と見よきものに候はす」（同931）とある。ただし、三通目では、「こゝには百年の後も猶御友のはしにさしおかせ給ふ事と存し《(じ)》たるなれと《(ど)》」（同934）、「めづらしく誠ある友を得てと喜ひ《(び)》しは束の間」

（同935）と苛立ちを隠さない。

一葉は、「見よきもの」ではない「世のさま」、具体的に言えば、斎藤緑雨、さらには、三木竹二・幸田露伴が、自分を奪い合って争うことに、なかでも、「この男かたきに取てもいとおもしろし　みかたにつきなは《ば》猶さらにおかしかるへく《べ》」（日記、五月二九日。一葉全集③上488）とまで見込んだ緑雨に心から失望したのではないだろうか。緑雨からの手紙（一月九日）には、「にこり《ご》江の事わかれ道の事さま〳〵ありて　今の世の評者がめくらなる事文人のやくざなる事　これらか《が》ほめそしりにかゝはらす《ず》直往し給へといふ事」（日記、同463）が書いてあったではないか――「此男か《が》心中いさゝか解さぬ我れにもあらす《ず》　何かは今更の世評沙汰」と記して、一葉は、日記を閉じてしまうのである（七月二二日。同529）。

そもそも、一葉は、「九つ計《ばかり》の時よりは我身の一生の、世の常にて終らんことなげかはしく」、「世に顕《あら》はれん」という大志を抱く人間であった（「まだ何事を持ちて世に顕はれんとも思ひさだめざりけれど」）。同時に、「利欲にはしれる浮よの人あさましく厭はしく、これ故にかく狂へるかと見れば、金銀はほとんど塵埃の様にぞ覚えし」と、後年、ふり返っている（一八九四年八月十日）（馬場孤蝶『樋口一葉君略伝』。和田芳恵編『樋口一葉研究』〔新世社、一九四二年〕、七五～七六頁）。こうした一葉が求めていたのは、文学という「大事業」における同志（「友」、「みかた」）であった。同時に、これを邪魔するのは、「金銀」などの世俗的な利益であると感じていたのである。

一葉は、同じ「萩の舎」の三宅花圃（『藪の鶯』）の成功に刺激されて、小説家として身を立てることを決意するが、新聞小説家・半井桃水の指導を受け入れて、（言文一致体ではなく）和文脈で書くことになった。その上で、会話（話し言葉）をそのまま入れる等々して、文語体の文章に工夫をこらしている。その点では、和文脈と漢文脈の違いはあるが、文語体を改良しようとした湘煙と相通ずるところがある。

たとえば、「たけくらべ」には、会話（話し言葉）をそのまま入れた箇所として、美登利が「揚巻」（歌舞伎『助六』）ばりのタンカを切る場面がある。「此処は私が遊ひ処、お前がたに指でもさゝしはせぬ、ゑゝ憎くらしい長吉め、三ちやんを何故《なぜ》ぶつ、あれ又引たほした、意趣があらば私をお撃《ぶ》ち、相手には私がなる、伯母《おば》さん止めずに下されと身もだへして罵《ののし》れば〔後略〕」、である（なお、遊女「揚巻」が男〔間夫《まぶ》〕を護ってタンカを切るという型については、前掲『大江戸の姫さま』、五一～五三頁を参照されたい）。

さて。ここから始まる物語がある。日記を閉じて四日め、一葉を訪ねてきて、初対面で一日楽しく語らったとみられる人物がいる。後に社会主義者となり、シカゴで月刊誌『ソーシャリスト・ウーマン（*The Socialist Woman*）』を発行する金子喜一（一八七五－一九〇九）である。日記に金子の名はないから両者の関係は重視されていないが、大橋秀子氏が明らかにした四種の記録――小原与三郎（金子の友人）の一葉宛書簡、一葉の香典帳、副島八十六の「日誌鈔」、金子による一葉追悼文――は、二人の深い交流を物語る（大橋秀子『金子喜一とジョセフィン・コンガー――社会主義フェミニズムの先駆的試み』〔岩波書店、二〇一一年〕、三三～三七頁。以下、同書を「大橋」と略記し、その後に頁数を示す）。

一葉の日記には、小原に、「心いられするまゝに腹たては《ば》たてよの文書てやる」（七月十八）とある。〔同月十一日に一葉を訪問した小原が、帰郷後、葉書の一本ももらえないと文句を書いてよこしたことに怒ったもの。手紙には、「こゝには百年の後も猶御友のはしにさしおかせ給ふ事と存し《じ》たるなれと《ど》、半月か《が》ほと《ど》のおこたりよりやがて見落され参らすことおもへは《ば》人の世ははかなきものに御坐候」、「殊に御文中情夫か《が》もとにおくるしか〳〵の御詞、あれは何の御意味に候や愚鈍の身なれは《ば》得解しかねゆふべは夜もすか《が》らねふ《ぶ》りかね申候」とある。一葉全集④下934）。ところが、小原は、これに書を返した（七月三〇日）のである。しかも、そこには、二六日に一葉を訪ねた金子が小原に出した手紙（二七日付）の内容があった。金子は小原に、「彼女は先日の君が乱暴は少しも気にかけ居らず」と伝えていた（野口碩編『樋口一葉来簡集』〔筑摩書房、一九九八年〕、三二四頁）。このようにして、一葉の前に、文学を志す青年・金子喜一が現れてきたのである。

つづく「百有余日」の交流の後、副島の「日誌鈔」（副島八十六「日誌鈔」、和田芳恵編『樋口一葉研究』新世社、一九四二年、八四～九三頁）によれば、金子は、一葉の極めて質素な葬儀（十一月二五日）に参列していた。その「青年」（金子）は、「昨日」も一葉の家で居合わせた。

〔前略〕真実葬儀に列するもの親戚知友を合して僅に十有余名に過ぎず。〔中略〕昨日予が女史の遺族を慰めしとき居合せし一青年を道伴《みちづ》れとなし女史の人物につきて互に感歎する所をかたり、又社会の不健全を痛談なしなどして日本銀行傍にて別れたり。彼は金子喜一と称し横浜加藤直士の親友なる由にて文学を志せりといへり。向後互に往来すべきを誓ひぬ。

また、『婦人新報』に掲載された金子による追悼文「吊〔弔〕樋口一葉姉」（第二三号、十二月、「笹下庵」名）は、「嗚呼《ああ》一葉君逝けり、吾が友一葉君遂に逝けり」と始まる。一葉を、「実に一個の良友」「友情に濃《こまや》かなるの友」と呼び、「吁《ああ》吾は再び君と何処《いずこ》に語らむ、幽明今隔つところいくばく、今宵、月明かにして吾思ふ事多し、君やあらず君やあらず、噫《ああ》。」と語りかけるのである。次いで、次の三首を詠む（大橋三五頁）。

○君か逝きしを報《しら》せ来りし文を手にして
　夢かとて唯だいく度かいくたびか／現《うつつ》か夢かわかぬと見るまで
○棺を築地なる本願寺へ送りてかへるさによめる
　明日よりは誰と語らむ君ひとり／ゆきましゝ世に吾はのこりて
○四ヶ月前一日楽しく語りしを思ひいでゝ
　ありし事思ひいでつゝ今日もいつか／かはかぬ袖を又もぬらして

また、長文の追悼文「一葉女史を悼む」（『毎日新聞』十一月二六日、「K・K」名）では、七月、一葉を訪ねた時、「女史吾を迎へて曰く君今より何処に住はむとするか、曰く未だ決せざるなり、然らば本郷を撰ばれよ希くは近く共に相語らむ」と言われ、八月、本郷（「本郷臺町北辰館」）に転居したとある（同頁）。

　超えて八月余が臺町に居を移してより再び君を訪ひしに奚《なん》ぞ図《はか》らん君は既に病床に臥してありぬ／吾はその病の仮《かり》初《そめ》なるを思ひて、爾《しか》く意にとめ居らざりしなり、然れども一旬又一旬、病勢依然懈《おこた》らず、八月夢の如く、九月、而して又十一月懊悩呻吟、通じて百有余日、終《つい》に今日の訃音《ふいん》に接す、嗚呼我殆んど過去を繰回すに耐へざる也。

その際、一葉は、「同情《シムパッシー》」に富み、「女史が製作を読みし者は知らむ、彼が作る所の文字は悉くこれ同情の涙なるを」、「彼女は〔中略〕唯だ同情せむがため描きしのみ」と主張し、「友に対しても又誠心よりの同情、愛顧を寄せたりし也、吾は唯だ此の一点よりしても遂に彼女を忘るゝ能《あた》はず」と記す（大橋四一頁）。

以上のように、金子は、一葉が作品を生み出さなく——生み出せなく——なってから身近で接していた、ごく僅な人間の一人なのである。二人は語り合い、共鳴し合ったようだ。ここには、雅文で小説を発表し、日記に辛辣な批評を残す一葉とは、異なる姿が伺える。

なお、はたして一葉が、「泣きての後の冷笑」「冷笑の筆」「うらにかくれし冷笑」（斎藤緑雨。一葉全集③上517、518、519）をもって書いたのか、それとも、金子の言うように「唯だ同情せむがため」描いたのかは意見の別れるところであるが、一葉が日清戦争の講和条約調印（一八九五年四月十七日）を受けて詠んだ歌には、「敷島のやまとますらをにえにして　いくらかえたるもろこしの原」（一葉全集④上350）とあるのである。

第六章

（1）イタリアでの動静は明らかではないが、残された書簡から大木基子氏が探っている（前掲大木基子「岸田俊子　家族をつなぐ手紙」）。なお、この関係で残されているのは、俊子から母宛の書簡四通（国内から一八九二年十二月一日付、同月五日付、同月七日付。ローマから一八九三年六月二日付）、父宛の書簡一通（ローマから一八九三年四月十八日付）、また、俊子が静養していた「海岸の田舎」（アンティオ）から、ローマにいた信行宛の書簡二通（五月二十四日付）である。

（2）この日、出納帳を見て、算盤をはじいたとある（選集③284）。

（3）辞世の句の最後は、「藪入《やぶいり》に鳥渡《ちょっと》そこまでひとり旅」である。

（4）前掲『花の妹』、二三二頁を参照。

（5）『日本』は、「雑報」で、「湘烟女史の辞世と宗演禅師の偈」と題する記事を載せた。『婦女新聞』は、「湘煙女史逝く」と題して、「女の演説家として、女の民権家として、政論家としてまた文学者として、一時は世を驚かしたる中島湘煙女史」について、その逝去を報じた。『太陽』（第七巻第八号、七月五日）は、「海内彙報」での訃音のみである。

（6）俊子の死亡後に出た『女学雑誌』（第五一五号、一九〇一年八月）に、俊子の死亡記事はない。

なお、『女学雑誌』は第五〇八号（一九〇〇年三月）が発売禁止になって以降、発行が途絶えがちになっていた。一九〇一年は、一月に復刊して三月まで一冊ずつ出た後、八月に一冊（第五一五号）出ただけである。翌年は一冊も出ていない。一九〇三年は、六月に一冊出て、数冊出た後、第五二六号（一九〇四年二月）で終刊となる。藤田美実『明治女学校の世界』（青英舎、一九八四年）、七〇頁。

(7) たとえば、「湘煙は星亭に引合せられたが、気位の高い彼女は傲頑な星の態度に憤慨して入社を断ったといはれる。」塩田良平『明治女流作家論』（一九六五年、寧楽書房）、八一頁。同様のものに、「十七年四月、自由党の板垣を通して星亭に面会したとき、星は別に悪気があったわけでもなかったでせうが、例の癖を出して初対面の女史を聊か揶揄ったところ、女史は憤慨して当時唯一の機関誌『自由の燈』に論説を書くといふ約束を反故にしてしまったといふ逸話があります」。前掲『明治初期の三女性』、五五頁。ともに、岸田俊子が約束を果たさなかった、その原因は星亭であるという話で、板垣の責任を不問に付すものである。

(8) 石川栄司・藤生てい編『湘烟日記』（育成会、一九〇三年）、二三頁。また、「当時自由の燈を読むものは、屢《しばし》女史の詩文を見たるなるべし」（二八頁）とある。同時に、「嫁後綢繆《ちゅうびゅう》殊に濃かに、淑徳の誉亦高く、内助の力頗《すこぶ》る多かりしは皆人の知るところなり。」（二五頁）と、結婚後の「内助」が強調されている。

(9) 住谷悦治解説・福田英子『妾の半生涯』（改造社、一九三七年）、二一頁。

(10) 加藤緑（一八八八－一九二二。きくよ）。

(11) 徳富蘇峰監修・吉野作造編輯『婦人問題』（民友社、一九一六年）、三〇八頁。

(12) 森口繁治『婦人参政権論』（政治教育協会、一九二七年）、二二八頁。『近代婦人問題名著選集』十一（日本図書センター、一九八三年）。

(13) なお、「同胞姉妹に告ぐ」についての言及は、管見の限りではみあたらない。

(14) 『中央史壇』「秋季特別十月号」（第三巻第四号〔第一八号〕、一九二一年十月）、六〇五頁。

(15) 同書は、『複刻　日本女性史叢書』第十巻（クレス出版、二〇〇八年）に収録されている。

(16) 月刊誌『婦人之友』は、羽仁もと子が夫・吉一とともに創刊したもの。

(17) 月刊誌『新女苑』は、『少女の友』（実業之日本社）の主筆として大成功した内山基（一九〇三－一九八二）が、若い女性を対象に創刊したもの。

(18) 掲載禁止処分は他に中野重治、戸坂潤など。女性は宮本一人である。「一九三七年十二月二十七日の警保局図書課のジャーナリストとの懇談会の結果」（『宮本百合子全集』〔新日本出版社、一九七九－一九八六年〕第一四巻所収）を参照。没後発見された遺稿であり、表題の傍に「発表不能となった原稿」と書かれている。拙稿「遅れてきた人間・ついに現れた人――野上彌生子と宮本百合子の交わり」（『法学志林』第一一〇巻第三号〔二〇一三年一月〕）、一二二～一二五頁。
（19）宮本による引用。
（20）原文（「藪の鶯」）は「まち高袴」。
（21）前掲『宮本百合子全集』補遺、七二頁。
（22）同前、七三頁。
（23）高群逸枝『女性二千六百年史』（厚生閣、一九四〇年）、一一一頁。
（24）高群逸枝『大日本女性人名辞書』（厚生閣、増補第三版一九四二年）、三八一頁。
（25）なお、宮本百合子は、一連の論考を戦後改稿して出版した『婦人と文学――近代日本の婦人作家――』（実業之日本社、一九四七年）では、戦時中発表した文章を、「あいまいな、今日読んでは意味のわからないような言葉で書かれている」（『婦人と文学』「前がき」。一九四七年三月）として、大幅に加筆している。この第一章、すなわち、「一、藪の鶯　一八八六－九六（明治初期一）」では、前述の部分は次のようになっている。

明治初年の欧化に対する反動時代の暁としての明治二十年。中島湘煙や福田英子の政治活動が、なるほど或る点では奇矯でもあったろうが、それもその時代の歴史の生きた姿であり男女同権の真実な要求としては評価されず、「女の風俗が大そうわるかった」時代としてばかり教え込まれ、当人たちもそう感じるような自分の教育を正しいものと思いこんでいる時代の空気。（前掲『宮本百合子全集』第十二巻、二二〇頁。）

一般がそこまで来るには、明治初年からたゆまず続けられた福沢諭吉の啓蒙もキリスト教教育で婦人の文化的水準を高めた新島襄の存在もその重大な先駆をなしたのであるし、中島、福田女史たちの動きも、ことごとくその土壌となっているのである。（同前、二二二頁）

さらに、俊子についての記述が豊富になっている。その一部を紹介すると――

社会的な意味で、「藪の鶯」の先駆をなした福田英子・中島湘煙たちは、文学の上ではこれぞというほどの足跡をのこさなかった。〔中略〕湘煙は漢学の素養がふかくて、明治二十年頃には「善悪の岐」その他の短篇や漢詩を『女学雑誌』にのせたり新時代の婦人のための啓蒙に役立つ小論文をのせたりしている。フランスやイギリスから渡ってきた男女同権論を、湘煙は漢文まじりのむずかしい文章で書いている。当時の日本の文化がいかにも新しい勢と古いものとで混雑していた様子がうかがわれる。

例えば、湘煙は『女学雑誌』に「婦人歎」という論文をのせている。これは婦人の歎きとよみ下すのではなくて、「ふじんたん」とふり仮名がつけられてある。この文章の骨子は、〔中略〕という極めて明快率直な趣旨なのだけれども、それが書かれている文章はというと、〔中略〕という文体である。私というところが男のとおり「余」と書かれている。そして、こういう漢文調の論文の終りには細かな活字で、アリストートルの詩の句が英語で引用されているのである。

（同前、二二二〜二二三頁）

なお、「婦人歎」の最後に該当部分はない。選集①一〇八頁を参照。

(26) 前掲『明治女流作家』、「中島湘煙」、七六頁〜一〇〇頁。

(27) 同前、九五頁。

(28) なお、『女流著作解題』（女子学習院、一九三九年）の、「湘烟（中島）」の項には、「（柳田泉　伝記二ノ一号による）」ものとして、「十四年冬土佐に遊び自由民権の志士と交り、且男女同権を唱導して女政治家となつた」、「『自由の燈』に女史の詩文が発表せられてゐた」等の記載がある。

(29) 前掲『婦人と文学』

(30) 本間久雄『婦人問題（その思想的根拠）』（東京堂、一九四七年）、三三一頁。

(31) 井上清『日本女性史』（三一書房、一九四九年）、二七九〜二八〇頁。

(32) カバーの表題が『日本女性解放史』、本（本体）の表題・奥付が『近代日本の女性』になっている。

(33) 三井礼子編『日本女性解放史』（五月書房、一九五三年）、二〇頁。

(34) 前掲『明治文学作家論』「中島湘烟——女権主義者として」、一五〇〜一七一頁。

(35) この文章には指導・起稿・修訂・校閲の四名が関わっているから、その見解が混在しているのではないか。

(36) なお、「年譜」に、『自由燈』が「同胞姉妹に告ぐ」を掲載中に、『読売新聞』（一八八四年六月八日）に「語句の真意を知れ」と題した批判（筆者「春の屋大人」）が掲載されたことがあげられている（三二頁）。これは、実際には「春の屋花友」による、寄書欄《よせぶみ》への投書である。「此頃世上に亦《また》もや男女同権の文字を提出《かつぎだ》し充分に其真意をも解せずに無《む》暗矢鱈《やみやたら》と女権拡張を唱ふる者あり。」と批判して、「男女同権」という語句《ことば》の真意を知れと警告するものである。ちなみに、本間久雄が「同胞姉妹に告ぐ」を岸田俊子のものと確信していた理由は不明であるが、ひょっとしたら、「春の屋」、すなわち、坪内逍遙に関係した何らかの認識——岸田俊子の「同胞姉妹に告ぐ」という——が生き続けていたのかもしれない。

(37) なお、景山英子は、一九二七年五月に没した。

(38) 小此木真三郎「自由民権と婦人」（『研究評論　歴史教育』〔歴史教育研究会〕第十二巻第三号、四海書房、一九三七年六月、特輯号「女性史研究」、三七二頁）。

(39) 三上参次は、一八九九年から一九二六年まで東京帝国大学文学部国史学科教授、その後名誉教授。

(40) たとえば、森鷗外は「かのやうに」（『中央公論』、一九一二年一月）で、主人公に次のように言わせている。「まさかお父う様だつて、草昧の世に一国民の造つた神話を、その儘《まま》歴史だと信じてはゐられまいが、うかと神話が歴史でないと云ふことを言明しては、人生の重大な物の一角が崩れ始めて、船底の穴から水の這入るやうに物質的思想が這入つて来て、船を沈没させずには置かないと思つてゐられるのではあるまいか」、「僕は職業の選びやうが悪かった。ぼんやりとして遣ったり、嘘を衝いてやれば造做《さ》はないが、正直に、真面目に遣ろうとすると、八方塞がりになる職業を、僕は不幸にして選んだのだ」。唐木順三編『森鷗外集（明治文学全集二七）』（筑摩書房、一九六五年）、一二〇頁、一二六頁。前掲『国民道徳とジェンダー』、一二九頁を参照されたい。

(41) 長谷川亮一『「皇国史観」という問題——十五年戦争期における文部省の修史事業と思想統制政策』（白澤社、二〇〇八年）、六四-六五頁

(42) 元東京女子高等師範学校附属高等女学校教諭

(43) 「高学年ニ在リテハ特ニ女性ニ関スル史実ヲ重ンジ女性ガ社会・国家ノ進展ニ如何ニ貢献セシカヲ知ラシムルト共ニ現代ノ情勢ヲ考察セシメテ日本婦人タルノ思想態度ニ就キ深甚ナル覚悟ヲ促スベシ」。同号、四三〇頁。「中川生」。

(44) 同号では、中川一男（東京高等師範学校教授）が「西洋史上に於ける女性」を執筆している。なお、中川善之助（東北帝国大学教授）も「女性史としての婚姻史」を執筆している。
(45) 住谷悦治『自由民権女性先駆者――楠瀬喜多子、岸田俊子、景山英子』（文星堂、一九四八年）、二六～二七頁。
(46) 引用は、相馬黒光『明治初期の三女性』二一六～二一七頁から。相馬は、俊の日記の最後の日に財務整理に関する記述がある（「晴　朝無端《はしなく》出納帳一見せねばならぬ事到着して序手に算盤をはぢかねばならず。銀行の切手、役所の入要等二三事を為して、はやくもぐんにやりとしてたのしみの部類は何ひとつ為す事なくして、此一日も過せり。」五月二〇日。選集③284）のをこう解した。
(47) 村田静子『福田英子』（岩波書店、一九五九年）、二二一～二二二頁。
(48) 山川菊栄『日本婦人運動小史』（大和書房、一九七九年）、六三～六五頁。
(49) 絲屋寿雄解説・福田英子『妾の半生涯』（岩波書店、一九五八年）、九七頁。
(50) 前掲『岸田俊子研究文献目録』中の、「解説――岸田俊子〈中島湘煙〉研究のために」選集④23～24。また、前掲『自由民権家　中島信行と岸田俊子』、十七～十八頁を参照。
(51) 前掲『日本女性史』、二八三～二八四頁。
(52) 小泉譲『文学的女性論』（朱雀社、一九五九年）、一八七～一八八頁。
(53) 『新版　日本女性史』（三一書房、一九六七年）二三九頁。読点の追加、また、「人民あつぱくは年々さかんになる」を「人民あつぱくは年々強くなる」にする等の若干の訂正を除けば、ほぼ同様である。
ただし、英子の項の末尾に、「それとともに彼女は、かつて『大阪事件』に参加したことも、軍国主義的なあやまりであったときびしく自己批判している。」という一文が追加されている。
(54) 前掲『女性解放の先駆者たち』、一〇〇～一〇一頁。
なお、次のように続いている。「もうひとつ中島俊子と福田英子にはその出身層のちがいからくる性格のちがいというようなものがあります。〔中略〕このように俊子には、利殖に対するなみなみでない意欲があったようですが、この商才は俊子が商人の娘であるということによって理解されるのではないでしょうか。」
(55) 女性史総合研究会編『日本女性史』第四巻近代（東京大学出版会、一九八二年）、二二三～二二四頁。

（56）執筆者を性別でみれば、岸田俊子の「転向」「順境」「限界」を熱心に論じた――景山英子に乗り移って岸田俊子を非難・批判した――のが主に男性知識人（ないしは女性を啓蒙しようとする男性）であるのははたして偶然であろうか。同じ時期の、井上清『日本女性史』（一九四九年）と三井礼子編『日本女性解放史』（一九五三年）、絲屋寿雄『女性解放の先駆者たち――中島俊子と福田英子』（一九七五年）と山川菊栄『日本婦人運動小史』（一九七九年）では、それぞれ後者には「転向」「順境」「限界」問題への言及がない。

（57）**〈補論――景山英子伝説への山川菊栄の異議（占領期の「日本女性史」形成の一側面）〉**

本章で見たように、景山英子『妾の半生涯』の新版（岩波書店〔文庫〕、一九五八年）が刊行され、「解説」を書いた絲屋寿雄は、景山の生涯を、「男尊女卑の旧道徳に反抗し、男女同権、婦人の経済的独立、婦人の参政権のために戦い、晩年は社会主義者として、婦人の資本主義よりの解放のために戦った近代女性の先覚者である」（九七頁）と位置づけた。翌年には、村田静子『福田英子』（岩波書店〔新書〕、一九五九年）が刊行された。しかも、すでに絲屋は、映画プロデューサーとして、『妾の半生涯』を元にした映画の製作に動き、それは、「我が恋は燃えぬ」（脚本新藤兼人ほか、監督溝口健二・主演田中絹代）として上映（一九四九年）されていたのである。

他方、景山英子と『妾の半生涯』に対して重大な疑義を出し続けた人間がいる。ほかならぬ山川菊栄である。『婦人のこえ』（一九六〇年五月号）が、座談会「女性史あれこれ」（三瓶《さんぺい》孝子《こうこ》、田中寿美子、山川菊栄、菅谷直子〔編集部〕）で井上清の『日本女性史』、帯刀《たてわき》貞代の『戦後婦人運動史』『日本の婦人』の合評をした折、山川は次のように答えている。

菅谷　〔井上清の『日本女性史』は――引用者注〕福田英子さんについては、最初の社会主義婦人として、大へんな評価をしておりますが、この点どうでしょうか、山川先生は福田さんをご存じだったでしょう。

山川　私は知らないんです。個人的に交際がないし……。

〔中略〕

菅谷　明治時代から、福田さんは政党には関係ないらしいですね。

山川　赤旗事件以前でしょう。福田さんについては大杉さんなんかも、あまりよく言っていなかったんですよ、粗雑な人だったらしいです。ですから、あの後の運動についていけるような人ではないでしょう。
菅谷　しかし勇敢だったようですね。あの人の「私の半生涯」は立派なものですね。
山川　書いたのは石川三四郎さんでしょう。

また、菅谷直子氏によれば、山川は、英子の著『妾の半生涯』は石川三四郎が書いたものというのが平民社の人びとの間では通説だった、そして、平民社の人びとは、「しょうの半生涯」と読んで「わらわの半生涯」とは言わなかった、と語ったという。また、『世界婦人』は福田英子の生活の資として石川三四郎の発案で刊行したもので、記事もほとんど石川が書き、堺、幸徳などの同志が協力執筆した、女子労働問題にほとんど触れていないのは石川の編集のせい、と語ったという（菅谷直子『不屈の女性――山川菊栄の後半生』二二二～二二三頁）。
『妾の半生涯』は石川三四郎が書いたもの、『世界婦人』の記事もほとんど石川が書いたもの、平民社関係者の英子に対する低い評価――こうした、にべもない発言は、証言者としての使命感から出ていると考えられる。

山川は、すでに、占領軍による聞き取り調査でも、同様に答えている。一九四九年、連合国軍最高司令官総司令部（GHQ/SCAP）の民間情報教育局（CIE　Civil Information and Education Section）による婦人教育映画『伸びゆく婦人』（“Toward a better Life”、公開時“Progress of the Japanese Women”）の脚本の改訂版に関して、ＣＩＥは、平塚らいてう、労働省婦人少年局長・山川菊栄らに対して意見を求めた。山川へのインタビューは五月四日に行われた。ここで、山川は、改訂版の脚本に関する意見の他に、景山英子に関して、戦後の「民主的なものへの“crazy hunting”の結果として」ヒロイン扱いされるようになったに過ぎないと手厳しい評価を下したのである（池川玲子「占領軍が描いた日本女性史――ＣＩＥ映画『伸びゆく婦人』の検討――」、『歴史評論』七五三号〔二〇一三年一月〕）。すなわち、エセル・Ｂ・ウィード（Ethel B. Weed、ＣＩＥ情報課企画係女性情報担当室の女性情報担当官）関係のＣＩＥ文書（国会図書館憲政資料室所蔵）中の“Interview with Mrs. Yamakawa”に次のようにある（池川氏の御教示による）。

…Aside from the film, she made the following remarks:

1. Hideko Kageyama is not recommendable as a representative person of Meiji leaders. As a result of dramatization of her autobiogra-

phy and post-war "crazy hunting" by journalists after what seems like democratic in early history of Meiji Japan, she suddenly became a heroine of the time. But actually she incurred the criticism of the intelligent, progressive men of the time, due to her strange behavior which were simply imitation of old type men politicians…

山川は、また、『婦人指導者』に連載した「母親のための婦人運動史」の第五回「明治初期の男女同権論者」（一九五八年一月号）で、「進歩的知識人――中島湘煙」の小見出しで、「日本ではじめて婦人自身によって行われた男女同権論」として、岸田俊子の「同胞姉妹に告ぐ」について詳しく論じた。これに続く小見出し「体当りの行動派――福田英子」では、「俊子を頭の人、理知の人、すみずみまで神経のはたらく知識人とすれば、景山英子は、体当りの情熱家、荒けずりの行動派といってもいいでしょう」と続けて、文中で、「英子の名で発表した文章は、文章は不得手の英子に代わってたいてい石川の執筆したものといわれ」、「『あの女はバカさ』と大杉栄は、英子のことを一言のもとにいいすてましたが〔後略〕」、「山川均は英子を、決してバカではないが、粗雑な性格だったといっていました」等を紹介している（山川菊栄『日本婦人運動小史』、六三～六五頁）。

以上のように、山川菊栄は、景山英子と『妾の半生涯』に対して重大な疑義を出し続けた。とすると、〝「同胞姉妹に告ぐ」の岸田俊子〟に対する渇望は、景山伝説に頼ることなどできない山川にとって、いっそう強かったのではないだろうか。

第七章

（1）堀内守「女子教育」、海後宗臣編『井上毅の教育政策』（東京大学出版会、一九六八年）第八章、九四八頁。

（2）前掲『御一新とジェンダー』、三一九頁。

（3）前掲『国民道徳とジェンダー』、一一二～一一三頁。

（4）前掲『御一新とジェンダー』、三二二頁。

（5）この点については、前掲『御一新とジェンダー』、一四三～一五八頁（「江戸女性文化と「強女カルト」」）、一九一～

一九三頁（「三味線でなく「女教」」を参照されたい。

(6) なお、高等女学校規程は、学科目とその程度・時間数の「標準」の画定、すなわち、教える内容に重点をおいており、それが分量のほとんどを占める。同前、三二六〜三二七頁。

(7) 教育史編纂会編『明治以降教育制度発達史』第四巻（教育資料調査会、一九三八年）、二八五〜二八九頁、一七八〜一八二頁。梅村佳代「高等女学校令成立の思想的基盤——女子教育論分析を中心として」〔総合女性史研究会編『日本女性史論集八　教育と思想』（吉川弘文館、一九九八年）所収。初出一九七五年〕を参照。前掲『御一新とジェンダー』、三二七〜三二八頁。拙稿「岸田俊から平塚明へ——禅・文体・メディア」（『法学志林』第一〇九巻第四号、二〇一二年二月）、八三頁。

(8) 「高等女学校ノ教育ハ其生徒ヲシテ他日中人以上ノ家ニ嫁シ賢母良妻タラシムルノ素養ヲ為スニ在リ」、「故ニ優美高尚ノ気風温良貞淑ノ資性ヲ涵養スルト倶ニ」、「中人以上ノ生活ニ必須ナル学術技芸ヲ知得セシメンコトヲ要ス」。『教育時論』第五一四号、一八九九年七月二五日。

(9) 『菊池前文相演述九十九集』（大日本図書、一九〇三年）、二〇〇頁。

(10) 同前、七〇頁以下。

(11) 『高等女学校資料集成』第十巻　修身教科書編（大空社、一九八九年）、三三二頁。

(12) なお、木村鐙子と熊二については、永原和子『近現代女性史論——家族・戦争・平和』（吉川弘文館、二〇一二年）六〇〜七七頁に詳しい。初出一九九三年。

(13) なお、島崎藤村、かわって、北村透谷が明治女学校で教えている。

(14) 前掲『明治女学校の研究』、五七五頁。

(15) 同前、五六六頁、また、前掲『明治女学校の世界』二六一頁を参照。

(16) 学校の建物の一部を貸していた。

(17) 巌本嘉志子（若松賤子）は、メアリー・キダー率いるフェリス女学校（一八七〇年創立）の、初めての、唯一人の卒業生（一八八二年六月）であり、その後、教員をしていた。善治と嘉志子は、一八八九年七月、中島信行・俊子夫婦が証人となり、結婚した。このように、フェリス女学校と明治女学校の結びつきは深い。

（18）前掲『明治女学校の研究』、八三八頁。

（19）拙稿「岸田俊子の表象――「同胞姉妹に告ぐ」という神話」（『法学志林』第一一〇巻第一号〔二〇一二年八月〕）、二七頁、三三頁。

なお、当時高等科生徒だった野上彌生子（一八八五－一九八五。小手川八重）は、生涯の最後に、この頃のことをモデルに小説『森』を書いた（未完）。

また、彌生子は次のように語っている（「作家に聴く」、『文学』一九五四年六月号）。

「私が高等科へ入るか入らないかの頃だったが、急に学校の様子がへんになり、巌本先生の道話もなくなるし、第一、先生自身学校に見えなくなってしまった。〔中略〕／その時の帰り途、おぎんさんから、あなた学校の出来事を知っているか、と訊かれた。なにも知らなかったが、訊いてみると、奥さんの若松賤子を失って以来、独身で学校の森に住んでおられた巌本先生と一人の生徒との間に、当然起ることがついに起っていたわけだ。ところがその生徒というのが、これも巌本先生の若い崇拝者の一人であった大学生の愛人だったから、面倒なことになった。その大学生は激怒して、同じく出入りしていた内村鑑三先生に報告する。内村さんもあの調子でカンカンに怒るところから、最後の破綻になったのだ。／寄宿生はうすうす知っていたらしいが、わたしは通学生だったので、なんにも知らずにいたわけである。しかしこの話を聞いて、わたしはびっくりした。その時はじめて人生に眼を開けられたような気がしたのを憶えている」。『野上彌生子全集』第一期（岩波書店、一九八〇－一九八二年）第二一巻、三八六頁。拙稿「伊藤野枝の表象――野上彌生子の「彼女」及び「野枝さんのこと」」（『法学志林』第一一〇巻第四号〔二〇一三年三月〕）、一五七～一五八頁。

（20）本田は、高等師範学校教授兼外国語学校教授でもあった。

（21）下中芳岳（弥三郎）

（22）深谷昌志『良妻賢母主義の教育』（黎明書房、一九六六年）、二三二頁を参照。

（23）羽仁もと子の夫。もと子と共に、『家庭之友』を創刊（一九〇三年。一九〇八年に『婦人之友』と解題）し、さらに、のちに自由学園を創立した。

（24）なお、一九〇五年一月には、「中人以上ノ家」の妻の代表ともいえる大塚楠緒子《くすおこ》（楠緒）も、詩「お百度詣《まいり》」を『太陽』に発表している。「ひとあし踏みて夫思《つま》ひ、ふたあし国を思へども、三足ふたゝび夫おもふ、女心に咎《とが》ありや。」と問いかける。そして、日本という「国は世界に唯一つ」、同時に、「妻と呼ばれて契りてし、人も此世に唯ひとり」、「かくて御国《みくに》と我夫《わがつま》と　いづれ重しととはれなば　たゞ答へずに泣かんのみ」と詠う。国と夫のどちらか選べと言われてもできないという妻の立場を表している。

楠緒は、半年余前の『太陽』（一九〇四年六月号）では、十連から成る「進撃の歌」を発表していた。その一連には、「一歩も退くな身の恥ぞ／旅順の海に名を挙げし／悲壮の最後を思はずや／すめらみ国の陸軍ぞ／何に臆する事かある／日本男子ぞ嗚呼我は」とある。

（25）前掲『良妻賢母主義の教育』、二三四頁。

（26）総論の第二篇第一章「女子の目的」で説く。なお、上級用は「高等女学校五年級若しくは補習科用修身教科書として編纂した」とされている。

（27）『高等女学校資料集成』第十巻　修身教科書編（大空社　一九八九年）、一九九～二〇〇頁。

（28）なお、「人格の発展」を主題としているのは、成瀬仁蔵が『女子教育』（一八九六年刊）を発表し、「女子を人として教育する事」を掲げて女子の高等教育を訴え、ついに女子大学（日本女子大学）の創立（一九〇一年）にこぎつけたことに対抗するためである。

（29）なお、良妻賢母・良妻賢母主義に関する主な先行研究に、前掲『良妻賢母主義の教育』、小山静子『良妻賢母という規範』（勁草書房、一九九一年）があるが、この点から整理すれば、前者は、良妻賢母主義の「国体」と関係する側面を重視し、後者は、教育論・教育関係者間での議論に焦点を当てていると言えるであろう。「良妻賢母」教育・良妻賢母主義をめぐる言説には、そもそも、この二つの異なったレベルがあるというのが本稿の立場である。

ちなみに、太平洋戦争で敗色濃厚となっても、良妻賢母（「家族制度」）をあくまで死守しようとした――総力戦（一億総決起）の要請がありながら、「男女の別」を守ろうとした――ことについて、拙稿「内閣情報局による「婦人執筆者」の査定と山川菊栄――『最近に於ける婦人執筆者に関する調査』（一九四一年七月）」（『法学志林』第一一〇巻第二号〔二〇一二年十月〕）二三頁を参照されたい。

（30）ただし、『東京朝日』の「社会主義の女　菅《ママ》野須賀子女史訪問記」（一九〇九年九月十三日）で、顔写真入りで紹介された管野須賀子は、「社会主義の方は今の良妻賢母主義とは、全然正反対なんですから。」と語っている。

したがって、「良妻賢母主義」批判が管野らの「大逆事件」（という名の大弾圧）と繋がることを恐れたという見方もできるであろう。

(31)「聞蔵」（朝日新聞社）、「ヨミダス歴史館」（読売新聞社）による。

(32)東京、および、神戸、大阪、京都。『大阪朝日新聞』が八回連載で、『大阪毎日新聞』が十二回連載で報じた。また、東京での講演を元に、後に『所謂新しい女』（一九一二年）が刊行された。堀場清子『青鞜の時代』（岩波書店〔新書〕、一九八八年）、五一頁。中村都史子『日本のイプセン現象 一九〇六－一九一六年』（九州大学出版会、一九九七年）、二五九頁。

Mackie, Vera, *Feminism in Modern Japan*, p.45.

Lowy, Dona, *The Japanese "New Woman": Images of Gender and Modernity*, Rutgers University Press, 2007, p.21.

また、一九一〇年八月には、『新潮』に「平塚朋子」なる人物が現れて、「塩原へ死にゝ行つたのも、先生が殺すと仰《おつ》言《しや》つたからあの場合私は無論先生に同化して居りますから、そのお言葉に従つたまでゞす。」と語った（特集「小説に描かれたるモデルの感想」）。

(33)それぞれ、Henrik Ibsen の戯曲 *A Doll House* の主人公 Nora、Herman Sudermann の戯曲 *Magda* の主人公 Magda。George Bernard Shaw の戯曲 *Mrs Warren's Profession* の Vivie。

(34)**〈補論――良妻賢母主義と『青鞜』〉**

『青鞜』では、上野葉《よう》（一八八六－一九二八。てつ）が、女は「男に都合のいい教育を強いられ」「全く男の方便となって来た」ことを批判し、こう宣言した。

現在の社会は、とにかく其《その》政治組織から、思想から、道徳から、法律から、万事万端男の世界になつてをる、女は男に都合のいい習慣を強いられ、男に都合のいい信条を強いられ、男に都合のいい思想に左右せられ、男に都合のいい法律で捌《さば》かれ、男に都合のいい教育を強いられ、男に都合のいい批評を浴《あび》せられて、黙々として、女性の良心、女性の意地、女性の思想、女性の技能は没却し、阻害せられて、全く男の方便となつて来たので有つた。（「『人形の家』より女性問題へ」、『青鞜』第二巻第一号「附録ノラ」、一九一二年一月）

また、らいてう（平塚明子）は、自分や『青鞜』は「独身主義」なのかとよく尋ねられることに対して、「独身主義だとか、良妻賢母主義だとかいふやうなそんな主義争ひをするやうな、閑日月は有つて居りません。」と反論した（「世の婦人達に」、『青鞜』第三巻第四号、一九一三年四月）。同時に、新聞に掲載された成瀬仁蔵の、「向こうでは女子職業教育が盛んだが、日本の女子教育は皆良妻賢母主義をとっているのはよろこばしいことだ」という趣旨の談話をとりあげ、「誠に遺憾に堪えません」、「今日の我国のあの憐れむべき良妻賢母主義の女子教育を何となさいますか。」と成瀬を批判した。

当初、社会や国の女子教育の方針として使われた「主義」という言葉は、各女学校の方針として使用され、さらに、「世の婦人達に」では個人の方針・信条として使われているのである。同時に、国の方針について、らいてうは、「我国のあの憐れむべき良妻賢母主義の女子教育」と表現しているのである。

第八章

（1）小林登美枝『人と思想七一　平塚らいてう』（清水書院、一九八三年）、三一頁。

（2）以下、『青鞜』創刊時について、平塚明子の二つの自伝、すなわち、『わたくしの歩いた道』（新評論社、一九五五年）と『元始、女性は太陽であった——平塚らいてう自伝』上巻（大月書店、一九七一年）を参照し、前者を『道』、後者を『自伝』と略記する。『道』及び『自伝』は、『青鞜』創刊からそれぞれ約四五年、六〇年を経た回想であり、扱いに注意を要することは言うまでもない。そのうえで、さしあたり両者を参照し、その際、『道』と『自伝』では、時間的に近い『道』を優先し、『自伝』にのみあるもの・内容に多少の異同があるものについて『自伝』を参照することにする。

また、『青鞜』の、たとえば創刊号を「青鞜①」と略記し、その後に頁数を示す。第二年（一九一二年）以降については、たとえば第二巻第一号を「青鞜Ⅱ①」と略記し、その後に頁数を示す。

（3）山川菊栄が小林登美枝（らいてうの協力者）に語った言葉。小林前掲書、三〇頁。

（4）「行儀作法のきびしさは格別でした。後閑《ごかん》菊野先生という、有名なお作法の先生がいて〔後略〕」。後閑菊野（一八六六－一九三一）は、一九一一年に東京女子高等師範学校の教授に昇進し、後に、久邇宮良子《くにのみやながこ》女王の御用掛かりを七年間務めている。

（5）人格教育主義、人格養成主義、人格主義等の名で呼ばれた。

（6）大塚保治は、帝国大学で美術・美術史講座を担当する日本人初の教授である。「この先生の講義のときは講堂がいっぱいになりました。幻燈でラファエルやミケレンジェロの絵が見られるので、たのしい時間でした。」（『自伝』一四五頁）。

（7）釈宗活『臨済録講話』（光融館、一九二四年）、一二五頁。

（8）『自伝』（二〇七頁）での「告白」によれば（『道』には言及がない）、一九〇七年早春のある夜、海禅寺で坐禅をしていた明子は、住職代理として円覚寺から来ていた青年僧（中原秀岳）に突然接吻した。衝撃を受けた秀岳は、「おやじ」（宗演）に相談して結婚することにしたと通告した。だが、明子はそんなつもりはなかったので、なんとか断ったという事件があった。

（9）曾根博義「回覧雑誌『夕づゝ』の出現――百年前の一高の文学青年たち」、『文学』増刊「明治文学の雅と俗」（岩波書店、二〇〇一年）。ちなみに、『夕づゝ』はほとんどが美文であるが、「女史」を名乗った小説に言文一致体（口語文）のものがある。

（10）『道』（六八頁）によれば、現場では、草平は、「殺すことはできない」と、明子が持参した母の大切な懐剣を崖の上から投げ捨ててしまった。あげく、明子が雪深い山へ登るのについていきて動けなくなってしまい、眠って凍死しそうになるのを明子が防いでいた。

（11）草平はこれを、「多分この五月か六月の頃であつたと思ふ。」としている。森田草平『続夏目漱石』（甲鳥書林、一九四三年）、五九八頁。

（12）日本近代文学研究会編『現代日本小説大系』第十七巻（河出書房、一九五一年）、「煤煙」、一八九頁。なお、この部分は、明子が後に発表した「峠」（『時事新報』一九一五年四月一日～二一日）では、「わたくしは女でも、男でもない、それ以前のものですから。」になっている。いわば、「自分は真人である」と応じて、性（ジェンダー・セクシュアリティ）幻想の投擲から身をかわしたのである。

（13）関礼子『一葉以後の女性表現――文体《スタイル》・メディア・ジェンダー』（翰林書房、二〇〇三年）一六六頁を参照。

（14）同前、十四頁。

（15）釈宗演『禅海一瀾講話』（光融館、一九一八年）、三一頁。

（16）ちなみに、「煤煙」には、「小説といふものは全く手に取つたことがありません。」「小説の中の男や女と一緒になつて、泣いたり笑つたりすることは、私には迚も堪へられさうもない。」とある。「煤煙」、前掲書、一八八頁。

（17）さらに、時には漢文脈ものぞかせる。批評欄「円窓より——四月の評論二三」（『青鞜』第二巻第五号、一九一二年五月）では次のようにたたみかけている。「論者まづ、自己の内部から、聖者となり、覚者となり、予言者となり、無我となり、大我となり、神を見、神子の自覚を得、大悟徹底し、絶対独立を得、神となり、仏となり給へ。其物となつて其物を検し給へ。〔後略〕」（著作集①九五）

（18）関礼子前掲書、五〇頁。

（19）「しは《ば》し文机に頬つ《づ》えつきておもへは《ば》誠にわれは女成けるものを、何事のおもひありとてそはなすへ《べ》き事かは」（一八九六年二月二〇日）。塩田良平・和田芳恵・樋口悦編『樋口一葉全集』第三巻上（筑摩書房、一九七六年）、四七一頁。

（20）『青鞜』一九一二年一月「附録ノラ」など。

（21）「らいてう」による「円窓より——四月の評論二三——」（『青鞜』一九一二年五月）など。

（22）明子の没後、夫奥村博史（博から改名）の遺品の中から発見されたもの。小林登美枝『平塚らいてう——愛と反逆の青春』（大月書店、一九七七年）、一五九～一六一頁。

（23）「煤煙」、前掲書、二三五頁。なお、ここで、「静に自分の最後を味はつて死ぬと云つた」というのは、次の手紙である（「煤煙」二十二）。「こんな矛盾だらけの私、生涯自らより外に解されむこと夢にも想ひかけざりしに、今宵の如く幸福に感じ候こと、生れて始めてに候。〔中略〕さは云へ。矛盾は自らも持余しものに候。矛盾に矛盾を重ねては終に無に帰す外なく、こゝに至つて、私は却て心持好く感じ居り候。〔中略〕却々未練多く、死に行く最後の最後の我まで、肉も骨も微塵になりて飛散し尽す滅絶の最後まで、静に見届けて味はひ尽したく候。今こそかくてあれ、来らむ其日を思へば、漫《そぞ》ろに怖ろしくも覚え候。——我寂滅の日は、やがて君が寂滅の日と覚悟したまふや。（同前、二〇一～二〇二頁）

（24）同前、一七九～一八〇頁。

（25）関礼子前掲書、六九頁。
（26）南天棒は、秀岳が（松島）瑞巌寺で得度した折の師である。
（27）『明星』（一九〇八年十一月号〔終刊号〕）に、「幽愁」と題された三十八首が平塚明子名で掲載されており、その中に次の歌がある。

消えまどう手燭《てしょく》をなどか恃《たの》むらん君と涅槃《ねはん》の空に照らばや
君は朽ち我は枯るとも口づけし魂のゆらぎは永久《とわ》ならぬかは
幽暗の谷を逐《お》われて真夜中の黒雲のごと来《こ》しや恐怖《おそれ》は

平塚らいてう著作集編集員会編『平塚らいてう著作集』（大月書店、一九八三年〜一九八四年）第一巻、九〜十三頁。
（28）「ことに、私は、女でありながら、女が嫌いでした。自分が女の仲間にいるということに、我慢のできないときがよくありました。さきにも、与謝野晶子さんを訪ねたとき、女でありながら女の悪口をおっしゃる与謝野さんの態度になにかしら矛盾を感じたことをしるしましたが、実のところ、その矛盾は私の内部にもあったわけで、いくら女が嫌いでも、自分が女であるという現実を、否定することはできませんでした。」（『道』一〇〇頁）
（29）なお、この文章に続いて、「四年前のこの夜、この時（三月二十一日午後十時十五分）私はこの円窓の自分の部屋を捨て、死ぬべく抜け出たのだ」という一文を含んだ文章がある。この四年間を越えたことを確認する時が来たのだ。

第九章

（1）子供の頃から漢文・漢籍に親しみ、東京府立第一中学校（神田一ツ橋）に入学した金之助は、やがて退学し、二松学舎で漢文を磨き、その後、成立学舎に入って英語を学んで、大学予備門に入った。
（2）以下、夏目金之助『漱石全集』（岩波書店、一九九三年〜一九九九年）の、たとえば、第一巻を「全集①」と略記し、その後に頁数を記す。
（3）さらに、「今日は紅茶々碗の傍に新聞を置いたなり、開けて見る気にならない。」、「昨今になつて、あまりに、自分と要吉との間に懸隔がある様に思はれ出したので、眼を通さない事がよくある。」、「傍《そば》にあつた新聞を取つて、『煤烟』

を読んだ。呼吸の合はない事は同じである。」と述べる。
(4) 仏蘭西文学に出てくる不安を、有夫姦の多いためと見てゐる。(全集⑥86)。
(5) なかでも、「有夫の婦姦通したる者は、六月以上二年以下の重禁錮に処す。其相姦する者亦同じ」(刑法第三五三条)。
(6) 「有夫の婦姦通したるときは、二年以下の懲役に処す。其相姦する者亦同じ」(改正刑法第一八三条)。
(7) この頃、幸徳秋水は、手紙で次のように書いている(大石誠之助宛書簡、一九〇九年八月三日付)。「僕は自分の世俗的名誉を犠牲にして進む処までは進むことに決心した、夫で戸恒や竹内の例から推せば、天下同志の大部分に棄てられることゝなるだらう、是も已むを得ぬ運命だ」。拙著『管野スガ再考――婦人矯風会から大逆事件へ』(白澤社、二〇一四年)、三七頁。

なお、のちに弁護人・平出修が発表した短編「計画」(『スバル』第四巻第十号、一九一二年十月)では、主人公の男が金策の相談に行くと、「君が男子として此上もない汚名をきせられて居るのも、もとはといへばあいつの為だ。」と友人に援助を断わられる。同前、四五頁。

他方、管野須賀子の前夫・荒畑寒村(勝三)は、ともに千葉監獄に収監されていた大杉栄が、「秋水は獄中の同志から愛人を奪ったのだ、管野は陣笠を首領にのり替えたんだ」と吐き出すように言ったと書いている(『寒村自伝』上巻(岩波書店、一九七五年)、三〇二頁)。ただし、拙著一七一頁(注40)、一五二頁を参照されたい。

管野須賀子(スガ)自身は、平民社で秋水と同居し、やがて、夫婦関係(届出なし)に入る時、寒村との夫婦関係(届出なし)はすでに解消していることを前提にしていた。同前、一六六頁(注20)、一七二頁(注42)、二〇〇頁(注10)。

なお、「それから」で「幸徳秋水と云ふ社会主義の人」への言及があった日の翌日、同紙の「東京の女」シリーズ「社会主義の女　菅《ママ》野須賀子女史訪問記」が、管野を顔写真入りで紹介した。同前、四〜八頁。
(8) 自分達が如何な犠牲を払つて、結婚を敢えてしたか(全集⑥513)。
(9) 彼等は親を棄てた。親類を棄てた。友達を棄てた。大きく云へば一般の社会を棄てた。もしくは夫等《それ》から棄てられた。学校からは無論棄てられた。(同534)
(10) 「貴方《あなた》先刻《さつき》小供がないと淋《さむ》しくつて不可《いけ》ないと仰《おつ》しやつてね」(同500)/夫婦は和合同棲といふ点に於て、人並以上に成功したと同時に、子供にかけては、一般の隣人よりも不幸であつた。それも始《はじめ》から宿る種がなかつたのなら、まだしもだが、育つべきものを中途で取り落したのだから、更に不幸の感が深かつた。（同502）／彼〔易者――引用者注〕はまともに御米の眼の間を見詰めたまゝ、すぐ／「貴方は人に対して済まない事をした覚がある。その罪が祟《たた》つてゐるから、子供は決して育たない」と云い切つた。御米は此一言《このいちげん》に心臓を射抜かれる思があつた。（同510）

(11) 夫婦は世の中の日の目を見ないものが、寒さに堪へかねて、抱き合つて暖を取る様な具合に、御互同志を頼りとして暮らしてゐた。（同384）／夫婦は例の通り洋燈《ランプ》の下《もと》に寄つた。〔中略〕さうして此《この》明るい灯影に、宗助は御米丈《だけ》を、御米は又宗助丈を意識して、洋燈の力の届かない暗い社会は忘れてゐた。（同418）／彼等に取つて絶対に必要なものは御互丈で、其御互丈が、彼等にはまた充分であつた。（同512）／外に向つて生長する余地を見出し得なかつた二人は、内に向つて深く延び始めたのである。彼等の生活は広さを失なふと同時に、深さを増して来た。彼等は〔中略〕六年の歳月を挙げて、互の胸を掘り出した。彼等の命は、いつの間にか互の底に迄喰ひ入った。二人は世間から見れば依然として二人であつた。けれども互から云へば、道義上切り離す事の出来ない一つの有機体になつた。二人の精神を組み立てる神経系は、最後の繊維に至る迄、互に抱き合つて出来上つてゐた。（同）／彼等の信仰は、神を得なかつたため、仏に逢はなかつたため、互を目標《めじるし》として働らいた。互に抱き合つて、丸い円を描き始めた。（同555）

(12) 河内一郎『漱石のマドンナ』（朝日新聞出版、二〇〇九年）が、「意中の人」候補十一人について調査をし、まとめている。以下、れん、登世、小勝の略歴に関して同書を参照する。

(13) その代表的論者が石川悌二であり、『夏目漱石　その実像と虚像』（明治書院、一九八〇年）などがある。

(14) 登世の存在を発掘したのが江藤淳であり、「登世という嫂」（『漱石とその時代　一部』〔新潮社、一九七〇年〕）などがある。

(15) たとえば、近年では小山田義文『漱石のなぞ――「道草」と「思い出」との間』（平河出版社、一九九八年）、一一四頁。

(16) たとえば、前掲『漱石のなぞ』、一九五頁。

(17) そして、御縫さんとの関係を穿鑿《せんさく》する細君の問いに答える形で、自分との結婚話を振り返るのである。

成程そんな話もない事はなかつた。健三がまだ十五六の時分、ある友達を往来へ待たせて置いて、自分一人一寸《ちょっと》島田の家《うち》へ寄らうとした時、偶然門前の泥溝《どぶ》に掛けた小橋の上に立って往来を眺めてゐた御縫さんは、一寸微笑しながら出会頭の健三に会釈した。それを目撃した彼の友達は独乙語を習い始めの子供であったので、「フラウ門に倚《よ》つて待つ」と云つて彼をひやかした。然し御縫さんは年歯《とし》からいふと彼より一つ上であつた。其上その頃の健三は、女に対する美醜の鑑別もなければ好悪も有たなかつた。夫《それ》から羞恥《はにかみ》に似たやうな一種妙な情緒があつて、女に近寄りたがる彼を、自然の力で、護謨球《ごむだま》のやうに、却つて女から弾き飛ばした。彼と御縫さんとの結婚は、他に面倒のあるなしを差措いて、到底物にならないものとして放棄されてしまつた。（全集⑩66）

なお、最後の、「到底物にならないものとして放棄されてしまつた」という表現からすると、結婚話は——金之助の手の届かないところで——大人たちに投げ出されてしまったとみられる。「面倒」とは、れんが日根野家の戸主であったため、れんとの結婚は婿入りする必要があったことである。

（18）「だから余り女を見るのは善くないよ」（全集⑫130）と、「健さん」は云う。

（19）〈「草枕」の那美さん〉

「そんなに可愛いなら、仏様の前で、一所に寐ようつて、出し抜けに、泰安さんの頸《くび》つ玉へかぢりついたんでさあ」／「へえゝ」／「面喰つたなあ、泰安さ。気狂に文をつけて、飛んだ恥を掻かせられて、とう〳〵、其晩こつそり姿を隠して死んぢまつて……」／「死んだ?」／「死んだらうと思ふのさ。生きちや居られめえ」（全集③66）。

〈「三四郎」の汽車で乗り合わせた女〉

女は其顔を凝《じつ》と眺めてゐたが、やがて落ち付いた調子で、

「あなたは余つ程度胸のない方ですね」と云つて、にやりと笑つた。三四郎はプラットフォームの上へ弾き出された様な心持がした。車の中へ這入つたら両方の耳が一層熱《ほて》り出した。しばらくは凝つと小さくなつてゐた。（全集⑤282）

〔中略〕

要するに行ける所迄行つて見なかつたから、見当が付かない。思ひ切つてもう少し行つてみると可《よ》かつた。けれども恐ろしい。別れ際にあなたは度胸のない方だと云はれた時には、喫驚《びつくり》した。二十三年の弱点が一度に露見した様な心持であつた。親でもあゝ旨く言い中てるものではない。……

三四郎は此所《ここ》迄来て、更に悄然《しよげ》て仕舞つた。（同283）

〈「行人」のお直〉

「〔前略〕嘘だと思ふなら是から二人で和歌の浦へ行つて浪でも海嘯《つなみ》でも構はない、一所に飛び込んで御目に懸けませうか」

「あなた今夜は昂奮してゐる」と自分は慰撫《なだ》める如く云つた。

「妾《あたし》の方が貴方《あなた》よりどの位落ち付いてゐるか知れやしない。大抵の男は意気地なしね、いざとなると」と彼女は床の中で答へた。(全集⑧188)。
(20)とすれば、突然の「結婚」には、にもかかわらず、何故、の叫びが聞こえる。
(21)前掲『漱石のマドンナ』、二六～三二頁。
(22)前掲拙稿「岸田俊から平塚明へ」、一〇〇～一〇一頁を参照されたい。
(23)前掲『漱石のマドンナ』、四〇頁。
(24)たとえば、前掲『漱石のマドンナ』、十一～九六頁。
(25)しかも、そもそも「夫は妻の財産を管理(民法第八〇一条)しているのであり、その上、「妻が姦通を為したるとき」に夫は「離婚の訴を提起」できる(同八一三条)のであるから、とくに女性に致命的な打撃となる。なお、妻から離婚の訴えができるのは、「夫が姦淫罪に因りて刑に処せられたるとき」である。
(26)吉川豊子「解題」、『新編 日本女性文学全集』第三巻(菁柿堂、二〇一一年)、四九四～四九五頁。
(27)一八九六年三月に留学し、一九〇〇年七月に帰国した。九月、保治は帝国大学で美術・美術史講座を担当する日本人初の教授となる。
(28)尾形明子監修『近代女性作家精選集』(ゆまに書房、一九九九年)第一巻。
(29)楠緒は、一九〇四年三月、最初の喀血に見舞われている。
(30)ということは、自分という存在を護ってくれていた母は、こういう形で消えてしまったのである。
(31)紅絹裏《もみうら》を付けたその着物の表には、桜だか梅だかが一面に染め出されて、所々《ところどころ》に金糸や銀糸の刺繍《ぬい》も交つてゐた(全集⑫611)。

第十章

（1）第十六回とする。以下、同様。

（2）「強請る」に、「せびる」と振り仮名が振られている。「強請る」は、「ゆする」とも読む。島田の代理としてやって来た吉田について、「強請《ゆすり》がましい様子は噫《おくび》にも出さなかった」とある。島田の「せびる」は、結局、「ゆする」に近づいていく。なお、「彼岸過迄」には「強請《せび》る」（全集⑦38）、「明暗」には「又金を強乞《せび》りに来たんだ」（全集⑪513）とある。

（3）また、塩原昌之助は、「今年までのうちにたつた三度行つただけで、一度は三七年頃二度は四一年頃、三度目はそれから三四年経つてからのことだ」と取材に対して語ったという。関荘一郎「「道草」のモデルと語る記」、『新日本』第七巻第二号（一九一七年二月）。関は、「道草」が連載された一九一五年に、偶然にも、塩原昌之助とかつが住んでいた家に下宿していた。前掲『漱石のマドンナ』、一〇四、一〇九頁。

（4）小説は、「遠い所から帰つて来て駒込の奥に世帯を持つた」と始まる。金之助も、実際、帰国し（一九〇三年一月）、所帯を持った（同年三月）。また、文中にあるように、夫婦の一時別居があった（同年七‐八月）。

（5）金之助が昌之助に金を遣ったのが一九〇九年十一月であるとされている。

（6）不治の病気に悩まされてゐるといふお縫さんに就いての報知《たより》が健三の心を和げた。何年振にも顔を合せた事のない彼と其人とは、度々会はなければならなかつた昔でさへ、殆ど親しく口を利いた例《ためし》がなかつた。〔中略〕もし交際といふ文字を斯んな間柄にも使ひ得るならば、二人の交際は極めて淡くさうして軽いものであつた。強烈な好い印象のない代りに、少しも不快の記憶に濁されてゐない其人の面影は、島田や御常のそれよりも、今の彼に取つて遙かに尊かつた。人類に対する慈愛の心を、硬くなりかけた彼から喚《そそ》り得る点に於て。また漠然として散漫な人類を、比較的判明《はっきり》した一人の代表者に縮めて呉れる点に於て。――彼は死なうとしてゐる其人の姿を、同情の眼を開いて遠くに眺めた。（全集⑩186〜187、六二）

（7）「御縫さんが脊髄病なんださうだ」
「脊髄病ぢや六《む》づかしいでせう」

「到底《とても》助かる見込はないんだとさ。それで島田が心配してゐるんだ。あの人が死ぬと柴野と御藤さんの縁が切れてしまふから、今迄毎月送つてくれた例の金が来なくなるかも知れないつてね」

〔中略〕

「島田がそんな心配をするのも必竟は平生が悪いからなんだらうよ。何でも嫌はれてゐるらしいんだ。島田に云はせると、其柴野といふ男が酒食《さけくら》ひで喧嘩《けんか》早《つぱや》くつて、それで何時迄経つても出世が出来なくつて、仕方がないんださうだけれども、何うも夫許《そればかり》ぢやないらしい。矢つ張島田の方が愛想を尽かされてゐるに違ないんだ」

「愛想を尽かされなくたつて、そんなに子供が沢山あつちや何《ど》うする事も出来ないでせう」（同184〜185）

（8）前掲『漱石のマドンナ』、一〇一頁の系図を参照。

（9）前掲『夏目漱石　その実像と虚像』六一頁の、「御府内場末往還其他沿革図書」（天保十年）を参照。

（10）明治十九年（一八八六年）の「官員録」に、歩兵第一聯隊（赤坂）の小隊長・陸軍歩兵中尉、静岡の従七位・平岡周造とある。「静岡」出身とあるのは、周造の父が維新の際に徳川亀之助（のちの家達）につき従って静岡に移ったため。前掲『夏目漱石　その実像と虚像』、六〇頁。

なお、この「平岡」という名字が、「それから」の三千代の夫の名として使われていることに注目したい。

（11）両者が入籍したのは、一八九五年とみられる。平岡周造が日根野家に入婿した。河内前掲書、一〇三頁。ただし、墓は、れんが日根野家であり、れんの一年後に没した周造は別である。同書、一〇七頁。

（12）なお、「もっと遠くの西の方」（十二）、「師団か旅団のある中国辺の或都会」（二十二）と記すのみで、「広島」という地名を出すことが周到に避けられているのが注目される。「お縫さん」（れん）が広島にいたということは、鏡子に覚られたくないことであったと考えられる。

さらに付言すれば、一八九五年三月、金之助は、菅虎雄の紹介で、愛媛県尋常中学校（松山中学）嘱託教員として赴任することを決断した。これは大塚楠緒と保治の結婚に関係するという有力な見方があるが、一連の過程は、日根野れんと平岡周造の結婚、周造の赴任地との関係でも再考してみる必要があると思われる。

一八九四年八月勃発の日清戦争で、当時広島の連隊にいた周造は、出征して金鵄《きんし》勲章を受けている。「道草」には、（一九〇三年頃のこととして）「柴野といふ士官」について、「彼が今高崎にゐない事や、もつと遠くの西の方へ転任してから幾年目になるといふ事や、相変らずの大酒で家計があまり裕《ゆたか》でないといふ事や、——すべて是等は、健三に取って耳新らしい報知《たより》に違なかつたが、同時に大した興味を惹く話題にもならなかつた。」（全集⑩36）とあるのみである。だが、その約十年前、周造の金鵄勲章授与を知る（つまり、れんが広島にいることを知る）機会がなかったわけでもないと思われる。そして、言うまでもなく、松山は瀬戸内海を挟んで広島の向かいなのである。

（13）「さう頭からがみ〳〵云はないで、もつと解るやうに云つて聞かして下すつたら好いでせう」

「解るやうに云はうとすれば、理屈ばかり捏《こ》ね返すつていふぢやないか」

「それぢや何うしたつて説明しやうがない。数字を使はずに算術を遣れと注文するのと同じ事だ」

「だからもつと解り易い様に。私に解らないやうな小六づかしい理屈は已めにして」

「だつて貴夫《あなた》の理屈は、他《ひと》を捻ぢ伏せるために用ひられるとより外に考へやうのない事があるんですもの」

「御前の頭が悪いから左右《さう》思ふんだ」

「私の頭も悪いかも知れませんけれども、中味のない空つぽの理屈で捻じ伏せられるのは嫌ひですよ」（同284）

（14）たとえば、結婚に関して、「一体御縫さんは何方《どっち》へ行きたかつたんでせう」（二三）という問いを発するのは細君である。これに対して健三は、「そんな事が判明《わか》るもんか」と答えている。

（15）なお、島田が強請りに来た理由を、兄は健三にこう解説する。

「何でも金鵄勲章の年金か何かを御藤さんが貰つてるんだとさ。だから島田も何処からか貰はなくつちや淋しくつて堪らなくなつたんだらうよ。何しろあの位欲張つてるんだから」（同113、三七）。

（16）「ありや成し崩しに己《おれ》を侵蝕する気なんだね。始め一度に攻め落さうとして断られたもんだから、今度は遠巻にしてぢり〳〵寄って来やうつてんだ。実に厭な奴だ」〔中略〕

「貴夫が引掛るから悪いのよ。だから初めから用心して寄せ付けないやうになされば好いのに」〔中略〕

「絶交しやうと思へば何時だつて出来るさ」

「然し今迄付合つた丈が損になるぢやありませんか」

「そりや何の関係もないお前から見れば左うさ。然し己は御前とは違うんだ」

細君には健三の意味が能く通じなかつた。

「何うせ貴夫の眼から見たら、私なんぞ馬鹿でせうよ」（同171）

（17）御常を知らない細君は却つて夫の執拗を笑つた。

「それが貴方《あなた》の癖だから仕方がない」

〔中略〕

「己《おれ》が執拗なのぢやない、あの女が執拗なのだ。あの女と交際《つきあ》つた事のない御前には、己の批評の正しさ加減が解らないからそんなあべこべを云ふのだ」

〔中略〕

「執拗だ」

「執拗だ」

二人は両方で同じ非難の言葉を御互の上に投げかけ合つた。さうして御互の腹の中にある蟠《わだか》まりを御互の素振から能く読んだ。しかも其非難に理由のある事も亦御互に認め合はなければならなかつた。（同196～197）

（18）其兄の派手好で勉強嫌ひであつた昔も眼の前に見えるやうであつた。三味線を弾いたり、一絃琴を習つたり、白玉を丸めて鍋の中へ放り込んだり、寒天を煮《に》て切溜《きりだめ》で冷したり、凡ての時間は其頃の彼に取つて食ふ事と遊ぶ事ばかりに費やされてゐた。（同103、三四）

（19）兄弟が死に絶えた後、自然健三の生家の跡を襲《つ》ぐやうになつた彼は、父が亡くなるのを待つて、家屋敷をすぐ売り払つてしまつた。それで元からある借金を済《な》して、自分は小さな宅《うち》へ這入つた。それから其所《そこ》に納まり切らない道具類を売払つた。

間もなく彼は三人の子の父になつた。そのうちで彼の最も可愛がつてゐた総領の娘が、年頃になる少し前から悪性の肺結核に罹つたので、彼は其娘を救ふために、あらゆる手段を講じた。〔中略〕彼女が遂に斃れた時、彼の家の簞笥は丸で空《から》になつてゐた。」（同104、三四）

（20）兄は過去の人であつた。華美《はなやか》な前途はもう彼の前に横たはつてゐなかつた。何かに付けて後を振り返り勝な彼と対坐してゐる健三は、自分の進んで行くべき生活の方向から逆に引き戻されるやうな気がした。（同110、三七）

（21）金之助には、父の先の妻の産んだ姉が二人あった。佐和（一八四六－一八七八）と、この房（一八五一－一九一五）

である。佐和は、福田庄兵衛（内藤新宿の妓楼「伊豆橋」の若旦那）と一緒になった。庄兵衛は、母・千枝の姉の次男である。対して、房が嫁いだ庄吉は、父・直克の弟の長男である。つまり、ともに従兄にあたる人間と一緒になっている。

（22）姉は又非常に喋舌《しやべ》る事の好《すき》な女であつた。さうして其の喋舌り方に少しも品位といふものがなかつた。彼女と対坐する健三は屹度苦い顔をして黙らなければならなかつた。

「是が己《おれ》の姉なんだからなあ」

彼女と話をした後の健三の胸には何時でも斯ういふ述懐が起つた。（同11、四）

小さい時分いくら手習をさせても記憶《おぼえ》が悪くつて、どんなに平易《やさ》しい字も、とう〳〵頭へ這入らず仕舞に、五十の今日迄生きて来た女だと思ふと、健三にはわが姉ながら気の毒でもあり又うら恥づかしくもあつた。（同18、六）

それに彼女は縫針の道を心得てゐなかつた。手習をさせても遊芸を仕込んでも何一つ覚える事の出来なかつた彼女は、嫁に来てから今日迄、ついぞ夫の着物一枚縫つた例《ためし》がなかつた。それでゐて彼女は人一倍勝気な女であつた。（同204、六七）

（23）前掲『漱石のマドンナ』一〇二頁を参照。

（24）他方、細君の身内に関しては、主に、細君の父のみが俎上に載せられている。

（25）なお、健三は、産婆が来ないまま細君の出産を介添えし、出産がなんとか無事に済むという事件（八〇）を経て、「人間の運命は中々片付かないもんだな」という感想を洩らし、細君に、「何ですつて」と聞き咎められる（八二）。「今度《こんだ》は死ぬ」と思って「死なない細君」、「丈夫な赤ん坊」、「兄」、「姉」、「細君の父」、「其他島田の事も御常の事も」、「さうして自分と是等の人々との関係が皆なまだ片付かずにゐる」（八二）――こうしたことについて、健三は考えめぐらしていたのである。

島田にはついに百円遣って、向後一切の関係を絶つという一筆を入れさせ、同時に、自分が復籍する際に島田へ送った書付を返させた。細君は、これでやっと片付いたと安心する。が、健三は、「世の中に片付くなんてものは殆どありやしない。」（一〇二）と呟いて、この、読者を爽快にさせることのない、だが、健三（と作者）にとって実り多い物語は幕を閉じるのである。

第十一章

（1）なお、さらに次のように続く。

私には財産といふものもなし又独立の出来る程の自身力も彼《あ》の自分には出なかつたし、兄からは説かれる親類には責められる、つひ〳〵その気になつて文学士の今の良人《ひと》に縁付いて来たのであつた。（前掲『近代女性作家精選集』第一巻、一一二〜一一三頁。）

（2）前掲『青鞜の時代』、一六九〜一七一頁。堀場清子編『「青鞜」女性解放論集』（岩波書店〔文庫〕、一九九一年）、三六四頁。

（3）石崎昇子「性道徳の二重規範と女たちの抵抗」、総合女性史研究会編『時代を生きた女たち――新・日本女性通史』（朝日選書865、朝日新聞出版、二〇一〇年）、二二一頁。

（4）同前、二二〇頁。

（5）ただし、たとえば、刑法学者・滝川幸辰《ゆきとき》は、妻のみの姦通罪の不平等性を『刑法読本』（一九三二年）で指摘したが、翌年、大学を追われた。実際に改革が実現するのは敗戦後の占領下においてであり、姦通罪自体が廃止される。

（6）これに対して、「清子さんの方は平気だつたんぢやありませんか」（全集⑪488）と詰め寄られる。

（7）不意に自分を振り棄てた女（同479、一三七）

（8）「会つて訊くだけぢやありませんか」（吉川夫人。同491、一四〇）／「それでゐて内心ではあの事が終始苦になるんです。」（吉川夫人。同496、一四一）／津田はつい「此方《こつち》でも其訳《そのわけ》を訊きに来たんだ」と云ひたくなつた（同686、一八八）

（9）「何《ど》うして彼《あ》の女は彼所《あすこ》へ嫁に行つたのだらう。それは自分で行かうと思つたから行つたに違ない。然し何うしても彼所へ嫁に行く筈ではなかつたのに。さうして此己《このおれ》は又何うして彼の女と結婚したのだらう。〔後略〕」（同8、二）

（10）「実は突然清子に脊中を向けられた其刹那から、自分はもう既にこの夢のやうなものに祟られてゐるのだ。さうして今丁度その夢を追懸《おっかけ》やうとしてゐる途中なのだ。顧みると過去から持ち越したこの一条《ひとすじ》の夢が、これから目的地へ着くと同時に、からりと覚めるのかしら。〔中略〕自分の夢は果して綺麗に拭い去られるだろうか。」（同614、一七一）／

「お前の過去にあった一条の不可思議」、「過去の不可思議を解く」（一七三）
「それでいて内心ではあの事が始終苦になるんです。」（吉川夫人）（一四一）
「会つて訊くだけぢやありませんか」（吉川夫人）（一四〇）

(11) 振袖姿のすらりとした女が、音もせず、向ふ二階の椽側を寂然として歩行《あるい》て行く。余は覚えず鉛筆を落して、鼻から吸ひかけた息をぴたりと留めた（全集③80）。

(12) なお、「那美さん」にも、この時、「長良《ながら》の乙女」同様、「二人の男が一度に懸想して」いた（全集③25）。

(13) また、小山田氏は、「薤露行《かいろこう》」（『中央公論』一九〇五年十一月）が、エレーンと「れん」という音の共鳴をはじめ、れんと深く関係するものであるとする。小山田前掲書、九四〜一〇五頁。

(14) 前掲『漱石のマドンナ』、一二二頁。

(15) 平岡の細君は、色の白い割に髪の黒い、細面《ほそおもて》に眉毛《まみえ》の判然《はっきり》映る女である。（全集⑥61）

(16) 細君は色の白い女であった。その所為《せい》で形の好《い》い彼女の眉が一際《ひときわ》引き立って見えた。彼女はまた癖のやうに能く其眉を動かした。惜い事に彼女の眼は細過ぎた。御負《おまけ》に愛嬌のない一重瞼であった。けれども其一重瞼の中に輝やく瞳子《ひとみ》は漆黒であった。（全集⑪12）

(17) 不幸と申し候は余の儀にあらず、小生嫂の死亡に御座候。実は去る四月中より懐妊の気味にて悪阻《おそ》と申す病気にかかり、とかく打ち勝れず漸次重症に陥り子は闇より闇へ、母は浮世の夢廿五年を見残して冥土へまかり越し申候。天寿は天命死生は定業とは申しながら洵に洵に口惜しき事致候。
〔中略〕あれほどの人物は男にもなかなか得やすからず、況《まし》て婦人中には恐らく有之まじくと存をり候。そは夫に対する妻として完全無欠と申す義には無之候へども、社会の一分子たる人間としてはまことに敬服すべき婦人に候ひし。先づ節操の毅然たるは申すに不及、性情の公平正直なる胸懐の洒々落々として細事に頓着せざるなど、生れながらにして悟道の老僧の如き見識を有したるかと怪しまれ候位、鬚髯鬖々《しゅぜんさんさん》たる生悟りのえせ居士はとても及ばぬ事、小生自から慚愧仕候事幾回なるを知らず。〔中略〕一片の精魂もし宇宙に存するものならば二世と契りし夫の傍らか、平生親しみ暮せし義弟の影に髣髴たらんかと夢中に幻影を描きここかしこかと浮世の覊胖《ママ》につながるゝ、死霊を憐みうたゝ不便の涙にむせび候（全集⑭30）

（18）なお、「意中の人」＝登世説も有力であるが、まず、「文鳥」と登世とは合わない。つまり、もし、「文鳥」の女性が「惚れた」女であるとすれば、この女性は登世とかけ離れている。また、「明暗」で繰り返される苦悩は、「どうしてあの女は彼所へ嫁に行ったのだろう」である。これも、登世とは合わない。

たとえば、「それから」で言えば、二人の女性には、愛と未練の対象としての「三千代」、平然とした嫂「梅子」（「天保調と明治の現代調を、容赦なく継ぎ合わせた様な一種の人物」）という違いがある。

（19）なお、「美しい女」からの挑発としては、さらに、「それから」の三千代が、「結《ゆ》つた許《ばかり》の銀杏返」で、「手に大きな白い百合の花を三本許《ばかり》提《さ》げて」きて、「其百合をいきなり洋卓《テーブル》の上に投げる様に置いて」、『好い香《におい》でせう』と云つて、自分の鼻を、瓣《はなびら》の傍迄持つて来て、ふんと嗅いで見せた。」（全集⑥168）の場面も挙げられる。

（20）「是は女だ。然し下女ではない。ことによると……」

不意に斯《こ》う感付いた彼の前に、若《も》しやと思つた其本人が容赦なく現はれた時、今しがた受けたより何十倍か強烈な驚ろきに囚はれた津田の足は忽ち立ち竦んだ。眼は動かなかつた。

同じ作用が、それ以上強烈に清子を其場に抑へ付けたらしかつた。階上の板の間迄来て其所《そこ》でぴたりと留まつた時の彼女は、津田に取つて一種の絵であつた。彼は忘れる事の出来ない印象の一つとして、それを後々まで自分の心に伝へた。

彼女が何気なく上から眼を落したのと、其所に津田を認めたのとは、同時に似て実は同時でないやうに見えた。少くとも津田にはさう思はれた。無心が有心に変るまでにはある時が掛つた。驚ろきの時、不可思議の時、疑ひの時、それ等を経過した後で、彼女は始めて棒立になつた。横から肩を突けば、指一本の力でも、土で作つた人形を倒すより容易《たやす》く倒せさうな姿勢で、硬くなつた儘棒立に立つた。〔中略〕棒のやうに硬く立つた彼女が、何故それを床の上へ落さなかつたかは、後から其刹那の光景を辿るたびに、何時でも彼の記憶中に顔を出したがる疑問であつた。〔中略〕清子の身体《からだ》が硬くなると共に、顔の筋肉も硬くなつた。さうして両方の頬と額の色が見る／＼うちに蒼白く変つて行つた。（同637）

彼女が後を向いた様子、電気を消して上り口の案内を閉塞した所作、忽ち下女を呼び寄せるために鳴らした電鈴《ベル》の音、是等のものを綜合して考へると、凡てが警戒であつた。注意であつた。さうして絶縁であつた。（同640）

（21）有体にいふと、お延と結婚する前の津田は一人の女を愛してゐた（同467、一三四）／彼は別れて以来一年近く経つ今日迄、いまだ此女の記憶を失《な》くした覚がなかつた。（同619、一七二）／気が付くと昔の女に対する過去の記憶が何時《いつ》の間にか蘇生してゐた。〔中略〕彼は伸び〳〵した心持で清子の前に坐つてゐた。〔中略〕談話の途切れた時積極的に動き始めたものは、昔の通り彼であつた。然も昔しの通りな気分で動けるといふ事自身が、彼には思ひ掛けない満足になつた。（同672）／昔の儘の女主人公に再び会ふ事が出来たといふ満足〔後略〕（同674、一八五）／

「あゝ此眼だつけ」

二人の間に何度も繰り返された過去の光景《シーン》が、あり〳〵と津田の前に浮き上つた。其時分の清子は津田と名のつく一人の男を信じてゐた。〔中略〕何か訊かうとするうちに、信と平和の輝きがあつた。彼は其輝きを一人で専有する特権を有《も》つて生れて来たやうな気がした。自分があればこそ此眼も存在するのだとさへ思つた。（同685、一八八）

（22）**〈補論――一連の英詩〉**

津田が清子に面会する前夜に起こった両者の遭遇は、実際に起こった出来事の可能性がある。つまり、「会つて訊く」〔一四〇、全集⑪491〕、「男らしく未練の片を付けて来る」（同494）つもりで温泉場に出かけて行って、起こってしまった不本意な遭遇を、参禅の場で取りあげたものかもしれない。遭遇の瞬間は、すでに次のような詩（全集⑬177）に詠まれていたのではないだろうか。

I looked at her as she looked at me;
We looked and stood a moment,
Between Life and Dream.

We never met since;
Yet oft I stand
In the primrose path
Where Life meets Dream.

Oh that Life could
Melt into Dream,
Instead of Dream
Is constantly
Chased away by Life!

（November 27, 1903）

続いて、We live in different worlds, you and I. で始まり、And I am forever mine and not yours!（同186）と終わる詩（April 1904）まで、一連の英詩が続く。

あとがき

湘煙・らいてう・漱石の隠れた繫がりとして、禅がある。三人は、それぞれの道において、鎌倉・円覚寺（臨済宗）の釈宗演（一八六〇－一九一九）、ないしは、その弟子の宗活（一八七〇－一九五四）と出会った。

湘煙にとって宗演は、気の置けない友であった。宗演は、夫・中島信行の友人であったが、信行が没した後、肺患のため自室で暮らす俊子を訪れる数少ない人間の一人となった。見性《けんしょう》などの記録はないが、湘煙は、晩年、暮らしを禅の場とし、ある境地に達していた。日記には、言葉に不自由を覚えるようになったけれど、「言語の不自由却て不自由ならず。語らざれば又聞くの必要もやみて閑更閑の清境に達するを得たり」（一九〇〇年十二月十五日。選集③188）とある。

禅が、「各人がそれぞれに本来の自分に返る」ことをめざすとするならば、湘煙の場合、自室で治療に専念し禅に深く入っていく過程は、世間や世俗の女たちから離れていく過程であった。「私も実は女が大嫌サ。〔中略〕一躰女といふものには、少しも禅気がないからナ。」という俄には信じがたい言葉が、「中島湘煙女史談話」に掲載されている(1)（『女学雑誌』第五〇〇号、一八九九年十一月）。

俊子の日記には、『荘子』（大宗師第六、真人論）からの引用が二箇所ある。そのうちの一つが、「至人之息以踵、衆人之息以喉、甘哉言（至人の息は踵《かかと》を以てし、衆人の息は喉を以てす。甘いかな言や）」（一九〇一年一月二三日。同227）である。じつは、『荘子』の原文は、「至人」ではなく「真人」である（「真人之息以踵、衆人之息以喉」）。ちなみに、この句の前は、「古えの真人、其の寝《い》ぬるや夢みず、其の覚《さ》むるや憂いなし。其の食うや甘《うま》しとせず。其の息するや深深たり。」である。――つまり、俊子は、人の「息《いき》」の仕方としてとらえている。このように、『荘子』の「真人」論を、湘煙は「至人」論として、つまり、一個の人間の身体・身心論として受けとめたのである。

　これに対して、（『荘子』に基礎をおいた）『臨済録』（上堂）の宗活による提唱を経由して、独自の「真正の人」「天才」論に到達したのが、らいてうである。彼女は、「元始、女性は実に太陽であつた。真正の人であつた」（著作集①14）、「私共女性も亦一人残らず潜める天才だ」と呼びかけたのである。

　平塚明子は、「お茶の水女学校」、すなわち、「女高師の付属お茶の水高等女学校」で、十三歳から五年間、「徹底した良妻賢母主義教育」を受けることになった。卒業後、日本女子大学の家政科に入学したが、そこでも、良妻賢母主義そのものではないにしても、「成瀬宗」と称する、奉仕と献身を疑わない女性たちへの違和感は拭いがたかった。

　自由を求めた明子は、友人の紹介で、両忘庵（東京・日暮里）の宗活の元で参禅する（一九〇五年初夏）。公案は「父母未生《みしょう》以前本来の面目《めんもく》」であり、卒業後の一九〇六年七月、見性を認められた。

父・定二郎によって決められた良妻賢母主義という方向から脱出しようともがいていた明子に、そこから抜け出す水路を提供したのである。つまり、禅は、良妻賢母主義に基づく教育体制の練り上げた「女」という厚い殻を突破し、縮こまった自我を内側から拡大していく過程であった。

見性後の気力が漲っている状態で、「殺していいか」と森田草平に挑まれ、「どうぞ」と切り返した。それが、失踪事件（一九〇八年三月末）とされて、騒然となった。ここで再び、「事件前の澄み透った三昧生活から堕ちた、自分の心境の濁りを大掃除するために」、西宮・海清寺の南天棒の元で参禅したのである。公案は「無字」であり、見性を認められた（一九〇九年暮れ）。禅の成果は、「元始、女性は実に太陽であつた。真正の人であつた」と始まる『青鞜』の発刊宣言に表現される。

つまり、禅は、湘煙にとっては、俗間の女性から離れる水路となったが、明子にとっては、女性仲間に距離を置いて自分を維持し、自我を拡げていく水路となったのである。やがて、その回復（獲得）した自我の力で、『青鞜』という場を切り開き、「らいてう」を名乗って女性の先頭に立つ。

他方、金之助は、一八九四（明治二七）年夏、「南天棒の一棒を喫して年来の累を一掃せんと」（正岡子規宛書簡）、松島・瑞巌寺《ずいがん》の南天棒の元で参禅する。が、惨憺たる結果に終わる。公案は「無字」であったとみられる。(2) この体験を引きずり、それでも悟りを求めて、円覚寺の塔頭《たっちゅう》・帰源院に宗活を訪ねて（同年末）、宗演の元で参禅する。公案は「父母未生以前の本来の面目」であった。だが、これもまた、うまくいかなかった。(3)

ただし、「門」には、「敲《たた》いても駄目だ。独りで開けて入れ」（全集⑥598）という声が聞こえたとある。すなわち、自分で開ける――「明暗」で禅師・清子の元での参禅の場を創り出す――出発点となったと考えられる。それは、「美しい女」（影《イメジ》）への自分の未練を俎上に載せるとともに、目の前にいる人間・細君を正面から見据えることでもあった。

つまり、漱石は、「美しい女」を眺め、思慕する（『草枕』）という一方的な関係から出発して、ついに、問答で当の女性の側の視界を開き、他方、細君の視界・自我を描くという地点（『明暗』）に到達するのである。「女」（相手）から見える世界を正面から見据える——それは、「新しい女」の登場に対する男からの呼応であると言ってよい。

言い換えれば、新聞小説で「新しい女」、すなわち、不可解な女と困惑する「三四郎」という新しい男女の関係を登場させた漱石は、さらに、「道草」「明暗」の執筆を通して、「存外新らしい」細君をはじめ、「新しい女」たちとの関係を模索する「新しい男」へ変わりつつあったのである。

＊

なお、本書と同じ時代を扱ったものに、拙著『管野スガ再考——婦人矯風会から大逆事件へ』（二〇一四年）がある。読み比べて、両者を繋いでくだされば幸いである。規範を越えていく岸田俊子をきちんと紹介したいという私の背中を押してくれた編集者の鈴木英果さん、どうもありがとう。

二〇一四年五月

関口すみ子

（1）岸田俊子と禅との関わりについては、前掲拙稿「岸田俊から平塚明へ――禅・文体・メディア」第一章を参照されたい。

（2）公案は不明であるが、平塚明子が、南天棒が「じつに懇切丁寧に、ご自分でやって見せて指導して下さいます。『無―無―無―無―無……』と吐く息いっぱい、長く、低く腹の底で唸るのです。」（『自伝』二六四頁）と書いているところからすれば、「夢十夜」（第二夜）は瑞巌寺での参禅を元に書かれており、公案は「無字」であったとみられる。

（3）漱石と宗演・宗活の関わりについては、まず、円覚寺での参禅（一八九四年の年末から年始）がある。一八九七年初秋には宗活を訪ね、「其許《そこもと》は案山子に似たる和尚かな」（禅僧宗活に対す）という俳句を残している（全集⑰230）。また、円覚寺での参禅について書いた紙片がある（「超脱生死」の題で全集21所収）。『鶏頭』序（一九〇八年一月）には「余は禅といふものを知らない。昔し鎌倉の宗演和尚に参して父母未生以来《（ママ）》本来の面目はなんだと聞かれてくわんと参つたぎりまだ本来の面目に御目に懸つた事のない門外漢である。」（同⑯158参照）とある。「夢十夜」第二夜（同年七月）には、「御前は侍である。侍なら悟れぬ筈はなからうと和尚が云つた。さう何日迄《いつまで》も悟れぬ所を以て見ると、御前は侍ではあるまいと云つた。人間の屑ぢやと云つた。」（同⑫103）とある。「門」（一九一〇年三月〜六月）には、宜道が「低い声で何か受け答へをした後で、にやりと笑ふ具合などは、丸で女の様な感じを宗助に与へた。」（同⑥573）とある。「初秋の一日」（一九一二年九月）には、「老師に会うのは約二十年ぶりである。〔中略〕他は昔のままのS禅師であった。」（同⑫508〜509）とある。なお、「色気を去れよ」（談話筆記。『名士禅』一九一〇年四月）では、宗演から「慥《たし》か趙州の無字を公案として授かつた」（同㉕384）とする。つまり、公案は、実際の「父母未生以前の本来の面目」ではなく、「趙州無字」に、また、参禅の時期も、「明治二十六年の猫も軒端に恋する春頃」にずらされている。

初出一覧

第二章　「岸田俊「函入娘」考」、『法学志林』第一〇九巻第二号、法政大学法学志林協会、二〇一一年十月

第三章　「岸田俊「同胞姉妹に告ぐ」考」、同第一〇九巻第三号、二〇一二年一月

第四章　「岸田俊を読み直す――「男尊女卑」に挑む「気節凜乎たる温和柔順の姉妹」」、同第一一〇巻第一号、二〇一二年八月

第五章　「岸田俊の文体」、同第一〇九巻第四号、二〇一二年二月

第六章　「岸田俊子の表象――「同胞姉妹に告ぐ」という神話」同第一一〇巻第一号、二〇一二年八月

第八章　「岸田俊から平塚明へ――禅・文体・メディア」、同第一〇九巻第四号、二〇一二年二月

いずれも全面的に加筆改稿した。
他は書き下ろしである。

人名索引

あ

青柳有美（猛）　114, 129, 163
荒木郁（郁子）　256, 257
生田長江（弘治）　182–184, 188
板垣退助　2, 18, 116
伊藤博文　72, 73, 155
絲屋寿雄　20, 38, 97, 143–145, 147
井上清　134, 142, 145, 147
井上毅　155, 156
井上哲次郎　155, 156, 159, 171
イプセン（Henrik Ibsen）　174, 202
岩野清（清子）　188
厳本善治　9, 70, 73, 123, 160, 161, 163, 229
厳本嘉志子（かし、若松賤子）　20, 115, 129, 130, 161, 162
植木枝盛　16, 17, 79, 80
内山基　124, 125, 127
大塚楠緒（楠緒子）　213, 226–231, 234, 255, 260
大塚（小屋）保治　179
尾崎紅葉（徳太郎）　98, 100, 101, 104, 105, 107, 210

か

景山（福田）英子（英）　20, 38, 117–122, 125–128, 130, 131, 138–140, 142–149
桂太郎　158
加藤紫芳（瓢乎）　7, 105, 106
加藤弘之　169
加藤緑（みどり）　119, 125
狩野亨吉　214
神崎清　123, 124, 129, 130, 139
管野須賀子（スガ）　212
菊池大麗　158, 166
北村透谷（門太郎）　161
木村曙（栄子）　106, 107, 129
木村熊二　160
木村鐙子　160
木村政子　180, 184, 186, 201
幸田露伴（成行）　100, 104, 105, 107
皓天　174, 185
幸徳秋水（伝次郎）　212
小金井喜美子（きみ）　107, 188, 204
小室信介（案外堂）　8, 17, 117
近藤賢三　70, 160

さ

斎藤緑雨（賢）　100, 103
坂崎紫瀾（斌）　16
塩田良平　96, 129, 131
島崎藤村（春樹）　161
清水紫琴（豊子）　20, 129, 130, 161
釈宗演　21, 180, 186, 227, 264
釈宗活　180–182, 193, 227, 264
ショー（George Bernard Shaw）　174
ズーダーマン（Herman Sudermann）　174
菅虎雄　227
鈴木三重吉　216, 223
相馬（星）黒光（良）　20, 40, 48, 75, 123, 129, 130, 143

た

田辺（三宅）花圃（龍子）　91, 109, 161
ダヌンツィオ（Gabriele D'Annunzio）　183
田村（佐藤）俊子（とし子）　188, 196
津田梅子　161, 164
坪内逍遙（雄蔵）　90, 91, 95, 106, 107, 174,

202
戸川秋骨（明三）　161, 183
富井於菟（於菟子）　64, 65, 70, 124

な

中川一男　122, 130, 139
中島歌子　109, 122, 129
中島信行（長城）　1, 8, 18–20, 45, 75, 113, 114, 116, 122, 138, 146–149
中原全忠（南天棒）　201, 226
中原秀岳　182, 201
中村徳（徳子）　68
夏目（中根）鏡子　235, 243, 253, 254, 260
夏目（片岡）小勝　227, 234, 259, 260
夏目（水田）登世　213, 214, 234, 247, 259, 260, 262, 264
成瀬仁蔵　164, 179
野上（小手川）彌生子（八重）　136

は

羽仁吉一　168
羽仁（松岡）もと子（もと）　15, 116
馬場孤蝶（勝弥）　161, 183, 188
樋口一葉（奈津）　101–104, 109, 110, 115, 185, 188–190, 229
日根野れん（連）　213–215, 217–221, 224, 234, 237, 240, 252, 259, 260
平田禿木（喜一）　161, 183
平塚定二郎　177–179, 183, 184, 199
平塚光沢　191
福沢諭吉　9, 14, 74, 127
福島四郎　164
フォーセット（Millicent Garrett Fawcett）　2, 24, 55, 56
古沢滋　8, 16, 17
星亨　18, 117, 178
星野天知（慎之輔、慎）　91, 161
穂積八束　157
本田増次郎　164
本間久雄　48–50, 97, 98, 132, 134, 137, 139, 145

ま

槇村正直　13, 19
正岡子規（常規）　137, 214, 226, 227, 260
松井須磨子　202, 204
松尾多勢子　87
三上参次　140
三宅（田辺）花圃（龍子）　91, 109, 126–128, 161, 229
宮崎夢柳　16, 17
宮本（中条）百合子　125–128, 131, 229
陸奥宗光　18, 19
村田静子　143–145
森篤次郎（三木竹二）　101
森有礼　12, 84, 99, 153
森鷗外（林太郎）　100, 101, 107, 204
森しげ（茂子、しげ女）　188, 204
森田草平（白楊、米松）　173, 174, 183, 184, 188, 207, 230

や

保持研（研子、白雨）　191
山岡鉄舟（鉄太郎）　16, 19
山川（青山）菊栄　144, 178, 185, 188
山田美妙（武太郎）　98, 99, 106, 109
山田（近藤）元子（もと子）　18

ら

リットン（Edward Bulwer-Lytton）　93, 94
ロエスレル（Hermann Roesler）　178

著者略歴

（せきぐち・すみこ）

東京大学大学院法学政治学研究科博士課程修了．現在，法政大学法学部政治学科教授．専攻はジェンダー史・思想史．著書に『御一新とジェンダー——荻生徂徠から教育勅語まで』（東京大学出版会，2005），『大江戸の姫さま——ペットからお輿入れまで』（角川選書，2005），『国民道徳とジェンダー——福沢諭吉・井上哲次郎・和辻哲郎』（東京大学出版会，2007），『管野スガ再考——婦人矯風会から大逆事件へ』（白澤社，2014）がある．

関口すみ子
良妻賢母主義から外れた人々
湘煙・らいてう・漱石

2014年 6月13日 印刷
2014年 6月25日 発行

発行所 株式会社 みすず書房
〒113-0033 東京都文京区本郷5丁目32-21
電話 03-3814-0131(営業) 03-3815-9181(編集)
http://www.msz.co.jp

本文組版 キャップス
本文印刷所 精興社
扉・表紙・カバー印刷所 リヒトプランニング
製本所 誠製本

ISBN 978-4-622-07839-5
[りょうさいけんぼしゅぎからはずれたひとびと]